U0613768

此书系国家社科基金项目"我国民间读书会研究"
（14BTQ014）的结项成果

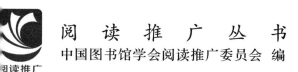

阅 读 推 广 丛 书

中国图书馆学会阅读推广委员会 编

我国民间读书会研究

赵俊玲 白人杰 葛文娴 苑 艺 著

国家图书馆出版社

图书在版编目（CIP）数据

我国民间读书会研究 / 赵俊玲等著 . — 北京：国家图书馆出版社，2020.8
（阅读推广丛书）

ISBN 978-7-5013-6870-9

Ⅰ . ①我… Ⅱ . ①赵… Ⅲ . ①读书活动—研究—中国 Ⅳ . ① G252.17

中国版本图书馆 CIP 数据核字（2019）第 230626 号

书　　名　我国民间读书会研究
著　　者　赵俊玲　白人杰　葛文娴　苑　艺　著
责任编辑　邓咏秋
封面设计　程言工作室

出版发行　国家图书馆出版社（北京市西城区文津街 7 号　　100034）
　　　　　（原书目文献出版社　北京图书馆出版社）
　　　　　010–66114536　63802249　nlcpress@nlc.cn（邮购）
网　　址　http://www.nlcpress.com
排　　版　九章文化
印　　装　北京金康利印刷有限公司
版次印次　2020 年 8 月第 1 版　2020 年 8 月第 1 次印刷

开　　本　710×1000（毫米）　1/16
印　　张　19
字　　数　299 千字

书　　号　ISBN 978-7-5013-6870-9
定　　价　85.00 元

目　录

第一章　绪论

一、研究缘起与意义

阅读是一件个人化的事情，同时也是一种社会化的行为。近年来，北京、上海、广州、深圳、杭州等地兴起"抱团读书"的风潮，出现了一批比较有影响的民间读书会，比如阅读邻居、星期天读书会等，这些读书会尽管形态不一、规模不等，却以更接地气的方式影响塑造着我国的阅读生态，成为推进全民阅读的重要形式。作为推广阅读重要阵地的图书馆业界和学界，应该将民间读书会纳入自己的视野，对其进行深入研究。

（一）关注民间读书会的理论意义

读书会是重要的阅读交流载体，阅读和交流这两个特性均是图书馆需要承担的重要职能。提供阅读服务是图书馆最重要的职能，图书馆学界诸多学者认为阅读是图书馆学的重要研究内容，巴特勒（Pierce Butler）在其所著《图书馆学导论》中专辟一章，从心理学层面分析读者的阅读动机、阅读行为与阅读效果[①]。二十世纪三四十年代芝加哥大学图书馆学研究生院曾经进行了一系列关于阅读的研究，"阅读行为研究曾是芝加哥大学图书馆学研究生院的一道亮丽的风景线，在韦普尔斯等人的领导下，学院承担了一批又一批关于阅读行为的研究课题，用大量的社会调查数据，细致地分析了影响阅读兴趣和行为的各种因素"[②]。同时期美国公共图书馆的阅读指导服务也将成人学习团体（读书会）作为重要服务对象，纽约公共图书馆在1933—1939年间曾经为137家读书会提

---

① BULTER P. An introduction to library science[M]. Chicago：The University of Chicago Press，1933.

② 于良芝.图书馆情报学概论[M].北京：国家图书馆出版社，2017：64.

1

供过阅读指导服务①。我国民国时期图书馆界对阅读的关注并没有放在阅读行为研究，而是关注阅读指导，杜定友、徐旭等学者认为读书会是一种重要的阅读指导方式，在徐旭所著《图书馆与民众教育》一书中，将读书会单独作为一章进行论述②。之后，图书馆学关于阅读方面的研究一度非常沉寂，2006年全民阅读活动广泛开展后，关于阅读方面的研究才开始"华丽回归"③。图书馆学对阅读的关注主要集中在图书馆读者阅读兴趣和阅读习惯的调查，对交互阅读研究较少。按照艾登·钱伯斯（Aidan Chambers）提出的"阅读循环圈"理论，阅读是一个由选书、阅读和回应（response）构成的不断循环往复的过程，"读完一本书之后，迫不及待地想和别人交流自己的阅读心得，探究出内心深处的感想，并试着整理出这本书所带给我们的意义。不管是哪种形式的讨论，都会驱使我们去经历另一个阅读循环，我们会想去看一看朋友们感兴趣的书，会想去阅读更多我们觉得有趣的书。让阅读不断持续下去"④。交流是阅读过程中的重要一环，从阅读推广的角度出发，必须关注读书会这一重要的阅读交流载体。今天，随着社会化媒体的广泛应用，交互阅读行为愈发普遍，因此有必要加大对交互阅读行为的研究，而作为以阅读交流为目的的读书会更应该引起学术界的关注，通过对读书会的深入研究，提出图书馆学界对读书会的理解和解读，深化阅读研究。另外，从图书馆的功能角度出发，图书馆应该为读者的学习提供支持和帮助，读书会本质上是一个自组织的学习型团体，是图书馆的服务对象，图书馆学应该对这一特定类型的服务对象予以关注和研究。

（二）关注民间读书会的现实意义

当前图书馆界关注民间读书会主要基于以下两个因素：①读书会是阅读推广落地深化的重要抓手，②民间读书会的持久发展需要图书馆的支持。

自2006年我国开始大力推动全民阅读工作以来，图书馆在阅读推广方面开展了大量的工作，中国图书馆学会阅读推广委员会出版了20余种关于阅读

---

① FLEXNER J M, HOPKINS B C. Readers' advisers at work：a survey of development in the New York public library[M]. New York：American Association for Adult Education，1941：34.

② 徐旭. 图书馆与民众教育[M]. 长沙：商务印书馆，1941.

③ 中国图书馆学会. 图书馆学学科发展报告（2011—2012）[M]. 北京：中国科学技术出版社，2013.

④ 钱伯斯. 打造儿童阅读环境[M]. 北京：五洲传播出版社，2011：4-11.

推广的培训教材，在全国范围内进行了多次关于阅读推广人的培训，进行"全民阅读先进单位""书香城市""书香社区"等多个系列的评选活动，同时开展了"扫码看书，百城共读""绘本DIY"等全国性的阅读推广活动。在阅读推广委员会的努力下，各类图书馆的阅读推广工作初现成效，建立了阅读推广的基本框架，通过阅读讲座、书目推荐等各类阅读活动的开展，已经基本帮助用户解决了"为什么读"、"读什么"和"怎么读"的问题。除了上述问题，图书馆还需关注一个问题，那就是"读者到底读没读"，即阅读推广活动的落地问题，读书会则是解决此问题的重要途径。阅读交流的一个要件是读者的阅读行为，需要阅读过某本书才能进行交流，因此，读书会能够扎实地推动读者个体的阅读。另外，阅读交流也是提高阅读效果的重要方式。美国曾有学者指出"单纯给读者提供推荐书目，依靠读者个人进行系统学习，效果并不理想，应该通过组织讨论，开展集体学习，才能取得更好的学习效果"[①]。因此从图书馆阅读推广的角度，需要对民间读书会进行研究。

我国民间读书会近年来发展迅速，已经成为一支重要的阅读力量。尽管读书会是民间自发的阅读团体，但并不意味着政府和相关部门任其自生自灭，需要进行扶持和引导。图书馆是政府引导、管理民间读书会的重要载体，图书馆在阅读推广中的角色已经从资源提供者和活动举办者向资源整合者和专业指导者转变，图书馆面临如何实现与民间读书会良性互动，更好地整合阅读资源的问题，图书馆应该在促进读书会发展方面发挥重要作用。国外的发展经验和我国的历史经验也充分反映出图书馆在促进民间读书会发展方面的重要作用。美国读书会能够广泛深入开展的根本原因就是得到了政府以及公共图书馆的大力支持。2007年，美国几家大型图书馆在妇女全国读书协会的赞助下，联合呼吁全国图书馆将每年10月设立为"全国读书会月"，足见美国公共图书馆对读书会的重视和支持力度[②]。我国民国时期和新中国成立初期的图书馆界均采取了多种措施促进读书会的发展，台湾地区的公共图书馆在促进读书会的发展中承担了重要的角色。图书馆学领域需要研究如何更好地为读书会提供服务、如

---

① LEE R E. Continuing education for adults through the American public library, 1833-1964[M]. Chicago: American Library Association, 1966: 62-63.

② 黄晓燕. 美国图书馆读书会对少儿阅读的影响[J]. 图书馆学研究, 2010(8): 83-88.

何扶助民间读书会、如何整合民间读书会的资源等诸多问题，为图书馆发展读书会提供现实指导。

二、民间读书会的内涵

读书会并不是今天才有，读书会伴随着人们阅读交流行为的产生而产生。我国一直有以文会友的传统，文人团体是我国古代早期读书会的雏形。在西方，伴随着启蒙运动的发展，受教育民众规模扩大，出版物生产量增加，读书会得以快速发展起来，并开始发挥其作用。美国早期的妇女读书会主要"以会员的自我教育为目的，同时谋求为社区发展做贡献"[①]，推动幼儿园的建立，推动童工法的制定等。在瑞典，读书会作为一种卓有成效的成人学习形式由政府强力推动，目前在瑞典每年有32万个读书会在开展活动，290万名成年人参与。

顾名思义，"读"是阅读行为；"书"是阅读对象，但并不局限于实体书；"会"指一群人聚在一起。那么对字面意思进行剖析，读书会是对阅读的读物进行分享和交流的团体。读书会，英文对应为reading group、book group、book club、reading club、studying circle等名称。在不同时期，中文也有不同的称呼，比如民国时期，很多读书会采用读书劝导会、读书互助团、读书竞进会的提法，新中国成立初期，多采用"读书小组"的提法。今天则多以读书会命名。为了更好地理解读书会，笔者从成人教育、公民社会和阅读推广三个理论视域进行解读和分析。

（一）成人教育视角下的读书会

成人教育视角下的读书会，更多是采用学习圈的提法，主要来源于瑞典。依据瑞典官方成人教育公告的解释，读书会是指一群朋友根据事先确定的题目或议题，共同进行的有方法、有组织的学习[②]。学习圈采取铁三角模式，即训练有素的领导者而不是主导者、催化性的材料而不是教本、主动积极的参与者

---

① TAYLOR J. When adults talks in circles：book groups and contemporary reading practices[D]. Urbana-Champaign：University of Illinois at Urbana-Champaign，2007.

② 余政峰. 读书会的团体动力因素之研究[D]. 嘉义：中正大学，1999.

而不是被动接受的受教者，三者组成了学习圈的铁三角[①]。

卡兰德（Callander）曾以瑞典的读书会为例，指出读书会的特性在于：读书会是一种特殊形式的小团体研读，参与者通过互相讨论彼此帮助，目的是理解和相互启发；虽然有阅读计划和研读素材，但并没有固定的知识或材料，也没有需要达成的特定目标；自愿参与，聚会时间和地点以参与者方便为原则[②]。这些以业余爱好者为主的低成本学习圈的学习效率反而超过某些拥有专业教师的高成本的学校教育，其中最主要的原因在于每个参与者都拥有对学习施加影响的权利，这恰恰与个人最终学习结果紧密相连。参与者不是被动地听老师讲课，而是主动分析和讨论书本内容，真正地理解并学得知识[③]。

台湾学者邱天助认为，读书会是一个自主、自助、自由、自愿的非正规学习团体，透过成员阅读共同的材料，分享心得与讨论观点，以吸收新的知识，激发新的思考，进而扩大生命的空间。其特性主要包括以下几个方面：①自助式的学习团体：主要由民间团体或专业团体召集组织，可能接受政府的支援，但基本上属于自助性团体。②合作式的学习团体：读书会的参与者必须阅读待讨论的材料，重视友谊与合作，成员在相互支援、奉献下，充分得到观点和知识上的分享。③民主式的学习团体：读书会由成员自行决定运作方式和内容，虽有团体领导者，但主要扮演促进的角色，而非教师，更不能以决策者的面目出现。④非正规性的学习团体：读书会的组织与运作，应重视因人因地制宜，强调其活泼性和弹性原则。⑤自愿性的学习团体：读书会的成员是基于自由意愿，不受外力压迫，来去自如[④]。

从成人教育的视角理解读书会，主要强调读书会是一种非正式的学习团体，以阅读材料的讨论为核心，以成员的自愿、自主、平等参与为特点。从这个角度出发，带有强制性参与的读书会不符合此定义，比如中小学校组织的班

---

① 申语顺,刘大宇.瑞典"学习圈"模式在中国社区治理中的应用——基于制度变迁的视角[J].管理观察,2014(24):146-149.

② 邱天助.什么是读书会[EB/OL].(2007-07-23)[2015-05-10].http://m.douban.com/group/topic/37426571/?session=2c5aeef6.

③ 托瑞·帕尔森.瑞典的学习圈与非政府组织[J].李薇,译.上海城市管理职业技术学院学报,2007(6):84-85.

④ 邱天助.读书会专业手册[M].台北:张老师文化事业股份有限公司,1997:15-16.

级读书会、各机关组织的政治学习读书会。为了对研究对象进行精准把握，带有强制性参与的读书会不属于本书要研究的范围。

（二）公民社会视角下的读书会

公民社会是国家或政府系统，以及市场或企业系统之外的所有民间组织或民间关系的总和，它是官方政治领域和市场经济领域之外的民间公共领域。公民社会的组成要素是各种非政府和非企业的公民组织。由于它既不属于政府部门（第一部门），又不属于市场系统（第二部门），所以人们也把它们看作是介于政府与企业之间的 "第三部门"（the third sector），也有的称为民间组织或者社会组织。

1. 民间组织及其相关概念

（1）民间组织。俞可平曾指出作为公民社会主体的民间组织，指的是有着共同利益追求的公民自愿组成的非营利性社团。它有以下四个显著的特点。其一是非政府性，即这些组织是以民间的形式出现的，它不代表政府或国家的立场；其二是非营利性，即它们不把获取利润当作生存的主要目的，而通常把提供公益和公共服务当作其主要目标；其三是相对独立性，即它们拥有自己的组织机制和管理机制，有独立的经济来源，无论在政治上、管理上，还是在财政上，它们都在相当程度上独立于政府；其四是自愿性，参加社会组织的成员都不是被强迫的，而完全是自愿的。民间组织的这些特征，使得它们明显地区别于政府机关和企业组织[①]。从民间组织的上述特点出发，政府部门组织的读书会和以营利为目的的读书会不是本项研究的范畴。

（2）社会组织。社会组织和民间组织基本属于同一个概念。政府最开始使用的是民间组织概念，后来因为在中国历史文化中，民间组织具有与政府对抗的色彩，为了避免这种传播的偏差，党的十七大后政府逐渐采用"社会组织"代替"民间组织"，"社会组织"开始成为政府文件及规章制度中的用语[②]。

（3）草根组织。英文为 Grass Roots Organization，简称 GRO。在我国，草根组织强调的是其民间性，指的是由民间力量在自愿基础上，自下而上组建、

---

① 俞可平.中国公民社会:概念、分类与制度环境[J].中国社会科学,2006(1):109-135.
② 玉苗.中国草根公益组织发展机制的探析[D].武汉:华中师范大学,2013:4.

发展的非营利组织，主要与具有官办背景的组织相区别。还有一种定义，从是否能获得合法身份的角度界定草根组织，草根组织是指在现行法律框架内，因各种原因不能在民政部门登记注册，从而无法获得法人资格的民间自发组建的组织，但是在相当程度上有非营利组织的核心特征，即非政府非营利性的组织。我国民间读书会大多属于未注册的草根组织，因此在考察我国民间读书会时，既要关注注册的民间读书会，同时也要关注未注册的民间读书会。注册的民间读书会属于正式社会阅读组织的范畴，未注册的民间读书会属于草根组织范畴。

2. 民间组织的分类

关于民间组织的分类，采用不同的标准，有不同的划分方式，目前国内一般按照如下几种方式划分。

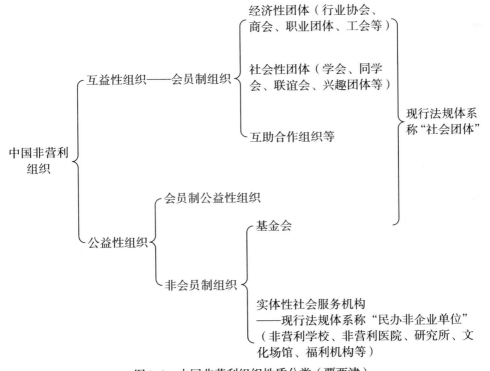

图1-1 中国非营利组织性质分类（贾西津）

来源：贾西津. 第三次改革——中国非营利部门战略研究[M]. 北京：清华大学出版社，2005：68.

（1）按照组织公益性的程度，分为公益性和互益性。这一分类最重要的用途是直接与税收优惠政策的选择相连①。公益性组织的受益对象是社会上不特定的多数人，因而公益程度高。互益性组织的服务对象是该组织的成员，是一种成员互助、互相受益的组织。

（2）依照组织构成，分为会员制和非会员制。对于会员制组织，根据其所体现的公益属性的类型，将其划分为互益型组织与公益型组织。对于互益型组织，按照他们所体现的经济社会关系的性质，可进一步划分为经济性团体和社会性团体。对于公益型组织，则按照其会员的成分，将其区分为团体会员型组织和个人会员型组织。非会员制组织，可进一步区分为运作型组织和实体型社会服务组织。

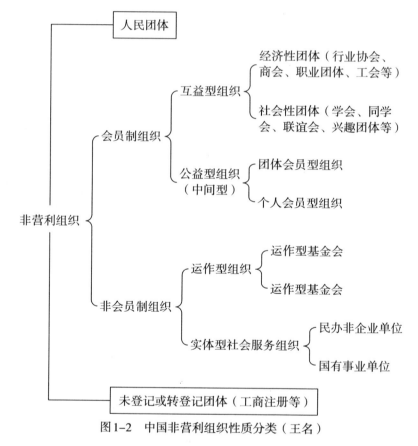

图1-2　中国非营利组织性质分类（王名）

来源：王名.非营利组织管理概论[M].北京：中国人民大学出版社，2003：9.

---

① 贾西津.第三次改革——中国非营利部门战略研究[M].北京:清华大学出版社，2005:67.

上述两个分类的区别在于将哪一个标准作为顶层分类标准，贾西津的分类将公益性程度作为顶层标准，王名的分类将组织构成作为顶层标准。涉及本项研究的研究对象，笔者认为可以从上述分类中得到借鉴，但是民间读书会对于公益性/互益性以及会员制/非会员制的分野不是那么明确。很多民间读书会产生之初以成员互益为主要目的，但是伴随着读书会的日益发展，开始为不确定的大众提供阅读服务，具备公益性质。因此民间读书会从整体上来讲很难划分到具体哪一类，属于公益互益兼具的民间组织。关于会员制/非会员制的角度，除了早期的读书会有严格的会员准入制度，活动只向会员开放，目前大多数读书会采用半开放或完全开放的方式，不局限于会员。从这个角度理解，同样很难将民间读书会这一个整体划分为会员制或非会员制。尽管从整体上很难将民间读书会这一整体归为某一个类别，但是上述两个标准为本项研究提供了分析的角度。

除了贾西津、王名这两种分类，其他一些学者的分类对本项研究有参考价值。俞可平曾经提出，从研究的角度可以把民间组织划分为9类，包括行业组织、慈善性组织、学术团体、政治团体、社区组织、社会服务组织、公民互助组织、同人组织和非营利性咨询服务组织。同人组织是指建立在共同的经历、兴趣、爱好之上的公民组织，如各种各样的同学会、同乡会、俱乐部、诗社、剧社等①。民间读书会大多属于同人组织的范畴，主要是建立在阅读兴趣之上。

（三）阅读推广视角下的读书会

学者对阅读推广并没有一个统一的定义，但是在阅读推广目的方面基本能够达成共识，那就是让更多人进行阅读。要想让更多的人进行阅读，必须对读者进行培养，英文称之为reader development，笔者将其翻译为读者发展，意即让更多的人成为读者。笔者对读者的理解是：具备阅读意愿和阅读能力并进行阅读的个人。这里涉及三个要素，阅读意愿、阅读能力和阅读行为。要进行阅读推广，必须培养读者的阅读意愿，提高读者的阅读能力，并使读者进行实际的阅读，笔者将其总结为意愿—能力—行为三维框架②，下面结合此框架对读书会在阅读推广中的作用进行分析。

---

① 俞可平.中国公民社会:概念、分类与制度环境[J].中国社会科学,2006(1):109-122.

② 笔者在进行交流讲座时多次提及这个框架,尚未以文字形式正式发表。

1.读书会有助于培养读者的阅读意愿

阅读意愿指个人不管是出于外在压力还是内在动力而引起的阅读欲望。人的社会性决定了人们之间行为的相互影响，读书会所营造的阅读氛围能够激发阅读意愿。英国一份关于读书会的研究报告曾指出，"读书会不仅吸引那些书虫读者，也吸引那些不自信的读者以及不怎么看书的读者"[①]。青少年受同龄人的影响要远远大于教师和家长的影响，读书会成为提升他们阅读意愿，培养阅读习惯的重要方式。对于成年人，群体共染的作用仍旧存在，读书会有助于培养阅读意愿。

2.读书会能够对阅读能力进行全方位的锻炼

关于阅读能力有多种解读，笔者比较认同国际学生评估项目（Program for International Student Assessment，简称PISA）给出的界定，"指为取得个人目标，形成个人知识和潜能及参与社会活动，而理解、运用和反思书面材料的能力"[②]。笔者在PISA界定的基础上将阅读能力分为四个方面[③]，读书会能够对这四种能力进行提升：

（1）选择读物的能力。阅读的第一步是要有适合自己的读物，选择读物的能力是阅读能力的基础。读书会需要对每次的阅读书目进行决议，实际上是对读物进行选择的过程。

（2）理解读物的能力。读者的阅读活动是否能收到预期的效果，最基本的要求是读者能真正读懂内容。理解能力的提高有赖于反复的阅读实践。

（3）诠释能力。在理解的基础上，读者需要具备将阅读的内容以合适的方式进行表达的能力，即诠释能力。读书会是一个交流讨论读物的团体，成员要对阅读材料发表自己的阅读心得并进行讨论，首先必须理解读物，并且能够在此基础上形成自己的阅读感悟并将之表达出来，这对理解读物的能力和诠释能

---

① Reading Agency. A national public library development programme for reading groups[R/OL]. [2015-03-10]. http://readingagency.org.uk/about/Programme_for_reading_groups. pdf.

② PISA. 2018 Released Field Trial New Reading Items[R/OL]. [2019-02-20]. http://www. oecd.org/pisa/test/PISA-2018-Released-New-REA-Items.pdf.

③ 赵俊玲,郭腊梅,杨绍志. 阅读推广:理念·方法·案例[M]. 北京:国家图书馆出版社,2013:3.

力都是一种锻炼。

（4）批判分析能力。读者不仅能理解阐释文本，同时能够独立地进行判断和分析的能力。在读书会讨论中，一般会根据书目设计讨论大纲，通过讨论大纲进行思考，然后展开讨论，从而实现对批判分析能力的提升。

3.读书会是落实阅读行为的重要方式

具备阅读意愿和阅读能力并不一定会转换为实际的阅读行为，如何才能保证读者切实地进行了阅读？图书馆惯常的做法是通过读者撰写书评的方式来进行考察，还有一种方式就是读书会。因为读书会要进行讨论，讨论的前提是进行阅读，因此通过发展读书会能够切实落实阅读推广的效果。

（四）民间读书会概念的出现

读书会这个概念在我国民国时期就有，但是"民间读书会"这一提法和读书会这一概念并不是一起出现的，通过检索CNKI，以"民间读书会"为检索词进行全文检索，发现第一篇提到"民间读书会"的文章是1994年黄河清所写的《奔小康的精神文明标准刍议》。此篇文章列出了精神文明建设所要求的具体内涵和一般规范，包括理想、道德、文化素质、意识形态、民主与法制、社会风气。其中，在"文化素质"这一维度下，作者提到"广泛开展各行各业职工业余教育，开办各种类型的函授、电化教育，在农村广泛开展扫盲教育，兴办群众文化馆，开展科普活动，倡导群众自办民间读书会"①。该文将"倡导群众自办民间读书会"作为提高群众文化素质的重要途径之一，但并没有对民间读书会进行解释或界定，只是提到了这一词语，严格来说不能视为民间读书会这一概念的真正出现。严格意义上对民间读书会进行界定的是2008年的《书香社会》一书，该书将社会阅读机构分为四类，"第一种是政府或专业学术团体组织而成的社会阅读指导机构，公益性是其主要特征；第二种是由书店、出版社等机构创办的经营性社会阅读社团，营利性是其主要特征；第三种是由民间力量创办的各类民间读书会，如宁波大碶街道高田王社区的残疾人不倒翁读书会、唐山的快乐儿童联盟读书会等；第四种是依托网络平台形成的虚拟阅读社群，如豆瓣网读者俱乐部、新浪书

---

① 黄河清.奔小康的精神文明标准刍议[J].湖南社会科学,1994（5）:50-52.

友会等"①。通过该书作者对社会阅读机构的分类可以看出，该书采用"民间读书会"的提法，一方面是区别于政府或专业学术团体，另一方面是区别于营利性的社会阅读社团。作者还对民间读书会的特征进行了界定，指出民间读书会有明显的"自发性"特征，民间读书会的组建是以自愿为原则的，相同的志趣是建立民间读书会的前提，也是决定读书会主题的主要依据。尽管此书理解读书会的概念着重强调线下读书会，将线上读书会归入虚拟阅读社群，与民间读书会进行区分和并列，这种处理方式在今天看来有一定的局限，但是此书所提出的自发性、自愿性、志同道合、互动性等特征为以后学者理解民间读书会奠定了基本框架。

其后部分学者对民间读书会的概念做出进一步解释，2011年高小军在文章中提到，"民间读书会是通过相近的阅读兴趣、目标、地域等因素聚集而成的民间阅读团体，具有主题丰富、形式灵活、成员来源广泛等特点，能够满足人们阅读、交流、学习及交友等多种需求"②；2017年陈艳在文章中提到，"民间读书会多由热爱读书的民间人士发起，与一般意义上的读书会不同，民间阅读团体因相近的阅读兴趣而吸引，因地域因素而聚集，因共同的价值观、目标而得以持续发展，具有自发性、群体性、开放性等特点"③；2017年王聪在文章中提到，"民间读书会是一种以互动形态存在的，参与者自由、自愿研读阅读材料，并以分享和交流读书心得为核心的民间阅读推广组织，在阅读讨论过程中开拓新视角，吸收新观点，提高阅读深度和阅读质量，以达到推广社会阅读的目的"④。

（五）本项研究对于民间读书会的界定

为了清晰把握民间读书会，需要厘清以下几对概念：作为团体的读书会和作为活动的读书会，读书会和民间读书会，民间阅读组织和民间读书会。

---

① 李东来.书香社会[M].北京:北京图书馆出版社,2008:120-147.
② 高小军.发挥民间阅读组织在公共图书馆阅读推广中的作用[J].图书馆界,2011（2）:28-30.
③ 陈艳.民间读书会与公共图书馆合作模式探析[J].图书馆界,2017（1):9-12.
④ 王聪.基于民间读书会的阅读推广活动探究[J].大学图书情报学刊,2017,35（6）:59-64.

1.民间读书会是一个团体

前文在提及读书会时，主要将读书会理解为一种团体，但是在我国图书馆界，对读书会还有另外一种理解，即把读书会理解为图书馆举办的读书活动，比如"我馆举行了一次读书会"类似的提法，如果这样来理解读书会，仅仅把图书馆定位为偶发性读书交流活动的举办者，就会限制图书馆进行阅读推广的深度和广度。因此笔者认为图书馆界不应该仅仅从活动的角度去理解读书会，还需要从团体的角度去理解读书会，特别是从民间阅读团体的角度服务读书会、培育读书会，从而更深入地发挥图书馆在阅读推广方面的作用。

2.民间读书会是非营利性的读书会

21世纪之前我国并没有"民间读书会"的提法，之所以出现"民间读书会"的提法，一个非常重要的原因在于要和营利性读书会进行区分。读书会既包括不以营利为目的的读书会，也包括以营利为目的的读书会，比如樊登读书会、吴晓波读书会等。营利性读书会和非营利性读书会的运作区别比较大，限于研究精力，本项研究不对营利性读书会进行重点研究。

3.民间读书会是注重阅读交流的民间阅读组织

关于民间阅读组织或社会阅读组织，目前并没有统一的界定。《2018社会阅读组织年度观察报告》中将社会阅读组织理解为加入全民阅读的社会组织，"新加入全民阅读的社会组织分为营利组织和公益组织两大类型，前者有绘本馆、教育培训机构、知识付费企业、阅读类新媒体等，后者有半山读书会、三叶草故事家族等"[①]。这段表述主要强调社会阅读组织是政府之外的阅读组织，既包括公益组织，也包括营利组织。笔者认为理解社会阅读组织应该在社会组织的概念框架下，依据前文对社会组织定义的介绍，尽管学者们在界定社会组织时角度有所不同，但是在社会组织的第三部门特性方面能够达成一致，即把社会组织理解为政府和企业之外的力量。如果将营利性企业或公司纳入社会阅读组织的范畴，尽管可以给读者一个阅读行业的全景，但是可能会消弭营利性阅读组织和非营利性阅读组织的区别，并且不符合学界和业界对于社会组织的

---

① 张文彦,王雅倩.2018社会阅读组织年度观察报告[C]//第五届读书会发展大会组委会,长三角读联会(筹),中国编辑学会跨文化传播专业委员会.全国读书会发展交流大会2018会刊.上海:第五届读书会发展大会组委会等,2018:33.

基本界定和认知。因此本项研究理解的社会（民间）阅读组织主要是指非营利性的阅读组织。

社会（民间）阅读组织，整体构成多元，既包括以赠送图书为主的组织，比如"多背一公斤"，倡导旅游者在出行前准备少量书籍和文具，带给沿途的贫困学校和孩子；也包括以建立阅读空间为主的组织，比如爱心传递基金会，其核心项目蒲公英乡村图书馆，致力于为中国乡村建立优质图书馆；当然还包括以阅读交流为主的读书会。在民间阅读组织中，"虽然读书会常被人们置换为阅读组织，但民间阅读组织更重要的部分其实并不在城市读书会，而是那些在全国尤其是乡村推荐儿童阅读的基金会和推广机构"[①]。笔者这里并不打算仔细核实乡村儿童阅读类的民间阅读组织是否占据民间阅读组织的主流，但可以肯定的是民间阅读组织和民间读书会并不是同一个概念，民间阅读组织是民间读书会的上位概念，民间读书会是进行阅读交流的民间阅读组织。

综上，本项研究将**民间读书会**理解为**进行阅读交流的民间团体或组织**。主要特点有：①非营利性。本项研究的范畴不包括以营利为目的的知识付费产品，比如樊登读书会、吴晓波读书会等。②自愿性。本项研究不包括带有强制性的学生班级读书会、干部读书会等。③互动性。民间阅读组织的类型繁杂，本项研究侧重的是以阅读交流为主要内容的读书会。以朗诵为主的读书会不是本项研究的重点。由于国外和我国21世纪之前对读书会的理解均和本项研究中民间读书会的理解一致，因此为行文简略之考量，就没有加"民间"二字，特此说明。

（六）民间读书会的类型

邱天助曾经将读书会分为四种类型：社区读书会、族群读书会、主题读书会和书目读书会[②]。社区读书会是指面向社区居民的读书会，族群读书会是以年龄、性别、职业等作为区隔组成的读书会，这两类均是从读书会成员角度进行的划分。主题读书会是指以某一主题为阅读讨论内容的读书会，如哲

---

① 报告编写组. 2017读书会发展观察年度报告[C]//第四届全国读书会发展交流大会会刊.北京:第四届全国读书会发展交流大会组委会, 2017:55.

② 邱天助.读书会专业手册[M].台北:张老师文化事业股份有限公司,1997:102-104.

学读书会等，而书目读书会是指限定某一（几）本书、哪几部电影等的读书会，可以看出，邱天助所理解的主题读书会和书目读书会均是从读书会的阅读材料维度进行的划分。笔者在分析邱天助对读书会类型划分的基础上，将其完善为两个分类维度，一是读书会成员维度，二是读物维度。除了成员和读物维度，还需要考虑读书会的活动方式维度。另外，在我国，读书会还有一个重要的特征，就是部分读书会注册为正式的社会组织，因此可以从是否注册角度进行划分。

1. 成员维度

按照成员进行划分，首先考虑从成员的确定性角度进行划分，按照前文提及的我国非营利组织的主要分类，还可以分为公益性读书会和互益性读书会，公益性读书会的受益对象是社会上不特定的多数人，互益性读书会采用严格的会员制，受益对象主要是会员。还可以从参与人员的人口学特征划分，比如从年龄（儿童读书会/亲子读书会）、性别（女性读书会）、职业（白领读书会、职业经理人读书会、大学生读书会、警察读书会、农民读书会等）等多个角度进行划分，对于我国当前的读书会，儿童/亲子读书会、女性读书会、社区读书会、大学生读书会等读书会比较有代表性，后文将做进一步分析。

2. 读物维度

按照读书会阅读的读物类型划分，从目前掌握的民间读书会的阅读读物类型来看，很难将其一一列举，因此笔者这里主要提出这一维度。比较常见的类型包括经典作品读书会（比如哲学经典读书会）、经济学读书会、《论语》读书会、《红楼梦》读书会、鲁迅作品读书会等。

3. 活动维度

民间读书会的活动方式多样，主要包括阅读讨论、书目推荐、讲座等多种方式。如果以读书会举行的主要活动类型划分，可以分为讨论型读书会和讲座型读书会。讨论型读书会以对特定阅读文本的深入讨论为主，拓展丰富成员对读物的理解，为了保证讨论效果，一般每次活动人员数量控制在一定范围内，比如20人。讲座型读书会不以讨论作为主要活动，而是通过举办讲座、报告等活动进行阅读交流。

4. 注册维度

按照是否在民政部门进行注册，可以划分为注册读书会和未注册读书会。

在我国，大量民间读书会以未注册的形态存在，但也有部分读书会为了寻求更多的资源支持，进行更大范围的公共服务，在民政部门进行注册，成为正式的社会组织。一般来说，注册读书会具有公益性，但是并不是所有进行公益性活动的读书会均在民政部门注册，有一些未在民政部门注册的民间读书会也从事公益性的阅读活动。由于区分未注册读书会的公益性/互益性有一定难度，考虑到管理上的便利或者降低管理成本，部分图书馆或者相关机构只对在民政部门注册的读书会进行扶持。

三、国内外研究现状

（一）国外关于读书会研究情况分析

据笔者对 Web of Science 数据检索，发现最早对读书会进行研究的文章发表于20世纪50年代初期，那时的论文主要集中在医院的小组阅读，主要对作为辅助治疗方式的小组阅读进行研究，后来扩展到其他领域。通过使用 CiteSpace 对 Web of Science 的数据进行分析，发现关于读书会方面的研究主要有以下几个学科（见图1-3）。教育学和心理学领域是读书会研究中最为活跃的领域，其次是图书情报学和神经系统科学，然后是社会科学和语言学。各个学科领域从不同角度对读书会进行分析研究，下面对读书会研究的主要方面进行分析。

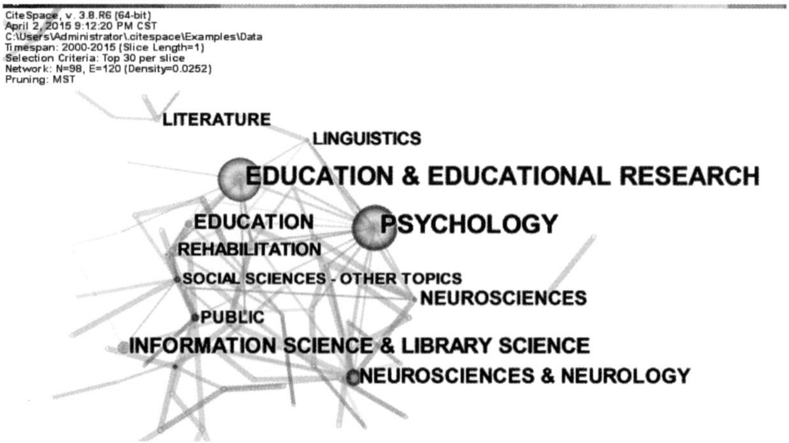

图1-3　读书会相关研究主题领域分布

1. 女性和读书会方面的研究

在西方，读书会的最初形态是女性文学沙龙，女性在读书会发展中起着重要作用，因此有相当一部分学者对读书会中的女性进行研究，笔者通过对读书会的研究进行核心作者分析（见图1-4），发现影响力最大的学者是伊丽莎白·郎（Elizabeth Long）。她通过长期的参与式观察，对众多不同类型的读书会的成员进行研究，发现女性参加读书会是实现其社会价值的重要途径，郎认为女性读书会已经不仅仅是一月聚会一次的理由，读书会已经成为女性自我构建、实现个人成长和启蒙的渠道[①]（见图1-4）。郎的研究开启了对女性读书会研究的热潮，其研究方法对后续研究有重大影响。

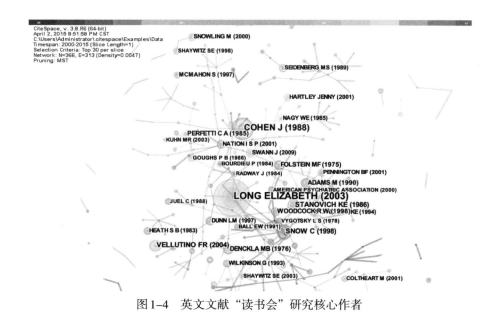

图1-4　英文文献"读书会"研究核心作者

来源：CiteSpace软件生成

之后，学者对女性读书会进行深入揭示，比如塞都·雷伯格（Sedo Rehberg）2004年完成了关于女性读书会方面的博士论文，采用解释性群体、文化学方面的理论对女性参加读书会的动机进行解读。雷伯格也采用了民俗志

---

① LONG E. Book clubs：women and the uses of reading in everyday life[M]. Chicago：University of Chicago Press，2003：7.

的研究范式，通过参与式观察收集大量数据[①]。

2. 关于某一个国家或者地区读书会整体情况的研究

这方面比较典型的研究是哈特利（Hartley）对英国350个读书会进行研究，她分析了读书会的人员构成、内部运作、阅读读物等方面的特点[②]，该项研究在英国引起了比较大的反响，BBC还曾对哈特利进行过专访。这类研究主要是描述性研究，主要对读书会的发展现状进行介绍，理论探讨不是其重点，但是也为研究人员了解和把握读书会这一文化现象提供了基础。

3. 关于读书会运营和管理方面的研究。

随着读书会的发展以及人们参加读书会热情的高涨，关于读书会运营和管理方面的手册指南应运而生，如1995年的《建立和运营读书会完全指南》（*The Complete Guide to Starting and Sustaining a Reading Guide*）、1999年的《读什么：面向读书会成员和其他图书爱好者的指南》（*What to read : The Essential Guide for Reading Group Members and Other Book Lovers*）。这类成果主要包括两部分内容：一是如何运营读书会。雅各布森（Jacobsohn）的《读书会手册》（*The Reading Group Handbook*）对读书会的运营提供了详细的指导，包括读书会成员的选择、支出、讨论的技巧、建议书单、团体动力等多个方面的知识[③]。2002年奥斯本（Osborne）出版《读书会指南》（*Essential Guide to Reading Groups*）一书，内容涵盖如何在某地方查找和加入一个读书会，如何运营读书会，如何选择图书[④]。这些书为读书会的运营提供了切实可行的、操作性强的指导。二是对读书会选择书籍提供详细指导。皮尔曼（Pearlman）在其1999年出版的《读什么：面向读书会成员和其他图书爱好者的指南》一书中，列出30个主题的书目，涵盖科幻小说、战争、运动、传记等[⑤]。尽管这类图书更多是指南性图书，但是这些图书中有大量的一手资料，

---

① REHBERG S. Badges of wisdom, spaces for being: a study of contemporary women's Book Clubs[D]. Vancouver: Simon Fraser University, 2004: 8.

② HARTLEY J. The reading groups book[M]. Oxford: Oxford University, 2001: 5.

③ JACOBSOHN R. The reading group handbook[M]. New York: Hyperion, 1998: 10.

④ OSBORNE S. Essential guide to reading groups[M]. Lodon: Bloomsbury, 2002: 7.

⑤ PEARLMAN M. What to read: the essential guide for reading group members and other book lovers[M]. London: Perennial, 1999: 3.

其中涉及的读书会都是真实案例，比如斯莱扎克（Slezak）在其书中提到了25个读书会，其中包括有76年历史的读书会，也包括美国黑人读书会、诗歌读书会等①。另外随着读书会的发展，学界开始关注读书会运营中的问题，美国图书馆协会（American Library Association，简称ALA）2008年曾经做过一次全国性调查，对美国读书会运营中的共性问题进行分析，并进而为图书馆如何和读书会合作提供建议②。

4. 关于公共图书馆和读书会的研究

这方面的研究主要包括两个方面。一是以公共图书馆中的读书会为研究对象，研究读书会的功能、读书会成员的交互等，比如沃尔温（Walwyn）等2011年对英国公共图书馆组织的三个阅读疗法读书会的成员进行访谈，探讨读书会的价值，研究发现对于读书会成员来说，参加读书会有11项益处，包括充分地认识自我、更好地融入社会等③。二是对公共图书馆如何发展读书会进行研究，这方面最重要的研究是阅读社④（Reading Agency）进行的一项研究，该项研究的主要目的在于建立一个帮助图书馆发展当地读书会的国家级框架，支持国家范围内读书会的发展，从而确保全国各地的读者能够参加读书会，进而获得更好、更广泛的阅读体验，让公共图书馆充分认识到读书会在读者发展、合作伙伴构建、社会包容等方面的价值。该项研究采用访谈、问卷等多种方法进行研究，提出了未来发展的三年规划，对公共图书馆如何面向读书会提供服务提供了切实的指导⑤。

---

① SLEZAK E. The book group book：a thoughtful guide to forming and enjoying a stimulating book discussion group[M]. Chicago：Reviews Press，2000：11.

② MEGAN M. Book group therapy：a survey reveals some truths about why some groups work and others may need some time on the couch[J]. Reference & User Services Qurateyly，2009（4）：122-127.

③ WALWYN O，ROWLEY J. The value of therapeutic reading groups organized by publibraries[J]. Library &Information Science Research，2011：302-312.

④ 阅读社是英国的一家致力于阅读推广的慈善组织。

⑤ The Reading Agency. A national public library development program for reading groups [EB/OL].（2004-04-01）[2013-12-14]. http://readingagency.org.uk/about/Programme_for_reading_groups.pdf.

5. 其他方面的研究

前文提到，读书会研究涉及的领域非常广泛，教育学领域主要关注关于读书会和学习效能方面的研究。读书会长期以来一直被视作一种成人教育方式，因此教育学领域的学者对读书会如何提高学习效能开展了深入的研究。帕罗特（Parrott，2011）探讨了如何将读书会和大学课堂教学结合起来，从而使学生能够深入学习[①]。语言学领域则更多从语料分析出发，探讨读书会成员之间的交互。除了上述主要研究内容，随着网络技术的发展，一些学者开始关注网络读书会，沙伯（Scharber，2009）对虚拟读书会进行了研究[②]，卡桑德拉（Cassandra，2009）对面向青少年的网络读书会进行了研究[③]。

（二）我国读书会研究情况分析

1. 台湾地区读书会研究情况分析

台湾地区无论是读书会的实践还是研究都发展得比较好，因此这里单独将台湾地区列出，对台湾的读书会情况进行分析。读书会在台湾地区非常普遍，据保守估计，台湾有15000个读书会，台湾读书会的蓬勃发展一方面得益于台湾有关主管部门的大力推动，台湾教育部门曾专门制定相关政策推动读书会的发展，另外一个原因是台湾学界对于读书会研究的关注。提到台湾读书会的研究，必须要提的一个学者是邱天助，邱天助担任读书会理事长推动地区读书会发展，在其著作《读书会专业手册》中对读书会的历史、发展源流、读书会的运作等进行讨论，奠定了读书会研究的理论基础。后来大量学者加入读书会的研究队伍中，包括林美琴、林振春、简静惠等。台湾关于读书会的研究涉及多个方面，下面择其主要进行介绍分析。

（1）读书会基本理论方面的研究。这方面成果早期主要围绕读书会的价值和功能进行。邱天助对台湾的读书会发展源流进行考察，在其研究最后，总结读书会共同的构成要素主要是公共领域的阅读和讨论，主要精神是言论自由和

---

① PARROTT H. Using structured reading groups to facilitate deep learning[J]. Teaching and Sociology,2011（4）:354-370.

② SCHARBER C. Online bookclubs:bridges between old and new literacy and practices[J]. Journal of Adolecent and Adult Literacy,2009（2）:433-437.

③ CASSANDRA M. Online bookclubs for preteens and teens[J]. Library Review,2009（3）:176-195.

民主平等对话。读书会的发展不只能提高台湾民众的阅读兴趣，增加阅读人口，也可以在讨论与分享过程中，扩展公共领域的参与和知识空间，提高民主素养①。后来众多学者对读书会的功能和价值的研究进行扩展，何青蓉通过对台湾地区读书会成员的问卷调查，建立读书会功能指标体系，研究发现读书会的正面功能有六个层面：提升人际相处能力，助长社区/社会意识，带动家庭成长，增进阅读效能，促进对社教机构之运用，提高个人能力②。更有学者对读书会如何提升学习效能进行了深入研究，叶秀琴通过对十位已婚女性进行访谈，了解读书会吸引女性持续参与学习的原因，并进一步探讨了读书会运作与女性学习成效的关系③。

（2）读书会运作管理方面的研究。台湾地区关于此方面的研究成果非常丰富。比较有代表性的有林美琴、余政峰等人。余政峰（1999）结合团体动力学的理论，对读书会的团体动力因素进行了比较深入的分析，研究发现为提升读书会的团体动力，领导者和相关成员应多了解团体动力的因素，除了沟通、领导与凝聚力之外，还需要考虑经费、规范、愿景等因素④。游淑静（2002）对读书会召集人的领导功能进行研究，研究发现读书会的领导功能主要有五项核心：决策、影响力、建立关系、取得信息以及权变，并发现大部分召集人与专家非常赞成读书会参与社区及公共事务，认为如此可让读书会更加生活化，更加社会化，形成高品质的公共论坛⑤。

（3）不同类别读书会的研究。繁运丰（1999）通过对公共图书馆读书会实施情况进行调查，发现图书馆推动读书会的主要效益是有助于读书会得到场地的支援，提升图书馆形象，有助于了解民众需求⑥。何青蓉（1999）对老年读书会进行了研究。杨建华（2002）对桃园县小学读书会实施情况进行了调查⑦。吴

---

① 邱天助. 台湾地区读书会的现状与未来发展[J]. 社教双月刊,1995(4):6-15.
② 何青蓉. 读书会功能指标之建构[J]. 高雄:高雄师大学报,2001(12):23-50.
③ 叶秀琴. 已婚女性持续参与读书会学习之原因与成效之研究[D]. 高雄:高雄师范大学,1999.
④ 余政峰. 读书会的团体动力因素之研究[D]. 嘉义:中正大学,1999.
⑤ 游淑静. 读书会召集人领导功能之研究[D]. 台北:政治大学,2002.
⑥ 繁运丰. 公共图书馆读书会实施现况之研究——以台北市立图书馆为例[D]. 台北:台湾大学,1999.
⑦ 杨建华. 桃园县国小读书会实施现状之研究[D]. 新竹:新竹师范学院,2002.

清亮（2003）对网络读书会进行了研究。

（4）作为教学教育方式的读书会研究。这方面的研究主要是教育界学者进行，比如王丽雅（2013）采用行动研究法设计与实施网络绘本读书会，进行幼儿自尊教育[①]。杨秀莲（2009）对小学采用读书会的方式进行生命教育的情况进行了研究，探讨以读书会推行生命教育所面临的问题及解决之道。黄吉君（2010）则探讨了如何在交互教学策略中融入读书会，提升小学高年级学生的阅读效果[②]。

2. 大陆读书会研究情况

随着民间读书会的发展，《新京报》《深圳特区报》等新闻媒体开始对民间读书会进行报道，这些报道以零散介绍某个或某些读书会为主。同时，读书会开始进入相关政府部门的视野，江苏省政府、深圳市政府在相关规划中明确提出要充分发挥民间读书会的作用，建设书香社会。遗憾的是，读书会虽已经进入媒体和政府的视野，但尚未引起学术界的高度关注。笔者通过对CNKI的检索，发现对读书会的关注自2008年开始逐渐增多，2015年开始迅速增加（见图1-5）。关于读书会的研究主要包括以下几个方面。

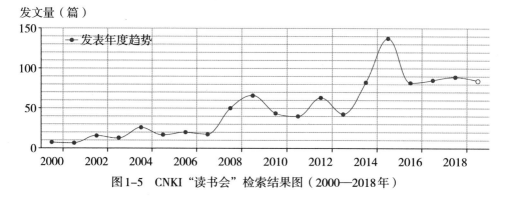

发文量（篇）

图1-5　CNKI"读书会"检索结果图（2000—2018年）

来源：CNKI自动生成的可视化检索结果图

---

① 王丽雅.以网络绘本读书会实施幼儿园生命教育"人与己"自尊课程之行动研究[D].新北:辅仁大学,2013.

② 黄吉君.部落格与交互教学策略融入读书会运作模式与辅助国小高年级阅读学习效益之研究[D].台中:台中教育大学,2010.

（1）国外和我国港台地区经验。图书馆读书会方面的文章2014年以前基本以介绍国外和港台经验为主，包括对日本、欧美以及我国港台等国家和地区读书会发展的借鉴。这些研究主要由图书馆界学者完成，成果也主要发表在图书馆学的刊物上，通过介绍先进经验，对我国学者了解读书会，特别是图书馆界认识读书会提供了比较充分的资料基础，开拓了学术视野。

（2）我国读书会案例介绍。随着读书会的发展，关于具体读书会的案例分析开始见诸学术期刊。2000年之后的第一篇案例分析文章为张亚军和孟昭和2004年发表的关于贵州大学图书馆读书会的分析[①]。随着国内图书馆读书会工作的逐步开展，案例性质的文章进一步增多，比如天津财经大学思扬读书会[②]、东莞图书馆读书会[③]、浙江省平湖市农民读书会[④]、湖北工程学院图书馆读书会[⑤]、云南省图书馆"伯格理读书会"[⑥]。除了图书馆读书会，还有一些文章对其他类型的读书会进行案例分析，比如对社区读书会[⑦]、教师读书会[⑧]的报道。上述研究深度不一，有的案例以简短报道为主，有的侧重深入分析，但均为本项研究认识读书会提供了文献基础。

（3）我国读书会发展情况的初步调查。部分研究对地区性的读书会发展情况进行调查，比如珠三角地区民间读书会现状与发展策略探讨[⑨]、厦门地区

---

① 张亚军,孟昭和. 对大学图书馆读书会的实践与认识——以贵州大学图书馆为例[J]. 贵图学刊,2004（2）:12-14.

② 孙铎. 校园阅读推广的生力军——天津财经大学思扬读书会阅读推广实践[J]. 高校图书馆工作,2018,38（2）:93.

③ 陈伟华. 公共图书馆促进民间阅读组织发展的研究与思考——以东莞图书馆读书会为例[J]. 四川图书馆学报,2017（4）:74-77.

④ 陆爱斌. 农民读书会提升农家书屋利用率的实践与思考——以浙江省平湖市为例[J]. 图书馆杂志,2017,36（1）:45-49,11.

⑤ 吴波. 阅读推广视角下高校图书馆读书会实践研究——以湖北工程学院图书馆为例[J]. 河北科技图苑,2016,29（5）:75-77,74.

⑥ 牛波. 公共图书馆少儿阅读推广的有效途径——基于云南省图书馆"伯格理读书会"的实践[J]. 新世纪图书馆,2016（7）:44-47.

⑦ 董竹音. "桥风苑"里书香浓——上海市杨浦区大桥街道社区读书会活动侧记[J]. 成才与就业,2012（11）:20-22.

⑧ 顾瑞雪. 读书会,一种导学的好办法——以三峡大学文传学院古代文学读书会小组为例[J]. 现代语文（教学研究版）,2017（4）:4-6,2.

⑨ 阮健英. 我国大陆地区读书会实证分析[J]. 情报探索,2017（7）:62-66.

民间读书会调查研究①、浙江省读书会发展现状调查研究②，还有部分学者对全国性的读书会的发展情况进行初步研究，比如陈丹、常昕③通过对一百多家读书会进行问卷调查，分析我国读书会的基本情况。许金晶通过深度访谈的方式，访谈了16家读书会的创办人或组织者，对我国民间读书会的发展进行了揭示④。也有研究对某一个地区某一特定类型读书会的发展情况进行调查，比如关于浙江省儿童读书会的调查⑤。上述研究的增多是国内读书会快速发展的一个直接反映。

（4）关于读书会的理论研究。此类研究自2015年之后开始增多，其中图书馆界的研究包括向剑琴对读书会演进的研究⑥、李桂华从社群信息学的视角提出了阅读社区应该研究的内容⑦、王宇对公益性民间读书会及其与图书馆的合作机制进行的研究⑧等。除了图书馆界，其他领域也开始对民间读书会进行理论探索，教育学视角下多项研究围绕学习圈展开，同时有学者对社区老年教育中的读书会⑨进行研究。社会学视角下对读书会进行的研究主要将读书会作为一个收集数据的载体，通过对读书会成员的访谈，探析成员如何进行自我建构⑩；另外，有的学者通过对某一个具体读书会的观察，分析作为微场域的读书会如何促进社会公共性的培育⑪；新闻出版视角对读书会进行的研究主要侧

---

① 苏华,曾玉娇.厦门市民间读书会调查报告[J].福建图书馆学刊,2019(1):11-14,36.

② 向剑勤,徐小帆,曹桂平.浙江省读书会发展现状调查研究[J].图书馆研究,2017,47(2):11-16.

③ 陈丹,常昕.中国读书会调查研究报告[M].北京:人民出版社,2019.

④ 许金晶.领读中国[M].江苏:江苏人民出版社,2017.

⑤ 孙铎.校园阅读推广的生力军——天津财经大学思扬读书会阅读推广实践[J].高校图书馆工作,2018,38(2):93.

⑥ 向剑勤.读书会的演进及其功能探析[J].图书情报工作,2016(5):38-44.

⑦ 李桂华.阅读社区研究:阅读推广视角的社群信息学研究实践[J].图书馆论坛,2017,37(7):33-40.

⑧ 王宇.公益性民间读书会及其与图书馆的合作机制[J].图书情报工作,2015,59(5):25-30.

⑨ 曾莉婵.社区老年教育中的读书会研究[D].上海:华东师范大学,2013.

⑩ 易林.伦理自我与公民意义:一个阅读社群的文化实践[J].社会科学,2017(12):68-78;金秋玥.都市女性参与读书会的自我建构研究[D].上海:华东师范大学,2018.

⑪ 王杨.个体化背景下社会公共性培育的微场域——基于利群读书会的观察研究[J].人民论坛,2015(21):156-158.

重知识付费产品和阅读社群^①，以及民间读书会文化传播样态^②等。上述研究开启了读书会理论研究的序幕，为本项研究提供了理论参考。

四、主要研究内容和方法

（一）研究内容

通过分析发现，国外和我国台湾地区关于读书会的研究比较成熟，研究内容比较丰富，我国大陆关于读书会的研究刚刚起步。在这种情况下，学术界需要对读书会进行探索性研究，本项研究重点探讨以下几个问题。

1.民间读书会发展源流探寻。图书馆人只有切实把握了读书会的本质，才能更好地进行有关读书会方面的服务和工作。因此学术界需要追问读书会的本质，探索读书会的产生、发展，总结读书会发展中的规律。因此学界需要对我国读书会的发展源流进行分析，从我国读书会发展的基本过程来看，民国时期读书会有一个比较快速的发展，新中国成立初期以及80年代改革开放之初也曾见证了读书会的发展，需要对这几个时期的读书会进行深入考察，以期得出我国读书会发展的规律。同时对国外读书会的发展源流进行研究，比较中外读书会发展过程的异同，归纳读书会发展的普适性规律。

2.我国民间读书会发展现状考察。前文提到，目前已经有部分研究对我国读书会发展情况进行调查，但是通过分析发现，目前的调查成果存在两个有待完善之处，一是部分调查在调查时不区分营利性读书会和非营利性读书会，笔者认为此两类读书会的发展机理有诸多不同，应该分开进行调查，如果不加区分，恐有不能深入揭示非营利性读书会（民间读书会）发展现状之忧。二是目前的调查没有区分注册和未注册读书会，随着越来越多的民间读书会希望进入公共领域，发挥更大的作用，应该将注册读书会也纳入调查范畴。第三个问题是有的调查尽管在文中声明从QQ群、微信群等收集了数据，但是在正文中并没有对数据进行深入分析，数据的收集和分析方面略有瑕疵。综上，已有的调查研究为本项研究提供了借鉴，但是由于在调查范围、样本收集和分析方面与

① 王蕾.认知盈余与知识付费：网络阅读圈群的社群阅读考察[J].现代出版,2019（1）:25-28;郭柯柯,蔡骐.网络社群阅读：契机、表征及反思[J].中国编辑,2018（12）:13-18.

② 董姜燕.民间读书会文化传播样态研究——以济南市民间读书会为例[D].济南：山东大学,2018.

本项研究有所区别或者有需要完善之处，因此本项研究拟对我国民间读书会的发展现状进行深入考察，努力揭示当下我国读书会发展的宏观整体情况以及微观运作情况。

3. 民间读书会的发展环境分析。了解了民间读书会发展的整体情况、微观运作之后，下面要回答的问题是民间读书会处于什么样的发展环境中。本项研究主要从三个方面分析，一是政策环境，主要对全民阅读政策中的相关文本进行内容分析，并探讨未来政策取向；二是需求环境，主要通过问卷调查的方式调查公众对民间读书会的认知与参与意愿；三是媒体环境，对主要报纸上所刊载的民间读书会的相关报道进行分析。

4. 图书馆视角下的民间读书会发展策略。本项研究重点考察图书馆如何推动民间读书会的发展。笔者认为发展策略的得出需要首先明确图书馆在推动民间读书会发展中的角色，而角色定位的得出需要参考历史经验和西方经验，立足我国民间读书会发展现状分析而来。在提出图书馆推动民间读书会发展的应然角色框架之后，以此框架为基准，对我国图书馆界推动民间读书会发展的现状进行分析，进而提出未来发展方向和举措。

（二）研究方法

1. 文献法

除研究类文献外，本项研究重点收集分析以下几类文献：

（1）历史文献。为了考察民间读书会的发展源流，需要收集历史文献，特别是民国时期和新中国成立初期的文献。民国时期的文献主要通过"晚清民国期刊数据库"进行查找，辅之以其他线索。新中国成立初期的文献由于回溯全文库尚未建成，主要以李钟履1958年所编《图书馆学书籍联合目录》和南京图书馆所编的《图书馆学书目索引（1949—1980）》为主要来源，然后通过国家图书馆、北京大学图书馆、CALIS等多种途径获取全文。国外的相关历史文献主要通过检索JSTOR获得。

（2）报道类文献。民间读书会的发展引起新闻媒体的关注，本项研究主要收集报纸对民间读书会的报道。收集起止时间为1949年至2018年。

（3）读书会活动记录类文献。很多民间读书会有良好的档案意识，对每次活动记录都有留存，主要通过微信公众号进行记录和保存，这些活动记录为分析民间读书会的运作提供了坚实的数据基础，因此本项研究选择部分民间读书会，对其活动记录进行收集和分析。另外，中国社会组织网提供了注册民间读书会的基本信息，包括各个注册读书会的成立时间、业务范围等，为了解注册民间读书会提供了数据基础。

（4）政策文本。为了分析民间读书会发展的政策环境，本书对全民阅读类政策进行了比较全面的收集，从中探查与民间读书会相关的条款，分析我国民间读书会发展的政策环境。

2. 访谈

通过对读书会的统计能够大体了解民间读书会发展情况，但为了更深入了解民间读书会的发展，还必须要有质性数据的支撑。本项研究的质性数据主要有两个来源，一是已出版的对读书会创始人的访谈素材。笔者通过查找发现，许金晶曾经对16家读书会创始人或组织者进行深度访谈，并将访谈数据以《领读中国》为名出版；常昕团队在《阅读者的力量：国内知名读书会访谈录》中对26家读书会进行访谈。这两个访谈数据源成为本项研究的数据源之一。由于上述两本书中的访谈对象基本上是比较有影响或者说是知名的读书会，除了这类读书会，还有大量不知名的读书会，为了全面了解民间读书会的情况，本项研究选取访谈对象时，不仅选取知名度较高的读书会，也选取了一些不知名的读书会，对20家读书会的创办者（读书会领读者）、参与者进行半结构化访谈。此外，本项研究对10位图书馆馆长（馆员）进行访谈，其中4位来自高校图书馆，6位来自公共图书馆，以期了解图书馆对读书会相关工作的认识，以及图书馆开展相关工作的情况。

3. 问卷

本项研究进行了两项问卷调查。一是面向公众的调查，以便了解公众对民间读书会的认知以及参与情况，主要通过问卷星平台设计并发布，然后在朋友圈广泛转发。二是面向图书馆的调查，了解图书馆对读书会工作的认识，主要通过专业会议和朋友圈转发进行问卷收集。

4. 实验观察法

为了深入了解民间读书会，课题组主持人结合自身情况，2015年11月成立了一个亲子读书会，经过参加读书会的孩子的投票，将读书会命名为芝麻开门读书会，运行约一年时间，通过对亲子读书会的运营，切实感受民间读书会运作过程中的问题。

　　本章小结：本章首先回答图书馆学领域关注民间读书会的缘由，笔者认为民间读书会属于阅读交流行为，属于阅读行为的一种，属于图书馆学研究范畴；另外从现实角度出发，国内阅读推广工作需要进一步深化，民间读书会是深化全民阅读的重要途径。笔者进而从成人教育视角、公民社会视角以及阅读推广视角对民间读书会这一概念进行多维揭示。研究者认为读书会可以从阅读意愿、能力、行为三要素方面促进阅读推广。笔者对民间读书会相关概念进行分析，界定了本项研究中民间读书会的本质以及特点，认为民间读书会是进行阅读交流的民间阅读团体，其主要特征包括非营利性、自愿性、互动性。本章进而对相关研究现状进行梳理，认为国内民间读书会的研究与国外有一定差距，需要加强相关研究。

第二章　我国民间读书会发展源流

　　读书会是历史和文化的产物，在不同时空背景下，呈现出不同的历史面貌和发展特点。本书希望对我国民间读书会的发展历程进行分析，并结合国外读书会发展历史，比较和分析国内外民间读书会[①]发展的共同规律和趋势，探寻我国民间读书会发展中呈现出的不同特点。

　　追溯读书会的历史源头，会发现其与中国古代文人社团的发展有千丝万缕的关系。我国古代早有以文会友、文人结社的传统。文人结社是古代文人乐群精神的体现。古代士人视交游为人生一大乐事，其渊源可追溯到孔子和孟子[②]。张涛等人曾经对古代文人社团的发展进行系统的梳理，指出"文人所结之社必须具备三个条件：一是合气类之相同，即有共同的目的和兴趣；二是资众力之相助，也就是说必须具有共同的奋斗目标（主要是进行选文或其他文学活动），社团成员之间还必须同心协力组织社团的各种活动。三是始有意为结社，即人们开始自觉的结社"[③]。从此条件可以看出，古代的文人社团具备了读书会的一些基本条件，有共同的目的和兴趣，符合前文所说的兴趣社团或同人社团，进行文学活动，古代文人社团的文学活动包括阅读和创作，以创作为主，因此可以将文人社团理解为读书会的雏形。

　　真正具有文学性质的结社始于唐代，幕府诗人所结之"诗社"、白居易的"香山九老会"等为后世文人结社产生了积极影响。唐代文人结社尽管具有了

---

　　① 国外和我国历史上的读书会基本符合此项研究对民间读书会的界定，只有在我国当下，部分读书会出现了一些不符合本研究限定的特质，比如营利性。行文时为了简便，除了我国当前用了"民间"二字加以限定，其他时期和其他国家均用"读书"会这一提法。

　　② 何宗美.明末清初文人结社研究续编[M].北京：中华书局，2006:33.

　　③ 张涛，叶君远.文学史视野下的中国古代文人社团[J].河北学刊，2006,26（1）:148-153.

相对稳定的社团和活动地点，并定期举行聚会，但社团数量相当有限，唐代的结社活动在社会上没有普遍盛行[①]。

宋元时期文人社团的数量大增。据欧阳光考证，宋代"有材料记载的各类诗社达六七十家"[②]。宋元时期文人社团的组织逐渐形成。社团内部有被推选的社主，他们一般是在文学或政治上有一定成就和影响的人物。社团内部还有比较固定的社团成员，有些社团开始开展社团活动，并把他们创作的诗歌编辑出版为社稿，如汐社曾刊刻《汐社诗集》。为了加强社团成员的组织性，许多社团开始制定社约、会约来规范社团成员的行为，明确社团组织的宗旨，增强社团活动的目的性。由此可见，宋代文人社团的组织形式趋于完善。到元初的宋遗民结社，社团组织形式已基本成熟定型，类型也更为多样，对明清时期文人社团影响较大。

明清时期，文人结社的风气浓厚。明清时期文人社团，基本上沿袭了宋元时期的社团组织形式。活动形式多种多样，游玩赏景、征歌度曲、饮酒啸歌、诗文唱和等都是社团活动的形式。无论是何种类型的文人结社，都离不开文学活动。社团在进行文学活动时，或者为了切磋技艺，或者为了逞才，或者为了活跃气氛，会对诗歌创作提出一定的规定，以增加娱乐性与群体互动。

清朝末年，为了应对民族危机，以康有为、梁启超、严复为代表的维新派积极宣传西方思想，领导群众性的政治运动以期变革图强，在他们的组织和领导下，万木草堂、强学会、时务学堂、南学会等一批传播西学与提倡变法的组织相继在全国成立，这些组织不仅介绍西方先进的思想文化，还自行编辑报纸、推荐图书给民众阅读，在推行变法的过程中所建立的自由阅读机制为后期读书会的产生提供了基础，现代意义上的读书会开始产生。

第一节　民国时期的读书会

在社会教育思潮的影响下，以及社会文化教育机构的大力推动下，读书会

---

① 张涛,叶君远.文学史视野下的中国古代文人社团[J].河北学刊,2006,26（1）:148-153.

② 欧阳光.宋元诗社研究丛稿[M].广州:广东高等教育出版社,1988:31.

在民国时期得到了大力发展。目前对民国时期读书会的研究比较少，据笔者所查文献，发现有两篇文章：苏全有和李伊波的《民国时期读书会述论》[①]、杨云舒和姜晓的《民国时期儿童读书会发展研究》[②]，对民国时期的读书会[③]或者某一特定类型读书会的发展情况进行了有益的探索，但是此两篇文章在文中没有说明其文献来源，未涉及民间读书会发展历程的分析，对民间读书会多采取列举性介绍。为了全面了解民国时期读书会发展的整体情况，笔者主要从以下几个途径收集相关文献：

（1）对李钟履编著《图书馆学论文索引第一辑（清末至1949年9月）》中"阅读辅导附读书会和识字班"类目进行查找，发现相关文献25篇；

（2）对《中华图书馆协会会报》进行查找，发现相关文献6篇；

（3）以"读书会""读书社""读书互助会""读书研究会""阅书会"为检索词对民国时期期刊数据库、大成老旧刊全文数据库和《申报》全文数据库（设定1911—1949年）进行全字段检索，得到统计数据如下表所示：

表2-1　三种数据库"读书会"检索结果情况表

数据库	关键词				
	读书会	读书社	读书互助会	读书研究会	阅书会
大成老旧刊全文库	174	2	1	3	3
民国期刊全文库	1189	16	14	30	22
《申报》全文库	217	5	8	1	14

注：检索时间为2018年12月20日。

通过对检索结果进行初步浏览，发现和读书会相关的文献主要包括两类。一类是研究性和观点性文献，包括读书会的概念、国外读书会的情况、如何组织读书会等理论探讨性文章，此类文章数量较少，共42篇。一类是

---

① 苏全有,李伊波.民国时期读书会述论[J].宝鸡文理学院学报(社会科学版),2013(5):114-120.

② 杨云舒,姜晓.民国时期儿童读书会研究[J].图书馆论坛,2018(1):1-8.

③ 凌冬梅在其所主持的国家社科基金项目立项的基础上,对我国近代读书会研究所要涉及的史料类型进行了梳理,其研究很有意义,但目前尚未见主要的研究结论发表。

介绍某个具体读书会的文献，包括成立报道、征集会员的通知、某次活动的介绍、章程等等。此类文献数量庞大，经过对各数据库的检索结果进行去重处理，共发现347个读书会[①]。记录每个读书会的名称、成立时间、是否有章程、发起机构、面向的主要人群、宗旨、会员权利、会员义务等项目，在此基础上进行数据统计和分析，期望能够深入揭示民国时期读书会发展的情况。

一、民国时期读书会发展的基本阶段

由于民国时期并没有专门对读书会进行统计的机构，也没有相关统计数据，为了了解民国时期读书会发展的基本脉络，笔者对347个读书会的成立时间进行统计，统计结果见图2-1。从图2-1可知，民国时期读书会的发展可大致分为三个时间段。

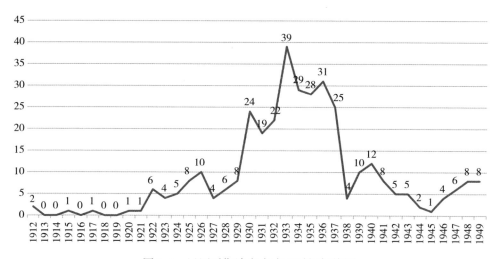

图2-1 民国时期读书会成立时间折线图

来源：此图为笔者通过对民国时期读书会成立时间统计而来。

---

① 读书会个数远远小于检索结果记录条数，主要是由于某一个读书会可能会有多条报道，比如关于北京大学数学读书会的报道有4条，因此读书会个数和检索结果记录数差别比较大。

（一）读书会初步发展（1912—1929年）

读书会兴起的确切时间从现今的资料中似乎很难考证，但有关读书会最早的报道则可追溯至20世纪初。1911年曾有报道"各级导师指定各种有价值的书籍，向图书室借出，再由各同学自由阅读，并做书面报告，二十九日各级举行级会时，由主席抽名将所读之书的大意报告出来"[①]。严格来说，此读书会为老师布置读书报告的作业，带有强制性意味，不符合本项研究对于民间读书会"自愿性"特点的界定，但通过此篇文章可以看出彼时已开始重视阅读交流。1912年一篇名为《紧急要务：德清县同德读书会通告》的新闻中首次提到开办读书会一事，该读书会属基督教徒读书会，各教众聚在一起研读《圣经》[②]。之后几年相关报道极少。1920年沈昌提出"读书会渐渐萌芽，二三人共组的读书会常有所闻"[③]，关于读书会的报道自此开始出现缓慢增长，1922年有6家读书会见诸报道，包括济南工友读书会、青年读书会、武汉妇女读书会、北京大学史学读书会、北京大学物理系读书会、北京大学中国文学系读书会等，北京大学的读书会占比一半，之后高校中成立的各类读书会一直是1930年之前的一种主要类型。除了高校中的读书会，各地开始成立青年读书会，包括徐州青年读书会、台北青年读书会、济南青年读书会、苑里青年读书会等。

（二）读书会快速发展（1930—1937年）

从1930年开始，关于读书会的报道数量激增，1930年报道的读书会有25个之多，之后这种态势一直持续到1937年。这期间读书会数量的快速增加和国民政府对民众教育事业的投入密切相关。1928年国民政府开始加大对民众教育馆的投入，民众教育馆数量增长迅速，1928年有185所，1929年增长至386所，1930年则达648所，1936年达到1612所[④]。关于图书馆的建设，国民政府建立了以教育行政管理部门主管各级公私立图书馆的管理体制，新式图书馆开始由大中城市向县市基层普及，据1935年的调查，全国有普通图书馆573所，

---

① 金春. 校闻：读书会[J]. 中华女中校刊，1911（6）：209-210.

② 紧要教务：德清县同德读书会通告（浙江）[J]. 通问报，1912（529）：3.

③ 沈昌. 评论：再论读书会的必要[N]. 民国日报·觉悟，1920-11-24（4）.

④ 韩永进. 中国图书馆史（近代卷）[M]. 北京：国家图书馆出版社，2017：156.

民众图书馆1255所，流通图书馆37所①。无论是民众教育馆还是图书馆，都很重视读书会工作，并在各类文件中提到读书会，仅举几例说明：1928年，江苏省立南京民教馆公布的组织大纲中规定"图书部负责中外图书、杂志、报纸的阅览及流动书车与各种读书会等事务"②；安徽省立图书馆的组织大纲中规定各科室的主要工作，其中指导科的工作内容中包括"领导并集合常用图书馆者组织各种读书会"③；1931年成立的山东省立民教馆规定图书部的职能包括"读书会的组织及指导事项"④。河北省立实验城市民众教育馆"将组织儿童读书会、成人读书会以及编制图书总目录等"⑤列入工作计划。相关政府主管部门制定的标准中也将读书会作为主要工作内容。1933年8月，江苏省教育厅颁行《江苏省各县民众教育区中心机关标准工作》，规定"要举办民众学校、举办识字班及流动教学、组织读书会、指导民众阅报等"⑥。民教馆和图书馆的大量建立以及对读书会工作的普遍重视推动了读书会的发展，1935年徐旭在《民众图书馆学》中提到"所以各民众图书馆对于读书民众，都有读书会的组织，各馆所组织的读书会工作，可有多有少"⑦。1936年聂光甫在《图书馆读书会之研究》中提到"所以近来各地图书馆及民众教育馆，为养成民众自学习惯，增进图书馆之效用起见，多办有读书会"⑧。由此可见，尽管没有确切数据，但是通过当时学者的论述，可以认为当时图书馆界组织读书会比较普遍，推动了读书会的发展。

（三）读书会缓慢发展（1938—1949年）

随着抗日战争的爆发，前期的各项建设工作被迫中断，读书会由此也进入缓慢发展阶段，每年见诸报道的读书会的数量基本保持在10条以下。由于

---

① 韩永进.中国图书馆史（近代卷）[M].北京:国家图书馆出版社,2017:72.

② 江苏省立民众教育馆.本馆三年来工作概况[J].民众教育,1930,2(11/12):1-12.

③ 安徽省立图书馆.安徽省立图书馆组织大纲[J].学风[安庆],1931,1(9):31.

④ 山东省立民众教育馆.我们的图书馆[J].山东民众教育月刊,1931,2(1):15-16.

⑤ 谢放.民国时期的民众教育与城市大众文化——以河北省立实验城市民众教育馆为例[J].民国研究,2011,19(1):1-8.

⑥ 吴县教育局出版委员会.江苏省各县民众教育区中心机关标准工作[J].吴县教育,1933,2(4):7-9.

⑦ 徐旭.民众图书馆学[M].上海:世界书局印行,1935:237.

⑧ 聂光甫.图书馆读书会之研究[J].山西省立民众教育馆月刊,1936,2(9/10):5-12.

之前已经积累了发展读书会的经验，因此尽管此段时期数量增长放缓，但是读书会运作相对比较成熟规范。比如湖南省立第二民众教育馆1939年成立儿童读书会、妇女读书会、成人读书会和信用读书会，并制定一系列的管理文件，包括《湖南省立第二民众教育馆民众图书馆组织各读书会总则》《本馆图书馆组织各种读书会实施方案》《湖南省立第二民众教育馆民众图书馆儿童读书会简章》《湖南省立第二民众教育馆民众图书馆妇女读书会简章》《湖南省立第二民众教育馆民众图书馆成人读书会简章》《湖南省立第二民众教育馆民众图书馆信用读书会简章》，对各类读书会活动内容、会员权利义务等做出了具体规定。

二、民国时期读书会的地区分布

为了解我国民国时期读书会的地区分布情况，课题组对民国时期各个读书会的地区进行统计，部分读书会的相关信息过于简略，无从判断其区域，最终能够准确判断其所属地区的有285家读书会，285家读书会遍布除新疆外的所有省份。具体情况见图2-2。

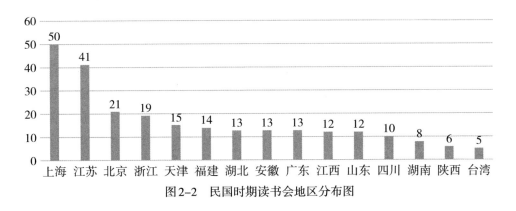

图2-2 民国时期读书会地区分布图

来源：笔者根据文献资料整理统计所得，因篇幅关系，此图只展示了读书会数量在5个以上的地区。

通过上图可以看出，民国时期的读书会以江浙一带数量最多，上海、江苏和浙江三地总计110个读书会，占全部285个读书会的39%。北京、天津读书会的数量也比较多，福建、湖北、安徽、广东等地次之，其他省份读书会数量相对较少，但几乎都有报道，包括香港、澳门、西藏、绥远等地也都有读书会。

三、民国时期读书会的类型

关于读书会类型，按照不同的标准有不同的分类，笔者认为从发起机构和面向群体两个方面进行划分，更能把握民国时期读书会的发展特点，因此主要从这两个角度进行分析。

（一）发起主体维度下的分类

通过对民国时期读书会发起主体的分析发现，民国时期的读书会以机构发起为主，个人发起所占比重较少。在能够确认发起主体的243个读书会中，个人发起为29个，约占12%，其他均为各类机构发起。其中社会教育机构，主要是民教馆的图书部和图书馆，发起成立94个读书会，约占全部发起机构的44%，是主要的发起主体；其次是各类学校，包括大学和中小学，发起46个读书会；然后依次是出版发行机构、政府部门、企业、学会和教会。

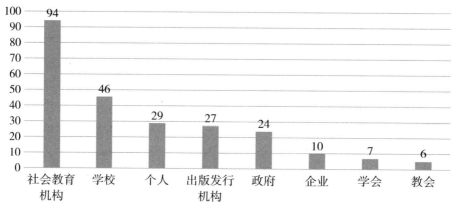

图2-3 民国时期读书会主要发起主体情况图

来源：笔者根据所查资料统计绘制，因部分读书会记录比较简单，无从判断发起主体，未反映到此图中。

表2-2 读书会主要发起方及示例

机构类型	举　例
民教馆（图书部）	沧县民教馆读书会、崇德民教馆读书会、福建省立民众教育馆读书会、定远县立民教馆读书会、广西省立民教馆民众读书会
图书馆	江阴巷实验民众图书馆读书会、宜兴县立公共图书馆读书会、泰兴民众图书馆读书会、鄞县县立图书馆成人读书会

机构类型	举　例
学校	南开初中国文读书会、北京四中读书会、南开大学读书会
出版发行机构	开明书店读书会、现代书局读书会、联合书店儿童读书会、世界书局小朋友读书会
企业公司	沙坪坝消费合作社同人读书会、民生实业股份有限公司读书会、中国银行同人读书会
政府部门	衢县县教育职员读书会、苏省宣传部读书会、福建南清县党部读书会、奉化县政府教育局同人读书会、军需署读书会
教会	德清县同德读书会、基督徒读书会
学会	文学研究会读书会、闽北文化会读书会
个人	读书互助会、北京大学史学读书会、早起读书会

1. 社会教育机构

民国时期的社会教育机构主要包括图书馆和民众教育馆。从能够查考到的文献情况来看，最早将图书馆和读书会联系起来的是沈昌。1920年沈昌提出"读书会渐渐萌芽，二三人共组的读书会常有所闻。我想读书会既然公开，可以和私家图书馆、地方图书馆设法联络"[①]。"常有所闻"说明当时读书会已经发展起来，但从中也看出沈昌主要站在读书会的角度，不属于图书馆界自觉发展读书会的情况。此后一直到1926年成都的草堂图书馆发布图书馆组织读书会的章程，其宗旨为"为会员研究学术便利起见，特备多种有益图书以供借阅"[②]，可以视为图书馆界正式开始发展读书会的起点。1929年上海吴县第一民众教育馆也开始组织民众读书会。之后开始发展读书会的民众教育馆和图书馆的数量开始稳步增长，年均增长在10个左右，1937年之后发展放缓。

民众教育馆和图书馆发起的读书会既包括面向成年人的，也包括面向儿童的。成人读书会成员构成非常丰富，涉及各行各业不同的人群。比如江苏省立南京民众教育馆的"成人读书会会员现有四十四人之多，学界十九人，工界十

---

① 沈昌. 评论: 再论读书会的必要[J]. 民国日报・觉悟, 1920, 11（24）: 0-0.

② 上海通信图书馆. 附录: 草堂图书馆读书会章程[J]. 上海通信图书馆月报, 1926, 4（9）: 14-15.

人，商界四人，军警界十人，医界一人"①。另外，民众教育馆和图书馆还组织专门面向女性的妇女读书会，比如安徽省立第三民众教育馆组织妇女阅书会，"凡是住在蚌埠的妇女赞成本会宗旨并具备以下条件都可加入：略识文字；品行良好；年龄在十四岁以上"②。除了面向成人的读书会，民众教育馆和图书馆广泛成立儿童读书会，比如安庆图书馆组织儿童读书会，招收"三年级以上六年级以下学生为会员"③。

2.各类学校

除了民众教育馆和图书馆，其他教育机构组织的读书会也不在少数。各类学校是其中一大主力。此处学校主要指学校主导发起的读书会，比如玉山县立中心小学读书会，由学校校长和教导主任等联合组织④；再如上海第一国教示范区的各个学校均组织教师读书会，"各校同人，对于教育学术上之进修，颇见热烈，每一学期都有读书报告，报送本区"⑤。读书报告主要包括书名，该书的主要内容、优点、疑点或值得讨论之点，促进教师提升专业素养。学生自发组织的读书会不计入此类，归入个人发起类。

3.出版发行机构

除了文化教育机构，民国时期的出版发行机构也热衷发起成立读书会。当时的开明书店、光华书店等都成立了读书会。有人对出版发行机构的读书会提出质疑，认为读书会是其营利的一种模式，"完全以牟利为宗旨；推行本版书，是他的目的地"⑥，"各书店之设立'××读书会'，其目的完全是在吸收现金！企图从读书吸收得巨额的现金，以维持其扩充其牟利的营业"⑦。客观而言，不管书店出于何种考量和动机发起成立读书会，但对于大众阅读能力和水平的提高仍起到促进作用。一方面方便读者以较低廉的价格获得书籍，"读者出了五块

① 江苏（省立）南京民众教育馆民众教育周报社.成人读书会近况[J].民众教育周报，1933（47）：7.

② 本馆妇女阅书会暂行简则[J].民众教育月刊，1933，1（6/7）：120-121.

③ 安徽省立图书馆.本馆之儿童读书会[J].学风[安庆]，1931，1（4）：17-18.

④ 地方教育通讯：玉山：县立中心组读书会[J].江西地方教育，1937（74）：30.

⑤ 吴企元.读书报告：西沟校教师读书会读书报告[J].上海教育，1948，5（6）：10.

⑥ 陆保康.关于读书会的讨论[J].读书月刊，1931，2（2）：265-273.

⑦ 明真.论文：谈所谓"读书会"[J].书报评论，1931（4）：3.

钱，就可以得到许多书籍呢！以五块钱而立刻可换到八九元的书籍，这在书局是完全赚不到钱的"①，另外书店发起的读书会也创造了读书交流的机会，"读者加入了读书会，可与书局发生一种经常的关系，我们经常将一切出版品印刷品寄给会员，经常地报告会员以出版界读书界的情形。并负责与会员讨论学业上，修养上，人生上种种问题，会员与会员间互相介绍通信交谊等等"②。

4. 政府部门

民国时期政府部门组织本部门员工的读书会，比如党部、教育局等部门。政府组织的读书会一般均要求工作人员必须参加，比如当时的江西省农村合作委员会要求"现任工作人员均需加入本会为会员"③；奉化县政府教育局同人读书会要求"凡本局职员一律须加入本会为会员"④。强制性是政府部门发起读书会的重要特性，尽管不符合本项研究中读书会非强制性的特点，但也可以反映出民国时期读书会发起主体的多样性。

5. 公司

民国时期，部分公司为了促进员工的学习，发起成立了读书会。是否要求全体员工参加方面，各公司做法不一。民生公司船务处读书报告会"凡船处工作人员，每人至少参加一组，每组每周应有一人出席报告"⑤。中国银行同人读书会简章中则没有要求员工必须参加，"凡本行同人愿遵守本会会章，并经会员之介绍者，皆得为本会会员"⑥。公司所组织的读书会多结合公司业务，主要起员工业务学习的作用，比如民生公司船务处读书报告会"分航业政策、燃料问题、机械问题、电气造船问题、航行问题等五组"，可以看出所有这五组的阅读内容和公司核心业务密切相关。中国农业银行赣州分行同仁读书会规定"同仁阅读图书分必修选修两种，必修包括党义、总裁言论、农村经济、农业金融、农业政策、合作、银行实务七类"⑦，其必修的内容主要围绕农业银行密

---

①②　陆保康．关于读书会的讨论[J]. 1931,2（2）:265-273.

③　本会[江西省农村合作委员会]工作人员读书会通告[J]. 农村合作,1935（2）:51-53.

④　奉化县政府教育局．章程:奉化县政府教育局同人读书会简章[J]. 奉化教育,1932（32）:73-74.

⑤　读书会分组报告[J]. 新世界,1934（56）:93.

⑥　中国银行同人读书会简章[J]. 中行生活,1934（32）:797.

⑦　赣行组同仁读书会[J]. 本行通讯,1941（11）:12

切相关的内容展开。

6. 教会

随着外国文化不断输入，中国开放口岸不断增多，西方宗教传播迅速，从而形成了一些以教徒为主要参与者的读书会。最早见于报刊的教会读书会是1912年成立的德清县同德读书会。教会所成立的读书会通常带有较浓郁的宗教色彩，其指定阅读书籍也多与教义相关。

7. 个人发起

在个人自发组织的读书会中，在校大学生组织的读书会占了比较大的比重，29个由个人发起的读书会中，学生自发组织有18个，约占62%。北京大学史学读书会"会员以北京大学校史学系同学同志者组织之，如哲学文学政治经济法律各系同学有愿研究各项专史者亦可入会"[①]。另外也有中学生自发组织的读书会[②]。社会人士自发组织的读书会数量较少，笔者仅发现11个非在校学生发起的读书会，有一篇文章提到"我们深感知识欲的不满足，生活也就带着枯燥和干涩了；而世界潮流是日新月异的进步着，我们更不愿做时代的落伍者。因此我们联合了有同样感觉的同志，组织读书互助会，共策共力"[③]。整体而言，个人发起的读书会在民国时期比较少。

（二）面向人群维度下的分类

民国时期民众参与读书会热情比较高，从读书会活动报道中可见一斑，这里仅举如下报道作为例证。"四月七日上午九时在本部普通阅览室举行成立大会典礼，在大雨滂沱中，计到会员二百余人"[④]。"本会因参加人数渐多，会务蒸蒸日上，特为添购儿童书籍一百余种。"[⑤]"各校好学儿童纷纷前来请求入会，原定额度不屈支配，故行扩充至一百名。"[⑥]许多发起主体特别组织了一些针对不同受众群体的读书会，这些读书会个性鲜明、议题明确且能最大限度地满足

---

① 发起史学读书会意见书(附简章)[J].北京大学日刊,1922(1004):4.

② 总校方面:高一甲班学生组织课余读书会[J].端蒙校刊,1933(6):92

③ 潘浑泫.介绍读书互助会[J].生活[周刊],1927,2(46):340-341.

④ 浙江省立图书馆.图书文化消息:江西省图[J].浙江省立图书馆月刊,1932,1(9):146-147.

⑤ 聂光甫.本馆儿童读书会之成立[J].山西民众教育,1936,3(5/6):10-13.

⑥ 江苏省立徐州民众教育馆.儿童读书会会员扩充[J].教育新路,1933(43):19.

不同阶层和群体的需求，主要包括儿童读书会、成人读书会、同人读书会、教师读书会、妇女读书会、教徒读书会等。

表2-3　民国时期读书会面向人群情况表

类　型	数量	部分读书会举例
儿童读书会	47	无锡开原第六校儿童家族阅书会、联合书店儿童读书会、山东省立民众教育馆儿童读书会、天津市立第一通俗图书馆儿童读书会、山西省立民众教育馆儿童读书会
成人（青年）读书会	39	闵行成人读书会、徐州青年读书会、南京民众教育馆成人读书会、北平青年读书会、鄞县县立图书馆成人读书会
同人读书会	23	中国银行同人读书会、陕西银行读书会、民生公司读书会、民有轮船船员读书会、陕西邮局读书会
教师读书会	20	安福县政府教师读书会、上海市公私立小学教师读书会、基督教中学教育行政人员读书会、新寰小学教育员读书会
妇女读书会	18	妇女职业促进会会员读书会、五里庄教会分会徐州渔沟女界读书会、安徽省立第三民教馆妇女阅书会、上海妇女教育馆妇女读书会

来源：笔者根据所查资料统计绘制，由于部分读书会没有明确说明其目标读者，因此表中的数据总和小于347。

1. 儿童读书会

儿童读书会是民国时期比较活跃的一个读书会类型，"随着1931年中华慈幼协会向国民政府提议设立儿童节获得批准，全国上下加大了对儿童事业的关注，儿童读书会的发展也由此进入活跃期，各种类型的儿童读书会如雨后春笋般不断涌现，不仅数量众多，而且持续时间长、活动形式多样、读者参与度高"[①]，这些读书会一般接受14岁以下的儿童，以引起读书兴趣、研究读书方法、培养读书习惯为宗旨，多由各省市民众教育馆和图书馆承办。

2. 成人或青年读书会

"也许是为了客观的环境使然，中国青年的好清谈，讲恋爱，尚烟酒，嗜歌舞，差不多成了普通的风气；然而这种浪漫颓废的举止，实在是一种病态行

---

① 杨云舒，姜晓. 民国时期儿童读书会研究[J]. 图书馆论坛，2018（1）:1-8.

为，我们为了提高中国的文化水准，和振兴中国的民族精神起见，实在是有急起挽救的必要。"①在这种情况下，文化教育机构纷纷组织成人或青年读书会。例如安徽省立图书馆为增强学术氛围，增进读书效率，特别组织成人读书会，此成人读书会考虑到参与者兴趣不同又细分为教育读书会、文学读书会、历史地理读书会和社会学读书会；奉天青年读书协进社纯由青年进步学子创建，其宗旨是"研究学术，互换知识，增高个人之才德，促进社会之文化"。类似于此的读书会还有香港青年读书会、徐州青年读书会。

3. 妇女读书会

伴随着妇女解放运动的开展，各类组织成立了一批妇女读书会，有记录可查最早的妇女读书会组织为武汉妇女读书会，其他妇女读书会代表组织还有北碚妇女读书会、上虞妇女读书会等，笔者统计民国时期有18家妇女读书会。这些妇女读书会针对女性特点开展活动，比如某读书会提出："因我国女子向少理解力，比较偏重理智方面书籍，文艺方面，势难兼顾。爱好文艺，又为女子天性，故将增新旧诗词，以资调剂。"②妇女读书会一般在活动中结合女性特点，希望对女性成长有所帮助，要求会员如期提交读书报告。

4. 同人读书会

相似的生长背景、教育水平和工作环境使一批批有志读书的人士聚集在一起，形成了同人读书会，工人和教职员是同人读书会的主要参与者。19世纪末至20世纪初，资本主义经济在中国的沿海开放城市率先出现，随即出现了一批资本家和无产阶级工人，他们设立了大量企业，为了提高生产率，必须扫除文盲，提高工人的文化水平。于工人而言，此时亦认识到知识的重要性，要想改变命运，唯有读书提高自身修为。因此，两方因素促使大批企业成立了读书会组织。教师这一职业要求教师持续学习，因此教育系统内部积极组织读书会，以增进交流，扩充知识。

5. 大学生读书会

这里所提及的大学生读书会指大学生自愿自发组织的读书会。其中最典型的是北京大学学生组织的读书会。早在1922年，北京大学多个科系的学生便

---

① 晓芬. 读书竞进和青年读书运动[J]. 青年界, 1935, 8（1）: 60-61.
② 上海妇女教育馆之活动：（四）读书会近况[J]. 妇女月报, 1936（6）: 38.

积极筹备读书会，如史学读书会的成立以"读书所得，或事讲演，或事编纂，或事搜集史材，冀以鼓励独立自营之精神，磨炼制作深造之才艺"[①]为宗旨，会员以北京大学史学系同学同志为主，其他如哲学、文学、政治、经济、法律等系同学有愿意加入者也可入会。除此之外，北京大学中文系、物理系、哲学系、国文系一年级等都各自组织了读书会。

四、民国时期读书会的运作

（一）管理比较规范，多制定有章程

民国时期读书会不论规模大小，成立时间长短，在筹备和成立之时一般都会制定读书会的相关制度，以便对读书会进行更好的管理。笔者查考的347家读书会中，其中22家查不到原文，无从判断是否有规章制度，在剩余的325家读书会中，有185家制定有管理制度，约占57%。这些制度表现为读书会的"会章""简章""章程""规则""总章""简则"等。一个完善的"会章"或"简章"一般包括读书会的名称、宗旨、组织、会员、会址、会费、集会、规约、奖惩、会员的权利和义务约束等。还有的图书馆专门制定了"研读规则""会员须知"等。

☞**安徽省立第三民众教育馆成人阅书会暂行简则**[②]

> 一、本会定名为安徽省立第三民众教育馆成人读书会。
>
> 二、本会以启发阅书兴趣，养成阅书习惯，训练阅书能力，增进阅书心得为宗旨。
>
> 三、凡赞成本会宗旨并具备下列资格者均得加入本会为本会会员。
>
> 　　1.品行端正；
>
> 　　2.认识文字；
>
> 　　3.年龄在十六岁以上。
>
> 四、本会共举会长一人，副会长一人，办理本会事务。

---

① 发起史学读书会意见书（附简章）[J].北京大学日刊,1922（1005）:4.

② 本馆各种规程[J].民众教育月刊,1933（6/7）:119-120.

五、凡本会会员每日至少阅书二小时，每月至少阅书四册以上。

六、本会每两星期开会一次，开会时间在星期日下午二时。

七、本会开会时会员须报告阅书心得，其办法临时抽签决定之。

八、本会会员每月须缴阅书笔记，其册数之多寡任使。

在组织机构方面，民国时期的读书会一般设有会长、总干事、干事，成立不同读书小组的读书会还设有正副组长等职务。昆华读书会的组织结构是比较规范的一例，读书会的最高权力机构是会员全体大会，有权审核读书会的预算和决算，以及决定会务方针。读书会还成立理事会，设理事11人，管理读书会的一切事务（见图2-4）。

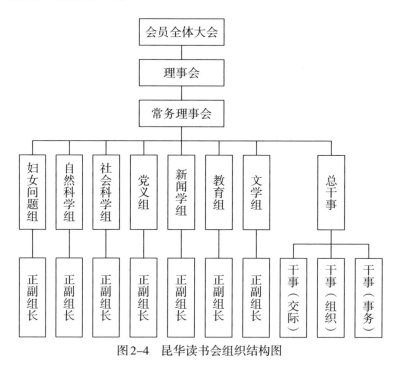

图2-4 昆华读书会组织结构图

来源：附录：昆华读书会简章[J].昆华读书杂志，1933（1）：220-224.

由于参会人员比较踊跃，人数较多，民国时期的读书会大多会对会员进行分组，按照学科对会员进行分组是比较常见的做法。例如，妇女职业促进会会员读书会分为职业股、经济股、教育股和劳动股①；北京大学史学读书会分为本国史组、外国史组、科史学组三个小组②；财政部四川烟叶示范场励志读书会的会员被分为中文组、外文组、自然科学组、社会科学组③；蚁社读书会在成立之初"暂先设文学及社会学或经济学二组……本会各组开班时的方式有二：（1）导师式，（2）研究式"④。

会员准入方面，各读书会有所区别。在对会员要求方面，一般会对识字水平有所要求，比如要求"小学三年级以上"、"高小毕业"或"略识文字"；也有对阅读兴趣有所要求，比如"对读书、研究感兴趣者"。在加入形式上，有少数读书会要求经其他会员介绍方能入会，有的需一个会员介绍，有的需两个会员介绍，有的需三个会员介绍，此类读书会有18个，约占全部制定有章程读书会的10%，其余读书会对是否需会员介绍并没有明确要求。在会费方面，图书馆、民教馆的读书会一般不需缴纳任何费用，但是其他类型的读书会，一般需缴纳费用。书店和出版机构组织的读书会缴纳费用是必备要项。对于会员数量，不同类型读书会的规定也有所不同，书店的读书会一般设置的会员人数上限很高，需要实际举行阅读交流活动的读书会则一般对会员数量有所限制，比如安徽省立图书馆成人读书会规定，各个读书会小组的会员不能少于15人，不能多于50人⑤。

（二）民国时期读书会的创立宗旨分析

安徽省立图书馆开展读书会相关工作较早，其馆长陈东原先生主要从以下几个方面理解读书会的目的：增加读书的兴趣、供给读书机会、帮助问题解决、促进同志联络、交换新的知识⑥。此认识比较全面地概括了读书会的成立目的。另有学者对读书会的某一方面功能进行强调，比如"设立读书会，使一般困于经济购书的同学，用低廉的代价，兑换多量的书籍，生在现代的学生，

①　附录:妇女职业促进会会员读书会宣言[J].妇女杂志,1925(8):1420.
②　发起史学读书会意见书(附简章)[J].北京大学日刊,1922(1005):4.
③　附录:励志读书会[J].烟草通讯,1942(2/3/4):112–113.
④　玉衡.蚁社社友与读书会问题[J].附本社读书会会章,1934(14):1.
⑤　安徽省政府教育厅秘书处.省立图书馆成人读书会组织简章[J].安徽教育行政旬刊,1933,1(11):17–18.
⑥　陈东原,朱立余.读书会之理论与目的[J].学风,1933,3(3):72–75.

真是幸运儿了"①。主要强调读书会在提供阅读材料方面的功用。再如王克辛指出"读书会是失学青年朋友的学校。……青年无法受学校教育,彷徨街头,流离失所……读书会的作用就在于使失学青年可以组织起来,一面可以补救不能入学的缺憾,一面又可收集体研究的效果"②。这一论述则主要强调读书会的社会教育职能,此职能也是民国时期读书会的核心职能所在。为了全面了解读书会的创立目的,笔者对能够查到的读书会的成立宗旨进行统计,分析发现,民国时期不同类型的读书会在宗旨上略有区别,大学中成立的读书会主要强调学术研究,其他读书会的成立宗旨主要围绕陈东原先生所概括的五个方面展开。

表2-4　读书会创立宗旨节选

读书会名称	创立宗旨
安徽省立第三民众教育馆妇女阅书会	启发阅书兴趣,增进普通常识和养成治家能力
长兴县小学教员读书会	以小学教育工作人员相互督促读书、鼓励进修为目的
均益读书会	增进民众读书兴趣及读书效率
衢县县教育局职员读书会	以促进本局工作人员研究学术为主旨
中国银行同人读书会	以同人增进智识修养身心为目的
湖南棉业实验场职员读书会	以研究读书方法、提起读书兴趣、交换读书心得为宗旨

（三）读书会的活动

民国时期,一般读书会在会章中都会明确规定参会秩序或者称活动内容,通常"有报告、讨论、讲故事、演说、余兴……"③,其根本目的是为了增进知识,提升国民素质,拓宽视野,总结起来,主要有以下几种形式。

1.提供图书资料

民国时期由于出版物获取比较困难,因此很多读书会将提供书籍借阅作为一项工作内容,从笔者查考资料来看,在120个能找到全文的读书会章程中,118家读书会提供阅读资料的获取途径。图书馆和民教馆图书部所组织的读书

---

① 一飞.读书会[J].萍影,1931,1(5):39-40.

② 王克辛.怎样组织读书会[J].青年生活,1942,2(6):18-20.

③ 浙江省立民众教育馆.民教消息:本馆:组织小朋友读书会[J].浙江民众教育,1934,2(5):43-44.

会因本身职能之便，把为读书会会员提供读物作为基本内容。比如1926年位于四川成都的草堂图书馆发布图书馆组织读书会的章程，其宗旨为"为会员研究学术便利起见，特备多种有益图书以供借阅"①；这里尤其需要一提的是部分个人自发组织的读书会通过会员会费的方式购置图书，满足会员阅读需求，如济南工友读书会每月收取会员半日工资，主要用于书报购置，会员借书时"每人每次不得超过两本"②；再如中国上海真如暨南学校③的文理科读书会"收集文学、哲学、科学之书籍。建立图书馆"④等举措方便会员获取阅读材料。

2. 读书报告会（讨论会）

读书报告会（讨论会）是民国时期读书会最常见的读书活动之一。在120个能找到章程全文的读书会中，77个读书会提到了读书报告会（讨论、研讨）。一般读书会章程都会规定报告会的周期，每月聚会一次或者每周聚会一次者居多。也有的读书会采取通讯读书会的形式，即以信函通讯方式进行交流为主。对于讨论会的组织，在讨论时间、讨论主题、讨论形式等各个细节方面，不同的读书会也存在着差异。例如，昆华读书会规定，读书会下属各个小组每周必须召开讨论会或研读会一次，开会时，理事会必须派人出席参加⑤。安徽省第三民众教育馆读书会规定，会员每天晚间要集会读书讨论，时间应该至少持续2个小时。会员就各自的读书活动发表心得体会，并且在会员之间展开讨论。民国时期读书会的定期集会主要以报告读书心得为主，比如"阅毕将本书内容及意见，报告本会"⑥；"会员大会由会员提要报告所读各书之精粹，报告时间以每人五分钟为度"⑦；"每日公余，自行选择己所愿学之书籍十余页，加以笔记，或抄录，疑问，以便切磋问题，除读自愿之书籍外，

---

①　上海通信图书馆. 附录：草堂图书馆读书会章程[J]. 上海通信图书馆月报,1926,4（9）:14-15.

②　丐一. 来件：济南工友读书会宣言：济南工友读书会会约[J]. 民国日报·觉悟,1922,8（4）:3.

③　该读书会引文中并未注明"暨南"具体所指，其来源期刊《暨南周刊》的主办单位为中国上海真如暨南学校门首南新书社，因此判断该读书会所属机构为中国上海真如暨南学校。

④　文理科读书会缘起[J]. 暨南周刊,1925（7）:5.

⑤　附录：昆华读书会简章[J]. 昆华读书杂志,1933（1）:220-224.

⑥　缙云县政府教育局同人读书会章程[J]. 浙江教育行政周刊,1931,2（20）:2.

⑦　章则：各区服务同人读书会计划[J]. 农村服务通讯,1935（5）:19-20.

按规定阅读必读书目。每个星期六午后两点，为读书汇报时间，将自己一周内所读的书籍和心得当众报告或研讨问题，因时间规定短促，故次序用抽签式，以俩人报告为限"①。少有围绕某一特定书目进行讨论的记载。就笔者查阅的资料情况，仅发现长兴县小学教员读书会的相关报道中提到"每周开会一次，会员轮流报告或研究上次指定的书籍"②，但是由于未查考到此读书会的详细信息，笔者并不能确定此处所提到的指定书籍是所有会员需共同阅读的一本书，还是指导员根据会员情况不同而指定的不同书籍。尽管不能确定，但是基本可以得出结论，民国时期读书会以报告读书心得为主，围绕某一具体书目进行讨论的方式比较少。

3. 读书笔记

撰写读书笔记在民国时期读书会中属于较为常见的活动。在120家读书会中，有75家要求会员提交读书笔记。民教同人通讯读书会规定，会员每天至少应该读一个小时的图书，节假日也不能间断。每册图书研读完之后，应该做好读书笔记。读书笔记的内容可以是读书心得，或者阐述全书大意，或者对图书进行评论，或者提出读书遇到的疑问，等等。每个月底，会员需将读书笔记整理好并上交给读书会。读书会将对会员们的读书笔记进行评审，择优刊载在《浙江民众教育》月刊上，以供全体会员观摩学习。青岛市社会教育中心区附设民众读书会规定，会员对于学术研究的心得应该随时记录，在月底的时候上交给读书会③。浙江省立民教馆小朋友读书会规定，小朋友每个月至少读4本书，每个月至少交2篇读书笔记④。如果某会员在一个月内没有完成这些任务，将会被取消读书会的会员资格。崇德民教馆读书会规定，"每月依照个人之兴趣程度，选定图书，阅读后做笔记，交由该馆长及该组主任批阅，成绩优良

① 四川新运会的劳动服务与读书会——读书组织会的前后[J]. 新月周刊,1936(34): 299-301.

② 长兴县小学教员读书会组织大纲[J]. 浙江教育行政周刊,1933,4(24):8-9.

③ 青岛市教育局. 青岛市社会教育中心区附设民众读书会简则[J]. 青岛教育,1936,3(11):6-7.

④ 浙江省立民众教育馆. 民教消息:本馆:组织小朋友读书会[J]. 浙江民众教育,1934,2(5):43-44.

者，由馆酌给奖品"①。由此可见，民国时期的读书会一般都对会员实行比较严格的监督与管理，督促读书会成员能够按时完成阅读作业，帮助成员提高阅读水平。

4. 阅读疑难解答

读者在阅读过程中会产生各种疑问或困惑，读书会为读者解惑提供了另外一种途径。民国时期的一些刊物开辟"读书答问"专栏为读者解惑，比如《申报》曾开设"读书问答"栏目，由申报流通图书馆的阅读指导部负责，制定"读书问答规约"，主要回答四类问题：一、关于个人读书计划及读书方法；二、关于具体书籍的问题，包括字句的疑问，或是书中内涵的不解都可以向"读书问答"提问；三、关于具体书籍的中心思想和道理的问询；四、若读者在读书时需要其他的参考书籍来学习，编辑部会尽量提供书目②。经笔者查阅的读书会资料，20家读书会提到了为读书会成员解惑方面的内容。陕西城固的公教读书会提出会员"对书内有任何疑难，可向本会声明，即可代为答复解释"③；金华县的战时青年读书会"互相报告读书心得与疑难讨论"④；鄞县县立图书馆成人读书会的简章中规定"读书时遇疑难问题可用书面提出请求解答"⑤；中国银行同人读书会简章中规定"会员阅读书报遇有疑难之处，可填读书质疑表，交于本会，请富有学识经验者解答"⑥；学友互助社总社读书会"建立质疑牌，用书面写明质疑人姓名和质事疑件张贴于牌上。能具体答复者由各同志，用书面答复，并附姓名张贴于牌上。如在一定期间，社内不能解决此项疑问者，即交由《社员生活》刊载，公开征求答案"⑦。可以看出，各读书会在解答会员问题方面采取的方式不一，有的是会员之间讨论解决，有的请专家解决，有的公开征求答案。不管采用哪种方式，读书会为解决读者阅读方面

---

① 浙江流通图书馆. 教育消息：一，九月份的教育消息：崇德民教馆组织读书会[J]. 中国出版月刊,1932(1):84.

② 申报流通图书馆读书指导部. 读书问答规约[N]. 申报,1934-01-06(13).

③ 城固成立"公教读书会"[J]. 公教白话报,1941,24(13):246.

④ 金华县战时青年读书会[J]. 五月特刊,1939:30.

⑤ 鄞县县立图书馆成人读书会简章[J]. 鄞县教育周刊,1931(17):2.

⑥ 中国银行同人读书会简章[J]. 中行生活,1934(32):797.

⑦ 总社读书会文学系第一次会议议案[J]. 社员生活,1932(5):18.

的疑难提供了一种途径，帮助读者更好地理解读物。

5. 演讲

清末至民国年间创设了大量的演讲所。随着社会教育理念的不断演进，社会教育机构的不断重组，演讲逐步并入民众教育馆中，成为开启民智的一项重要活动。民国时期的读书会亦将其作为重要的活动内容。在120个有章程全文的读书会中，有18家提到了演讲。由于演讲活动本身的特殊性，对演讲者综合素质要求较高，所以读书会多从外部邀请文化名人或学术名人给读书会会员做演讲，或者是请读书会成员轮流演讲，以锻炼表达能力。例如，安徽省立图书馆成人读书会定期举办学术演讲会，邀请相关领域的著名学者进行演讲，也可由会员自荐进行学术演讲。

有些读书会的演讲会十分重视会员的参与。上海神州读书会每月举办一次学术演讲会，每次演讲会举办之前，都会提前在《读书月报》上刊登学术演讲会的举办地点、演讲题目、演讲者等信息。演讲者以及演讲题目由会员集体讨论推荐，获得多数支持的入选。读书会的特别会员[①]均有听取演讲会的权利，凭会员证入场。读书会不仅要求各方积极参与演讲活动，同时，还会进行演讲指导，传授演讲技巧："1.条理要清楚；2.态度要自然；3.修辞要明白有力；4.声音要清晰和谐"[②]，以此提高会员的演讲能力。

6. 读书竞进会

民国时期不少读书会还组织了读书竞进会的活动，即在会员之间开展有关读书技能方面的各类竞赛，以形成良好的竞争风气，提高读书会成员的读书技能。特别是儿童读书会，多举行各类竞赛活动激发儿童兴趣。上海市立民众教育馆儿童读书会曾举行儿童竞赛测验，竞赛题目涉及历史、时政等多个方面[③]：

> "中外古今，有哪几个伟人，少年时候的环境很困难，后来终能奋斗成功的？"

---

① 神州读书会的会员分为基本会员和特别会员两类。基本会员不缴纳会费,特别会员需缴纳会费,对两类会员所提供的服务不同,演讲会仅向特别会员开放。

② 顾安蒲.妇女读书会指导方案[J].民众教育周报,1932(31):2-4.

③ 上海市市立民众教育馆儿童读书会儿童竞赛测验题[J].新民,1934,1(29):38-41.

"地球究竟是神创造的，还是星云分布出来的，这个问题是谁先注意起来的？"

"详述你每日课外阅书的方法。"

浙江省立徐州民众教育馆经常举行读书比赛，主要考察各个会员读书的速率、理解、记忆等能力。1934年5月份第三次比赛的结果为："第一名蒋陵筠，每分速率实得字数为393个字；第二名黄宗渠，每分速率为304个字；第三名蔡景祚，每分速率234个字"[①]。通过此报道可以看出，该民众教育馆通过阅读竞赛以期对儿童阅读能力进行训练与培养。

除了儿童读书会，也有面向其他群体的读书会举行比赛或竞赛类活动。浙江民教同人通讯读书会规定，每三个月举行一次读书比赛，优胜者给予奖金或购书券的奖励[②]。

除了上述活动方式，也有读书会强调帮助会员进行书籍选择，比如基督徒读书会在章程中明确指出"经国内基督教著作家五人选定，可免烂读无益之书"[③]；也有读书会为会员提供了明确的阅读范围，比如浙江省立民教馆民教读书会规定阅读范围包括民众教育概论、民众教育设施法、农民教育与农村建设、成人教育与学习心理、社会调查、教育统计等[④]。整体而言，民国时期读书会的活动内容比较丰富。

通过对民国时期读书会的发展情况进行梳理，本项研究发现民国时期的读书会个体自发组织的比较少，多为各类机构推动组织和发展。民国时期的读书会主要立足教育，培养民众阅读兴趣，提升民众阅读能力。读书会类型多样，参与人群多元。民国时期的读书会管理比较规范，多制定有章程类相关文件，主要活动包括提供阅读书籍的借阅、撰写读书心得并报告等活动。

---

① 浙江省立徐州民众教育馆.举行第三次儿童读书会比赛[J].教育心路,1934(58):18.

② 浙江省立民众教育馆.民教同人通讯读书会征求会员办法[J].浙江教育行政周刊,1933(38):5-6.

③ 附录:基督徒读书会的发起:有求知欲的同志们注意[J].广济医刊,1928,5(4):122-124.

④ 民教读书会成立[J].浙江民众教育,1933(8):41-44.

第二节　新中国成立初期的读书会

为了解新中国成立初期①读书会发展的基本情况，笔者查阅了中国知网，发现文章3篇，查阅超星，发现相关文章22篇，删除掉"举办一次读书会活动"之类不符合本项研究范围的条目，共计20篇。由于新中国成立初期期刊全文回溯建库并没有全部完成，CNKI和超星中所收录的只是一部分文献，为了全面了解新中国成立初期的情况，笔者扩大查找范围。通过资料查阅发现，上述文章主要发表在《文物参考资料》中介绍图书馆的相关类目下，据此可以推断图书馆是新中国成立初期推动读书会发展的主要力量，因此笔者查阅的各种检索工具以图书馆学为主，主要包括以下几个方面。

（1）1958年李钟履所编的《图书馆学书籍联合目录》中，仅有两部专门介绍读书会的书籍，一是介绍保加利亚人民读者俱乐部的著作，二是介绍山东西埠村阅读小组座谈会情况的油印本，此油印本仅3页，严格来说不能称之为书籍，但也为本项研究提供了相关史料。

（2）南京图书馆编《图书馆学论文索引（1949.10—1980.12）》，发现有10篇专门介绍或提到读书会或读书小组的文章②。

（3）新中国成立初期的三种主要的图书馆学刊物。在查找资料的过程中笔者发现，除了专门介绍读书会或读书小组的文章，在各馆概况或推广工作概况类的文章中也会提到读书会或读书小组发展情况，因此对介绍各馆概况的文章进行了查阅。笔者主要对新中国成立初期三种主要的图书馆刊物《文物参考资料》、《浙江图书馆通讯》③、《图书馆工作》进行逐一查阅，比较全面地了解了当时读书会工作的基本情况。

---

①　新中国成立初期的读书会主要由图书馆界组织，因此笔者借鉴《中国图书馆史》（现当代卷）中的分期方法，将新中国成立初期限定为1949年至1956年。

②　新中国成立初期除了用读书会的提法外，更多的采取了读书小组的提法，还有采用阅书组、读报小组、读报组的提法，笔者对上述词语都进行了检索。由于今天学者多采用读书会的提法，因此笔者在此部分行文中视语境不同交叉使用"读书会"或者"读书小组"。

③　《浙江图书馆通讯》先后更名为《浙江省立图书馆通讯》《图书馆通讯》《浙江图书馆馆刊》。

除了期刊论文，笔者查阅了新中国成立初期的相关著作，比如浙江图书馆编著的《图书馆推广工作的开展》《图书馆工作简本》等。另外，此项研究还收集和分析了新中国成立初期图书馆相关政策文件，从而对图书馆开展读书会工作的环境有一个整体的认识。

一、新中国成立初期读书会发展的基本脉络

解放之初图书馆界明确提出为无产阶级的政治服务、为生产服务、为工农兵服务的方针。在此方针下，图书馆非常重视读者工作，特别是阅读指导工作。张树华曾撰文回顾解放后十年间的读者工作，指出"最突出的，是流动图书站的大量建立和图书宣传、阅读指导工作的初步开展"[①]。作为读者工作的重要内容，读书会或读书小组经常出现在新中国成立初期图书馆相关政策文件中。1950年中华全国总工会（后文简称"全国总工会"）第43次常委会通过的《基层文教委员会任务和组织条例》中提出"开辟阅览室、阅报室……组织文学、政治、哲学等读者小组及读者座谈会"[②]。1955年文化部颁布《关于加强和改进公共图书馆工作的指示》，该文件明确指出对读者的阅读指导是"目前我国公共图书馆工作中最薄弱的一环，必须大力加强"，并把组织读者小组作为举措之一，"应举办以宣传图书和指导阅读为内容的报告会、座谈会、朗诵会、图书展览和组织读者小组等"[③]。

从能够查考到的文献来看，新中国成立初期最早组织读书会的是山东省立图书馆，该馆从1949年7月开始进行读书小组的组织工作，到1949年12月读书小组数量达到478组，人数2655人[④]，制定了《山东省立图书馆读书小组组织办法》，设计读书小组借书证和读书小组借书统计表。山东省立图书馆在《光明日报》《文物参考资料》等报刊上发表了组织读书小组的经验，对新中国成立初期读书会工作的开展有积极影响，浙江省立嘉兴图书馆组织读书小组便

---

① 张树华.十年来读者工作的回顾[J].图书馆学通讯,1959(10):17-21.

② 唐义.建国初期（1949—1956年）图书馆事业发展的政策环境[J].河南科技学院学报,2014(1):116-119.

③ 河北大学图书馆学系.图书馆法规文件汇编[M].保定:河北大学图书馆学系,1985:55.

④ 我们的读者小组是怎样组织和发展的[J].文物参考资料,1953(8):122-131.

是"凭借山东省立图书馆的经验而试办的"①。青岛市立人民图书馆从1950年1月开始开展读书小组的组织工作，一开始便组织了58组，此后最多达175组，参与人数达970人②；徐州市立人民图书馆一年来共组织了20个读书小组，共有组员162人③。长沙市人民文化馆于1950年6月成立了读书会，依照读者们的兴趣，分成社会科学、自然科学和文学三组，每组有会员十几人④。到1950年底，一些未开展读书会工作的图书馆开始将其列入下一年工作计划，比如贵阳人民图书馆1951年的工作计划包括"组织读书会"⑤。另有图书馆将读书会作为岗位职责和主要工作内容，比如福建省立图书馆将"联系阅者，协助组织读书会"⑥作为推广和辅导的重要内容。

1951年开展读书会工作的图书馆数量增多，江西省立图书馆、江苏省立镇江图书馆、西安市人民阅览室、西安市人民文化宫、广西省立图书馆、合肥市图书馆、蚌埠市图书馆均开展读书会或读书小组工作。此外，儿童读书会开始出现，比如北京市图书馆开始组织儿童读书会，读书会会员分高、中级。下分若干组，一组约十人左右，每组选正副组长，负责与图书馆取得联系。最早的时候每月指定阅读一本书，月底到馆内讨论，会员有105人⑦。据笔者的不完全统计，1951年见诸报道的有11家开展读书会工作的机构，是新中国成立初期历年报道读书会数量最多的一年。

1952年随着农村图书馆（室）建设的逐步推进，面向农民的读书会或读书小组工作开始见诸报刊。广西图书馆的农村推广工作包括"配合各村读报组、识字班，组织读书小组，切实进行辅导，并深入考核成效，举行工作竞赛"⑧。浙江省的文化馆"结合生产互助组、读报组组织了读书小组。例如兰屿

---

① 浙江省立嘉兴图书馆[J]. 文物参考资料,1951（7）:48-50.
② 青岛市立人民图书馆一九五〇年工作报告[J]. 文物参考资料,1951（7）:186-191.
③ 徐州市立人民图书馆概况[J]. 文物参考资料,1951（7）:192-197.
④ 长沙市人民文化馆. 长沙市人民文化馆三年来的图书阅览工作[J]. 浙江省立图书馆通讯,1952（7）:20-23.
⑤ 贵阳人民图书馆1950年工作简述[J]. 文物参考资料,1951（11）:37-40.
⑥ 省立图书馆介绍:福建省立图书馆[J]. 文物参考资料,1950（10）:35-39.
⑦ 北京市图书馆. 儿童图书馆的工作总结[J]. 图书馆通讯,1953（4）:8-13.
⑧ 广西图书馆. 1952年推广辅导工作总结[J]. 图书馆通讯,1953（4）:20.

文化馆现在已有四十个十人读书小组"①。安徽炯炀文化馆"在互助组的基础上，发动具有一定文化程度的农民组织读书小组，有系统地进行阅读。在群众自愿的原则下，先后建立了六十五个组，组员共有三百五十六人"②。山东西埠村还将阅读小组座谈会的情况进行总结，以油印本的形式传播其运作读书小组的经验。

1953年起，工厂图书室组织的读书会或读书小组开始见诸报刊。哈尔滨市图书馆1953年召开的面向工厂基层工会组织的专业会议上，曾经有三〇二厂图书室分享组织读者小组的经验③。青岛华新纱厂工会图书馆结合为生产服务的指导方针，组织了《为什么要提高产品质量》一书的阅读小组④。

表2-5　新中国成立初期读书会（读书小组）基本情况表

图书馆/文化馆名称	开始年份	读书小组数（个）	人数
山东省立图书馆	1949	478	2655
青岛市立人民图书馆	1950	178	970
徐州市立人民图书馆	1950	20	162
兰州人民图书馆	1950	397	1878
长沙市人民文化馆	1950	70	500多
江苏省立镇江图书馆	1951	未提及	632
北京市图书馆	1951	在小学设立8个分会	1220
江西图书馆	1951	未提及	80
浙江省立嘉兴图书馆	1951	12	未提及
西安人民图书馆	1951	2	82
蚌埠图书馆	1951	未提及	1969
合肥图书馆	1951	未提及	80多
广西省立桂林图书馆	1951	1（儿童读书会）	30左右
东北图书馆	1951	未提及	39—100

① 黄景竹.本省各市县文化馆的图书工作情况[J].浙江省立图书馆通讯,1952(7):14-15.

② 安徽炯炀文化馆组织图书下乡[J].浙江省立图书馆通讯,1952(7):29.

③ 关成和.哈尔滨市图书馆与工会合组为工厂工地服务[J].图书馆工作,1955(2):44-51.

④ 青岛华新纱厂工会图书馆是怎样为生产和政治服务的[J].文物参考资料,1954(10):110-113.

续表

图书馆/文化馆名称	开始年份	读书小组数（个）	人数
青岛市立第四人民文化馆	1951	109	581
唐山文化馆	1951	60多	1021
青岛铁路工会图书馆	1951	65	未提及
福建省立人民图书馆	1951	4	1000
旅大文化宫图书室	1951	25	200多
安徽炯炀文化馆	1952	65	356
浙江兰屿文化馆	1952	40	400
泸州市图书馆	1953	378	3600多
广西省第一图书馆（原广西省立桂林图书馆）	1953	240	2200
河南省立图书馆	1953	68	380
安徽图书馆	1953	106个读书小组，另有儿童读书小组92个	737（儿童读书小组）
上海图书馆	1953	410	未提及
浙江图书馆	1953	未提及	500多

注：笔者根据新中国成立初期相关文章内容统计而来。

表中数据为能够查考到读书小组（读书会）数量或人数的图书馆，其他提及读书小组（读书会）却无确切数据的图书馆，不在表中列举。

新中国成立初期的图书馆，名称变动比较频繁，表中图书馆的名称以引用文献中的提法为准。

部分出处没有说明读书会工作开始年份，本书以相关文章发表年份为准，由于读书会工作一般持续多年，每年的读书小组数量和人数都会有变化，表中的读书小组数量和人数以引文发表年份为准。

另外，本表中显示到1953年，主要是由于1953年之后新增开展读书会工作的单位比较少，并不意味着原有读书会工作的停止。

为了进一步了解新中国成立初期读书会（读书小组）的基本情况，笔者通过查阅《文物参考资料》《浙江图书馆通讯》和《图书馆工作》，收集了152篇描述某个图书馆或者文化馆工作概况的文章，涉及77个图书馆和文化馆，提到读书会或读书小组的有39个图书馆，约占54%，因此可以说新中国成立初期图书馆和文化馆开展读书会工作比较普遍。经过统计分析发现（见表2-5），开展读书会工作的图书馆主要集中在公共图书馆和文化馆的图书室，在38个公共图书馆中，25个图书馆开展了读书会相关工作，约占66%。文化馆的图书室，有56%的图书馆开展了读书会相关工作。厂矿图书室也有开展，没有发现高校图书馆开展读书会工作的报道。

表2-6　不同类型机构读书会工作情况统计表

类型	个数	提到读书会（读书小组）的图书馆个数	占该类型图书馆总数比例	占全部类型比例
公共图书馆	38	25	66%	64%
文化馆（宫）	18	10	56%	26%
高校图书馆	13	0	0%	0%
厂矿图书馆	8	4	50%	10%
总计	77	39	54%	100%

注：笔者查阅资料统计而来。

从地区分布情况来看，几乎每个省区都有图书馆开展了读书会相关工作。其中华东地区相比其他地区数量较多，有13个图书馆开展了读书会工作，约占33%。华东地区主要是因为基础较好，加之山东省立图书馆在读书小组工作方面的示范引领作用，因此华东地区图书馆在读书会方面开展较好。其次是东北地区，东北地区因为解放较早，图书馆建设起步比其他地区略早，在读者工作方面相对比较深入，有6个图书馆开展了读书会相关工作。西南地区相对较为薄弱，只有贵阳图书馆有相关记载。

二、读书会参与人员以工人和学生为主

新中国成立初期图书馆在读书会的发动组织方面，以学生和工人为重点人群，兼顾其他群体。工人读书会的主要组成人员是工厂的工人。在为工农兵服务的方针下，首先是在工人群体中开展服务工作。青岛市图书馆组织读书小组时，首先与青年团工会联系，先在文化设备不完备的私营工厂内展开，以工会青年团员为骨干，普遍地宣传动员，然后调查每组的文化程度与要求，配备适当的书籍[①]。1953年，鞍山钢铁厂的工人读书小组根据同一厂

---

① 青岛市立人民图书馆1950年工作报告[J].文物参考资料,1951(7):186-191.

间、同一技术、同一车间的工人，根据自愿原则发展起来①。鞍山市图书馆联合鞍山钢铁厂工会首先了解该厂工人的不同文化程度和爱好，选择车间的积极分子做骨干，以工人原有车间为组成单位，一般以一个车间为一组，不受人数限制，以车间文教干事为组长形成读书小组，开展相应的业余文化活动。读书小组为了满足不同工种工人的不同读书爱好，配备了不同的书籍方便工人阅读；为了将阅读的内容加以利用，还动员各车间的工人，恢复了原有的业余技术学习班。

学生是另外一个重点人群。图书馆和各级学校建立合作关系，通过学校建立学生读书会，比如1951年北京图书馆在北京8所学校建立读书会分会。又如西安市人民图书馆报道中曾经提到，"图书馆干部对于读书会及读报组业务上颇觉生疏，联系工商市民组织阅读颇为不易。因此以业余学校学生为桥梁组织读书会读报组"②。除了在学校学习的学生，图书馆还关注失学儿童或青年，通过读书会的方式对他们进行帮助。1951年，东北图书馆为了帮助一些经常来馆的失学青年学习，组织了学生读书会③，学习内容是《共同纲领》，首先由小组阅读，提出问题，然后由图书馆提出讨论提纲，介绍参考文件，读书会成员读完讨论，如果问题不能解答，再由图书馆给出材料或解答。

除了工人和学生的读书会，也有一些文学爱好者成立的读书会，比如江西省图书馆的秋白读书会主要是应一些文学爱好者的要求而成立，以阅读文学作品为主。浙江省图书馆1953年成立的读书会也以阅读文学作品为主。

三、读书会的功能

新中国成立初期，人民群众文化素质参差不齐，基层民众文盲现象普遍的国情决定了当时国家文化教育的重点在于推进文化普及。于是全国各公共图书馆、学校作为基础文化教育机构，为提升国民整体文化水平开展工作，读书会是其中重要的一部分，对提升民众文化素质发挥了重要作用。具体表现在以下方面。

---

① 辅导工人阅读工作[J].文物参考资料,1953(11):20-24.
② 西安人民图书馆概况[J].文物参考资料,1951(10):27-40.
③ 赵琦.东北图书馆的读者服务工作概况[J].文物参考资料,1951(9):29-41.

（一）提高图书馆书籍利用率，提升国民文化素质

新中国成立初期图书馆工作的一个重点是将书送到读者手中。由于当时图书馆数量比较少，图书流动站的建立需要时间，因此读书会或读书小组就成为比较便利的推广方式。"目前向馆外推广阅读，读书小组是一种最有效最便利的组织形式。因为在现有形式下，图书馆的人力物力均感不足，而人民对新文化的要求又很迫切，普遍的设立阅览室即不可能，即便设立多的阅览室也解决不了广大人民的学习要求。因此组织起来向馆外借阅，不但便利了群众，而且也节省了人力物力"①。图书馆在提到读书会发挥的作用时，也会重点强调对馆藏流通的作用。"通过读书组，由学校里吸引了好些新的读者，书籍的流通也随之扩大，架上的书经常有二分之一在读者手里"②。在这种认识下，图书馆重视读书小组的数量，很多图书馆的读书小组数量以千计，数量庞大的读书小组为图书馆馆藏流通奠定了基础。

除了加快书籍流通，图书馆通过对读书会（读书小组）进行阅读辅导，帮助读者建立良好的阅读习惯，提升读者的文化素质。部分图书馆成立读书会的主要目的就是对读者的阅读进行辅导，江西省图书馆组织秋白读书会的目的是为了"帮助他们（读者——引者注）提高阅读新文学书籍的水平"③；上海人民图书馆为了帮助克服存在于一般读者中的无计划、无系统、少选择、少批判的读书倾向④，组织读书小组。1956年，图书馆积极响应党提出的"向科学进军"的号召，通过开展和组织读书会，解放读者思想，破除迷信，提高理论认识。通过组织开展有关哲学、自然科学书籍阅读的读书会，使过去没有学过哲学、自然科学知识，感觉这些内容深高深莫测的民众，打破了对哲学、自然科学的神秘感，从不学哲学、自然科学变得热爱学习这些知识。因此，图书馆通过对读书会进行阅读辅导，提升了读者的文化素养和理论水平。

（二）宣传政治理念

公众在读书会活动过程中接触报纸杂志等大众传媒，直观而深刻地接受党和国家的路线、方针、政策，及时了解时事政治，有助于国家政策在公众间的

① 我们的读书小组是怎样组织和发展的[J]. 文物参考资料,1953（8）:122-131.
② 青岛市立人民图书馆一九五〇年工作报告[J]. 文物参考资料,1951（7）:186-191.
③ 我们举办读书会的经过和点滴经验[J]. 文物参考资料,1954（8）:114-116.
④ 上海市人民图书馆读者服务组. 人民图书馆的读书小组[N]. 文汇报,1953-07-31（8）.

传播。读书会为政治宣传提供了平台，通过读书会的交流讨论，加深广大人民群众对马克思主义、社会主义制度、中国共产党的了解，促进了爱国主义、集体主义思想的传播。1959年，青岛市图书馆在党的号召下，联合青岛市第六钢铁厂图书室和四方机车车辆制造厂图书馆，配合已开展起来的共产主义教育运动，在厂内掀起了一个"人人共读共产主义书籍，个个为共产主义奋斗！"的红旗读书运动。两个厂在一年时间内就组织了348个红旗读书小组，推荐有关共产主义的书刊三百多种，流通册次达265700册次，充分发挥图书馆宣传国家方针政策，进行社会主义教育和共产主义教育的作用[①]。

1956年之后，关于读书会或读书小组的报道日益减少，组织读书会的热情有所下降。从现有资料来看，该时期读书会的组织与开展更偏重于教育方面，多在学校开展，组织学生阅读红色书籍，对学生进行阶级教育和共产主义教育。"文化大革命"期间，各种文化教育事业基本停滞，一方面人们开展的读书会活动数量减少，另一方面新闻出版受到严格管控，有关读书会的研究更少，所以能找到的读书会相关研究及报道几乎没有，可以认为"文化大革命"时期读书会的发展陷入停滞。

通过对新中国成立初期读书会的研究发现，这一时期读书会主要由公共图书馆和文化馆（宫）组织和推动，个人自发的读书会比较少。此时的读书会主要承担政治教育和图书流通的功能，读书小组数量庞大，从参与人群上看，工人和学生是重点人群。

第三节　改革开放初期的读书会

经历了十年"文化大革命"后，我国实行改革开放，在政治、经济、文化复苏发展的新时期，我国民间读书会又有怎样的新变化？为此，笔者追溯了1978—1989年[②]的文献史料，在河北大学图书馆"坤舆发现系统"中，以"读书会、读书小组、读书俱乐部、书友会"为检索点进行主题词、关键词、全文

---

① 青岛市图书馆.开展红旗读书小组活动的几种方法[J].图书馆工作,1959(3):9-12.

② 对于改革开放初期,不同的研究有不同的界定,本项研究中的改革开放初期主要指1978—1989年。

字段交替检索，获得相关文献131篇，以此作为研究改革开放初期我国民间读书会发展概况的史料基础。对上述131篇文献进行统计分析，发现文献分布大体呈现先升后降的趋势（见图2-5），1978—1982年期间读书会相关文献开始出现；在1982—1984年间，相关文献增长较快；1985年之后一直到1989年，文献数量趋于平稳。

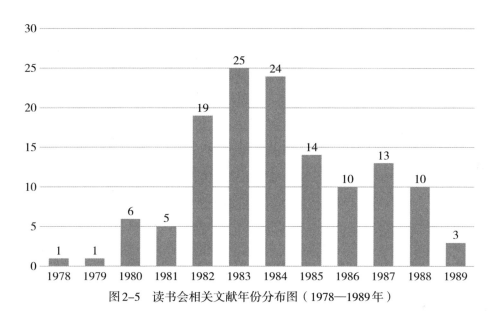

图2-5　读书会相关文献年份分布图（1978—1989年）

来源：笔者根据所统计的相关文献数量所得。

1979年，读书会重新引起图书馆界的关注。中国社会科学院副院长于光远在中国图书馆学会成立大会上的讲话中指出："我们图书馆学会也要组织读书会的工作"①。根据这一指示精神，湖南省图书馆在总结过去读者辅导工作经验的基础上，先后组织了两个读者业余读书班，即《自然辩证法》读书班和《中国社会主义经济问题》读书班，并提出"组织读者读书班，是图书馆本身的一项任务，是图书馆应尽的职责"②。湖南省图书馆组织的这两个读书班可以归入读具体一本书的读书会。上海市图书馆也对读书会工作进行尝试，"坚持

---

　　①　于光远.国家科委副主任、中国社会科学院副院长于光远同志在中国图书馆学会成立大会上的报告（摘要）[J].图书馆工作,1979（3）:3-6.

　　②　白文萃.试办"业余读书班"的几点认识和体会[J].湘图通讯,1981（3）:13-16.

三部曲的做法：一、自学通读；二、小组交流；三、老师讲解辅导"①，并制定健全的读书会规章制度，要求各小组做好讨论记录。著名的历史学家白寿彝在1982年谈读书的时候，特别提及读书会在学术研究中的重要作用，强调"交换对于新书刊的意见"，认为"这对于开阔眼界，交流学术见解，推动学术工作，都有好处"②。学术界和图书馆界对读书会的发展起了一定的推动作用，但改革开放初期推动读书会大发展的主要力量是全国工会系统职工读书活动的广泛开展。下面重点对职工读书活动中读书会发展情况进行分析。

一、全国职工读书活动基本情况

职工读书活动是中国职工群众为提高自身素质而开展的群众性业余读书活动。20世纪80年代初首先在上海出现。1982年3月，上海市总工会联合解放日报社、共青团上海市委、上海市出版局联合发起"振兴中华"读书活动，"运用吸引、诱导的方法，组织职工自觉自愿地参加读书学习，激发职工奋发向上、积极进取的精神，取得了明显的效果"③。该活动反响强烈，迅速普及到全国。1983年经全国总工会倡议，中共中央批复了全国总工会党组《关于在职工中开展读书活动的报告》，号召广大职工参加读书活动。批复指出："开展读书活动，可以使整个工人阶级的素质——政治觉悟、道德品格、文化水平以及其他各方面的知识和技能得到提高，成为社会主义现代化事业的完全合格的建设者。"参加读书活动"有利于培育有理想、有道德、有文化、守纪律的职工队伍，加速工人阶级的知识化，有利于促进社会风气的根本转变"④。得到中共中央的支持后，读书活动迅速在全国普遍开展。初期以学习中国近代史、中国革命史、中共党史（简称"三史"）为主，以后逐渐扩展，成为提高职工政治觉悟、道德品质、文化水平以及其他各方面知识水平和技能的一种途径。

中共中央在《关于在职工中开展读书活动的报告》的批示中指出："从群众的需要出发，由群众自觉自愿地开展活动，同时给以正确的组织和有力的引

① 徐英.我们是如何辅导读书活动的[J].北京成人教育,2014(11):23-24.
② 瞿林东.白寿彝教授谈读书[J].读书,1982(5):140-145.
③ 职工读书活动蓬勃发展[J].思想政治工作研究,1983(1):23.
④ 马天驹.省图书馆配合读书活动举办小型书展[J].黑龙江图书馆,1983(3):2.

导，是我们党进行群众工作的优良传统"①。由此可见，群众需要、自觉自愿、组织、引导等关键词成为此次职工读书活动的要点。1990年全国总工会宣传部的李培元在对职工读书活动进行回顾时指出上海的职工读书活动采用"自愿参加、自由组合、自选书目、自读为主的原则，这样读书活动就具有空间的广泛性、时间的灵活性和活动的多样性，能够适应和满足不同对象、不同层次的需求。……既有自读为主，又有集体辅导交流"②。此次读书活动的群众自愿、自觉等原则以及集体辅导、群体共染的特性和读书会的核心特质非常契合。职工读书活动的组织方认识到了读书小组对读书活动开展的重要性，下面择主要观点介绍。

1983年上海市工人文化宫朱成钊提到工会图书馆应"第一，用举办专题讲座、报告会、书刊评介、故事会等形式，自上而下地进行辅导。第二，运用读书讨论会、座谈会、作者与读者见面会、读书心得交流会、组织读书小组等活动，使参加读书活动的职工，有一种面对面的横向地进行切磋、交流、启发的机会，以便对所读图书能加深理解"③。

陈申元等人指出"群众发动后，以个人业余阅读为主，但也可以重点组织一些读书小组，按照群众不同的读书兴趣和阅读水平，以自愿参加为原则，组织近代史、党史、哲学、政治经济学和文学作品等读书小组，并要帮助个人定好业余阅读打算，制定小组读书学习规划，要安排学习辅导力量，使小组的学习活动能够持久经常"④。

随着活动的开展，读书小组的重要性日益凸显。上海市总工会在1987年进行职工读书活动总结分析时提出："加强读书小组建设是基本的一环。读书小组是读书活动最基本的组织形式，是它的'细胞'。只有把读书小组建设好，读书活动才有牢固的基础。"⑤将发展读书小组作为推动职工读书活动深入开展的重要基础。

---

① 中共中央批示全总报告号召职工参加读书活动[J]. 图书馆学通讯,1983(3):3.

② 李培元. 兴起职工读书活动缘起的回思[J]. 中国图书评论,1990(4):88-89.

③ 朱成钊. 工会图书馆怎样配合读书活动开展工作[J]. 图书馆杂志,1983(3):10-12.

④ 陈申元,胡浩然.怎样开展职工读书活动[J]. 图书馆杂志,1983(1):43-44.

⑤ 上海市总工会. 上海职工读书活动发展的再认识[J]. 理论月刊,1986(9):60-64.

二、职工读书小组的广泛建立和发展

基于以上认识，职工读书活动带动读书小组的快速增长，据相关数据，活动期间共有读书自学活动小组87万个[①]。读书会或者读书小组受到群众的大力欢迎，并且数量不断增多，在各地都得到了发展。上海作为职工读书活动的发源地，至1985年建立的读书小组达6万多个[②]。到1986年，上海的读书活动进一步得到扩大，建立了8万多个读书小组[③]。另有报道指出，当时上海"各类型的读书小组几乎遍布各个工厂、企业、街道"[④]，由此可见当时上海读书小组发展之普遍。北京市读书小组发展情况也非常可观，1984年，北京市职工"振兴中华"读书活动经历一年的时间，参加读书活动的职工已有45万人，读书小组4万个，初步形成了群众性的读书热潮[⑤]。读书小组在其他地区也得到了快速发展，比如吉林省1982年建立了18 000多个初具规模的读书小组[⑥]。金县"职工读书小组和各种兴趣小组已发展到1300多个"[⑦]；安庆市"读书小组从开始的200个，发展到现在的5000多个"[⑧]。除了发表在学术期刊论文中关于读书小组数量的记载，在20世纪80年代出版的各省市的年鉴中，也多在职工活动中记录有读书小组的数量。

表2-7　职工读书活动期间部分地区读书小组数量表（20世纪80年代）

地　区	时　间	读书小组数量
上海市	1986年	80 000多个

---

① 李培元. 兴起职工读书活动缘起的回思[J]. 中国图书评论,1990（4）:88-89.

② 杜义康,王立伟. 试论读书活动的目标管理[J]. 社会科学,1985（6）:22-24.

③ 上海市总工会. 上海职工读书活动发展的再认识[J]. 理论月刊,1986（9）:60-64.

④ 周了连. 上海"振兴中华"读书活动记略[J]. 中国图书评论,1987（4）:166-167.

⑤ 王宁军. 北京市的职工读书活动[J]. 北京成人教育,1984（11）:24-25.

⑥ 张庆春. 论蓬勃兴起的吉林省职工读书活动[J]. 图书馆学研究,1983（6）:18-23.

⑦ 张永祥. 为了现在　也为了将来——金县职工读书活动专访[J]. 中国图书评论,1987（4）:164-166.

⑧ 此处的"现在"应该指1989年或1990年，论文发表于1990年第2期，考虑到论文发表时滞，此文投稿为1989年的可能性比较大。来源:安庆市职工读书活动日见成效[J]. 中国图书评论,1990（2）:100-101.

续表

地　　区	时　　间	读书小组数量
北京市	1984年	40 000多个
吉林省	1982年	18 000多个
湖南省	1987年	44 800个
贵州省	1986年	15 061个
辽宁省金县	1987年	1300多个
安徽省安庆市	1989年	5000多个
苏州市	1984年	5130个
郑州市	1986年	10 637个
长沙市	1987年	5906个
无锡	1986年	1966个
吉林白河林业局	1986年	385个
玉溪市	1986年	167个
河南郑州铁路局	1984年	3087个

来源：笔者根据各类文献中的数据整理所得，其中"多个"等不确切数据主要来自期刊报道，确切数据来自年鉴，包括《苏州年鉴》《河南年鉴》《方山年鉴》《红塔年鉴》《长沙年鉴》《湖南年鉴》《贵州年鉴》等。由于笔者通过河北大学数据库能够查到的年鉴全文有限，未能对20世纪80年代各地读书小组的数量进行详尽统计，但是通过能够查到的上述地区的读书小组数据来看，20世纪80年代的职工读书小组比较普遍。

　　读书小组的发展主要依靠各级工会推动，读书小组对于创建阅读氛围起到了很好的推进作用。北京列车段委员会组织读书小组222个，参加读书活动的人数达1819名，占全段职工总数的52%，其中多数为青年职工[①]。1985年，天津市工商银行河东区大直沽分理处的青年职工，本着自学为主、自由结合、自己安排和业余为主的原则自发地组成十个读书小组。他们做到了组织上灵活，固定与松散组织结合；学习内容灵活，必读书目与自选书目相结合；活动时间灵活，集中与分散相结合。《邓小平文选》是他们的必读书目，同时按各自的需要和爱好，选读历史、文学、哲学、政经和金融理论等书籍，共185本，他

---

　　① 我们是如何开展读书活动的[J].学习与研究,1984(5):33-35.

们还写出读书体会140篇①。从原文无法判断这个读书小组是在多长时间内阅读完185本书籍,笔者做了一个粗略的估计,此文发表于1985年,全国职工读书活动的开展始于1982年,如此计算,那么相当于三年的时间阅读了185本书,每年阅读60本书左右,平均每周阅读一本书。可见,读书小组对于提高民众阅读量起到了较大的促进作用。

三、职工读书小组的主要特点

(一)组织成立特征:政策引导,领导重视,群众自愿

读书会这一以读书学习、交流互助为核心的社会团体组织,是社会组织中的一种特殊形式,在改革开放时期,它的发展既与国家政治、经济、文化政策的施行紧密联系,又与社会群众自身对文化需求的渴望密切相关。

1983年经全国总工会倡议,中共中央批复了全国总工会党组《关于在职工中开展读书活动的报告》,号召广大职工参加读书活动。读书会、读书小组等团体读书交流组织成为读书活动开展的最重要的普及形式,在上海、北京等地,成立的读书小组数以万计。许多企事业单位都由领导亲自挂帅,成立了基层读书指导小组。这种组织方式保证了参与人群的基数,扩大辐射面,能够快速地组织起数量庞大的读书会。

除了领导重视外,一个非常重要的因素是人们对文化需求的渴望。在经历十年文化浩劫后,人们对文化缺失怀有巨大的心理恐惧,对知识改变命运的渴望是读书会发展的心理基础,读书会、读书小组等都是在自愿结合的基础上自发形成的,也是社会个体成员在读书交流中因共同兴趣爱好而自然组成的。据王大庆回忆,"读书是当时每一个人普遍的追求,大家都要把被耽误的时间抢回来。各车间读书小组的人越来越多,大家坐在一起,都是谈读书的话题,谈人生的理想"②。普遍存在的学习热情是读书小组广泛成立的基础。

(二)阅读内容从政治教育向科学文化转变

1982年上海的职工读书活动从一开始就以"振兴中华"为主题,从而使读书活动有了鲜明的思想宗旨和前进方向。读书活动在帮助职工接受爱国主

---

① 杨淮津.读书活动育新人[J].中国金融,1985(3):62.
② 王大庆.读书小组忆旧[J].文史天地,2016(4):74-76.

义、共产主义理想、道德和马克思主义基础理论教育，树立正确的世界观、人生观，以及引导职工把个人的奋斗目标与国家、民族的发展目标紧密结合，形成为振兴中华读书，为祖国富强求知的新观念等方面，显示出它特有的社会功能。"振兴中华"读书活动一般被称为是群众自我教育的好方法、政治思想工作的好形式，带有很强的政治教育性。在这样的背景下，读书会、读书小组的阅读内容也带有很强的政治性，以学"三史"（社会发展史、中国近代史、中国革命史）为主，对于职工的思想教育起到很好的效果。据《齐鲁石化报》1983年的报道，齐鲁石化的炼油厂检查科曾经成立"近代史读书小组"，主要学习胡绳主编的《从鸦片战争到五四运动》，以自学和集中上课的方式，"争取在短期内使大家对近代史有一个比较系统的了解"[①]。齐鲁石化的这个例子是职工读书活动早期阅读内容的缩影。

职工队伍文化技术水平的现状与现代化建设要求很不适应。要加快职工文化技术教育的进度，需要多渠道进行。职工读书内容从原来单一的"三史"学习向包括科技文化知识在内的多学科方向扩展，在大面积地提高职工技术文化素质上也产生了越来越重要的作用。因为它具有范围广、容量大、适应性强、收效快等特点，有助于满足"两个文明"建设对于多出人才、快出人才的需要，也有助于解决许多企业面临的工学矛盾，相互促进。例如上棉十七厂来自党政部门的九名青年干部，其中七人是初中文化程度的工人，1983年组成了"小阁楼"读书小组。两年多来，他们坚持个人自学与集体交流，一方面结合工作需要，选读了马列主义基础理论、领导科学、人才学、心理学、思想政治工作等类书籍，有效地提高了自身的文化素养和业务能力，仅1985年就在各类报刊上发表论文及经验材料12篇。另一方面，他们又按照高等教育自学考试的要求，系统学习了有关课程，共获得108份自学大专单科合格证书[②]。这个例子说明了读书小组带给成员的成长，同时说明读书小组阅读内容的综合化，涉及各个领域的内容。除了阅读内容的综合化，还有一个转变，就是阅读内容的专业化，部分单位职工组成的读书小组结合本职工作，进行阅读交流，上海钢五厂总结该单位的读书小组工作时曾指出

---

① 炼油厂检查科团支部成立读书小组[N].齐鲁石化报,1983-08-22.
② 周了连.上海"振兴中华"读书活动记略[J].中国图书评论,1987（4）:166-167.

"各种联系本职工作的专业性读书会不断成熟，不断扩大，出现了炼钢读书小组，电子计算机读书小组等等"①。

（三）读书会管理特征：注重引领培训

尽管读书小组是自愿参加，但是也需要引导和管理。上海总工会在这方面积累了相关经验，主要工作内容包括两项，一是培训读书会小组长，二是调整读书小组。为了促进读书小组的有序发展，上海轻工业系统还对五千多名读书小组长进行轮训，保证了系统内读书活动在更大面积上的健康发展。另外，"随着读书活动在内容和层次上的扩展，原有的读书小组出现了分化、解体、重新组合的现象。我们认为，这种裂变过程符合读书活动自身的发展，是进步的表现。但如果放任自流，也会出现自生自灭的情况，挫伤群众读书热情。于是我们因势利导，做好读书小组的整顿巩固工作。在基层工会的努力下，许多单位对原有小组作了充实或调整，并组建了不少新的小组"②。由此可见，上海市总工会对读书小组发展进行了审慎的思考，并提出了有效的措施。对读书小组组长进行培训这一做法在新中国成立初期图书馆界也有采用，属经验传承之列，对读书小组分化所采取的态度即使今天仍值得借鉴，需要密切结合读者情况进行有效的调整。

四、其他类型读书会的发展

除了职工读书活动带来的读书小组快速增长，其他类型的读书会也有所发展，主要是农民读书会、老人读书会和家庭读书小组。

1980年，吉林省东丰县图书馆针对农村的特点，以小队为单位，采取自愿结合的办法，先后在全县办起了科学种田、机械化专业、付业生产、文化学习等方面的读书小组135个。读书小组的组织根据工种不同自愿结合，少者五六个人，多者十几个人。学习内容多与农业耕种有关，一般根据农时节令，决定学习内容，比如春耕开始，他们主要学习关于作物种植有关书籍，通过学习结合实际，总结农业耕种规律。成立读书小组后，每个小组都选出

---

① 洪伟忠.关于职工读书的需求移动趋势的探讨[J].社会科学,1985(8):30-31.
② 上海市总工会.上海职工读书活动发展的再认识[J].理论月刊,1986(9):60-64.

一名辅导员，辅导员随时随地可以进行辅导、考核，促进社员自学①。在东丰县图书馆的指导下，农村读书小组基本形成规范的组织制度，促进农村生产的发展。1982年，十林公社农民读书协会开始建立。响应县里文化会议的号召，各公社"创办农民读书协会，解决农民看书难"，并具体安排了创办农民读书协会的做法。到1983年先后有近百名群众加入了读书协会，读者达二千七百多人次②。

1982年11月，上海市黄浦区广东街道图书馆老年人读书会成立。这个读书会是上海市第一个老年人读书会。至1983年，这个老年人读书会共有104人，都是退休的教师、医生、工程师和工人，分为文史哲一、二组，体育气功一、二组，医疗保健组，每周固定活动一次。除了读书、分组交流学习体会外，还组织了参观、游览、吟诗、作画、看电视、做气功、健康检查和唱歌活动③。

1987年，在职工读书活动的号召下，不仅职工读书小组数量增加，家庭读书小组也开始出现。据文献记载，兰溪市燃料公司的退休职工江达林在"振兴中华"职工读书活动开始后，意识到这是教育子女的好时机。不仅在单位报名要求读书，"回来后又同家人商议，很快成立了一个'振兴中华'家庭读书小组，自任组长，并订阅了12种报纸杂志，积极为子女学习创造条件"④。尽管见诸报刊的此类读书小组并不多，但也能在一定程度上说明职工读书活动不仅带动了职工个人的阅读，也带动了职工家庭成员一起阅读。

多种类型读书会的组织与开展，不仅丰富了改革开放后人们的精神生活，也为后来各类读书会的组织和建设提供了示范经验和学习方向。尽管部分读书小组在书目选择等方面存在一定问题，比如"有的理论小组在选择阅读书目时，往往比较庞杂，致使学习缺乏系统性，还有的读书小组由于对所学学科的情况不太熟悉，因此选的书籍往往过于艰深，致使小组学习难以深入开展"⑤。

---

① 东丰县图书馆.读书小组是农村读书的一种好形式[J].吉林省图书馆学会会刊，1980（1）：90.

② 办好农民读书协会　活跃群众文化生活[J].河南图书馆学刊，1983（2）：46-47.

③ 周志光.丰富老年人精神生活的好形式——介绍上海第一个老人读书会[J].社会，1983（6）：25-26.

④ 孙札标.一个家庭读书小组[J].共产党员［浙江］，1987（8）：42.

⑤ 张梅生.读书活动中"理论热"的成因及其特点[J].社会科学，1986（7）：76-77.

但整体而言，读书小组的组织极大地丰富了职工的文化生活，提升了人们的文化素养和专业素养。

通过对改革开放初期关于读书会（读书小组）发展情况的分析，笔者发现，改革开放初期读书小组的发展得益于全国范围内职工读书活动的普遍开展，读书小组被认为是读书活动最基本的组织形式，在工会系统的推动下，读书小组在全国迅速普及发展。读书小组的阅读内容从政治教育向科学文化转变，同时读书活动领导机构注重对读书小组的引导和管理，采取培训小组长、调整读书小组等方式。除了职工读书小组，农民读书小组、老年人读书小组也开始出现，但是数量比较少。

第四节　新世纪以来的民间读书会

经历20世纪80年代职工读书活动所带来的读书会发展小高峰之后，关于读书会的报道沉寂下来，偶有关于农民读书会的报道。随着新世纪以来全民阅读活动的开展，民间读书会再次引起媒体的关注，多家媒体开始报道各地兴起的读书会。2014年之后，对读书会的学术研究开始起步。为了对我国民间读书会当前现状的整体情况进行了解，笔者对我国民间读书会的情况进行数据收集，在数据收集的基础上，努力总结当前我国民间读书会发展的整体特点。

一、数据的收集

我国民间读书会按是否在民政部门注册可以分为正式注册的民间读书会和未注册的民间读书会。因此本课题组在收集样本时也主要按这两类进行收集，下面对收集方法进行详细说明。

（一）注册民间读书会的数据收集

注册民间读书会的数据相对比较容易获得，为了了解我国民间读书会的注册情况，课题组2019年1月查找"中国社会组织公共服务平台"[①]。输入关键

---

① 该平台是由民政部国家社会组织管理局主办，为登记管理机关、社会组织以及社会公众提供信息服务和工作交流的政务网站。通过该平台可以了解在民政部门注册的社会组织的基本情况。

词"阅读"或者"读书"或者"书友"，限定时间截止到2018年12月31日，分别得到检索结果278条、260条和17条，总计555条，通过对每条检索结果中的机构名称和业务范围的内容进行分析，发现26家组织没有关于业务范围的说明。去除这26家后，在剩余的529条结果中，课题组发现部分组织的业务范围和阅读没有关系，比如"读书郎晚托""富锦市赵丽娜作文阅读口才学校"等培训机构，以及"为社区老年人提供志愿帮扶活动""书法教学、烙画教学、音乐教学、书画作品展出""开展社区学习教育，进行法律知识、科普常识、交通安全、节水节电、消防安全等知识宣传"等与阅读无关的组织，共33家。减去33家和阅读无关的社会组织后，剩余496家和阅读相关的社会组织。在496家社会组织中，项目组根据对读书会概念的理解，注重阅读交流，如果在业务范围中没有明确列出"阅读交流""阅读分享""读书交流""读书沙龙"等用语，则不属于本课题所界定的读书会的范畴。有部分读书会在业务范围内注明有"交流"，但未明确说明是否是阅读交流，这种情况下，则对该读书会信息进行进一步查找，确认是否包括阅读交流，比如北京大众读书会，是一家成立比较早的读书会，在其业务范围内有交流，但通过CNKI上的文章介绍，发现该读书会主要通过建立换阅点，向居民家庭提供杂志借阅[①]，没有阅读交流活动，不属于本研究的范畴，此类读书会不计入样本。如果未能进一步核实，也不计入样本范围。经过进一步严格筛选，剩余207条记录。注册读书会的分析主要以此207个读书会为主。

（二）未注册民间读书会的数据收集

民间读书会多属于草根组织，未在民政部门注册。对于未注册的民间读书会，要获得一个准确的数据非常难，本项研究的目的并不是要获得一个准确数据，只是希望了解未注册读书会的基本情况。笔者选用豆瓣网和微信[②]这两个网络平台作为分析民间读书会的主要数据来源。以"读书会"作为检索词，在

---

① 靳辉.家有余粮鸡犬饱　户多书籍子孙贤——北京市大众读书会见闻[J].党建,1996（4）:40-41.

② 之所以选择这两个平台,主要是因为豆瓣是读书会早期的聚集平台,多数读书会在豆瓣上建有豆瓣小站,通过豆瓣招募会员、发布通知以及讨论内容。微信产生后,开启了读书会的微信时代,通过微信公众号发布信息成为读书会的普遍传播渠道。这两种途径获取读书会相关信息能够比较全面地了解相关信息。

豆瓣网检索出290个名字含有读书会的豆瓣小站，并对检索结果进行统计；由于微信公众平台未显示具体检索数量，则按照搜索结果列表前1000条读书会进行情况统计；另外通过CNKI检索的相关文献中提及的民间读书会同样作为数据来源。三种途径获取的民间读书会名录共计1535家（去除"注册读书会"之后的数量）。初步浏览读书会的相关信息，发现并非全部读书会都可以作为本研究的读书会样本，部分读书会与本研究所理解的读书会内涵不一致，其中主要包括以下几种情况：一是与阅读无关。虽然名字以读书会的形式呈现，但其活动项目与阅读无关，如微信公众号中的金融读书会，其实为金融交流平台，核心非阅读；再如豆瓣小站中的桃园结义读书会名为读书会，实际上为动漫协会的组织，此类读书会计367家。第二种情况是阅读类商业机构。这类机构虽然以阅读为主题，但其以推销课程或吸引用户消费为主要目的。如无忧读书会，以推送图书为主，具有商业目的；环球读书会，以推广课程为主。尽管这类机构发起的读书会本身不收取费用，但是"市场组织的主要目标是从事营利性活动，寻求服务于个人或家庭的经济价值，非营利性的公共活动只是其偶然性的或者说是非常态化的行为。同时市场组织的营利性活动与公共性活动之间也很难划分出清晰的界限，公共性活动时常也带有服务于营利性活动的目的"[①]。由于很难区分营利性机构读书会的性质，因此本项研究不将营利机构发起成立的读书会计入最后分析样本，此类读书会186家。另外，有部分读书会不进行阅读交流活动，不属于本项研究中关于民间读书会的界定，此类读书会140家。除以上情况外，280家读书会没有关于读书会活动情况的信息，因此此类读书会不计入此次分析的最后样本。剔除与阅读无关、营利性读书会、查找不到相关信息没有分析价值的读书会后，共计得到562家民间读书会样本。

通过确定样本的过程，笔者深刻体会到目前读书会的泛化。在1535家读书会的初始名单中，和阅读无关的读书会将近四分之一，就像访谈时某读书会代表提到的"各种沾点儿边的就叫读书会"；营利性质的读书会或者营利机构组织的读书会也占了比较大的比重，这一方面说明读书会的市场需求比较旺盛，同时也说明目前营利性和非营利性读书会并存的格局；不进行阅读交流的读书会的广泛存在，说明目前国内对读书会并没有形成共识，或者阅读交流

---

① 唐文玉.社会组织公共性与政府角色[M].北京:社会科学文献出版社,2017:31.

这一读书会的核心特质在国内读书会中仍有待普及。部分读书会找不到相关信息，说明我国读书会没有重视读书会的宣传推广工作。

此次研究的结论主要通过对上述769家读书会（207家在民政部门注册的机构和562家未注册机构）的分析所得。下面结合上述769家读书会的情况，对新世纪以来我国民间读书会发展的特点进行分析。

二、2013年后开始稳步发展，注册读书会快速增加

为了了解我国民间读书会的发展，项目组对注册的民间读书会和未注册的读书会的成立时间进行统计，注册的207家读书会中，有1家未注明注册时间；未注册的562家读书会中，能够追溯到其创办年限的民间读书会共计314家。通过对两类读书会的成立时间进行统计，发现我国民间读书会2006年之前基本处于停滞状态，自2006年之后有缓慢增长，2013年之后无论是注册读书会还是未注册读书会的数量均有快速增长（见图2-6）。

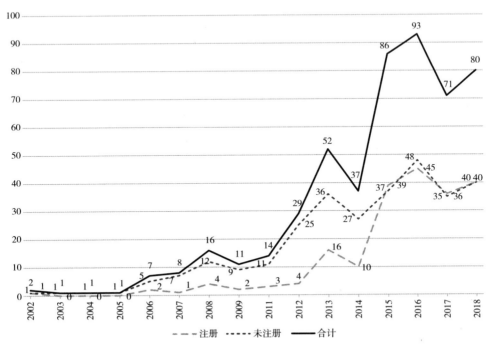

图2-6　我国民间读书会成立时间折线图（2000—2018年）

数据来源：笔者根据收集样本情况统计所得。

经过查考资料，笔者发现本研究的这一结论和之前学者的研究结论不一致。比如有学者曾指出"中国21世纪民间读书会集中涌现在2008年前后"[①]。再如首届民间读书会发展交流大会上发布的《北京民间读书会发展研究报告》指出，2010年之后北京市民间读书会的发展呈现出蓬勃发展状态。王宇[②]提到广州市是民间读书会活跃的城市，在2009年到2010年广州市读书会发展出现一个高峰。以上资料是笔者查找到一些关于形容现代民间读书会高速发展的年限节点，但并未有其他材料佐证其时间节点的准确性。之所以会出现不一致，笔者认为主要原因在于民间读书会发展的可持续性问题，因笔者统计的样本均是尚在活动的读书会，那些成立一段时间消失或不活动的读书会不在笔者的统计范围内，但是这部分读书会也占了很大比重，这有可能是导致结论不同的原因所在。

2013年之后民间读书会的数量稳步发展，特别是注册读书会2013年之后发展更为迅速。2013年之前，仅有4家注册的民间读书会成立，但是2013年增加到16家，之后与未注册读书会的成立数量基本持平，每年保持在40个左右。

注册读书会数量的增加，究其原因，在于政府对民间力量介入全民阅读的鼓励。2015年《国务院办公厅转发文化部等部门关于做好政府向社会力量购买公共文化服务工作意见的通知》中明确将"全民阅读活动的组织与承办"列入指导性目录。2016年发布的《全民阅读"十三五"时期发展规划》中，提出"充分发挥各类绘本馆、阅读空间、读书会的重要作用，提升阅读推广专业性、阅读服务规范性，培育一批在社会上具有广泛影响力的阅读推广机构"。一方面是民间读书会承担公益服务意识的觉醒，一方面是政府对将社会力量引入公共文化服务的鼓励，因此一批原有的读书会寻求注册为正式的社会团体或者民办非企业，这其中也有一些民间读书会在成立之初即已承担政府外包的阅读活动。在注册的读书会中，有21家读书会在其业务范围内明确出现以下表示，"承接/办×××委托的×××工作"，承办的单位主要为政府、事业单位或读书会上级主管部门，如"承办政府主管部门和有关部门委托的各项工作"，因

---

① 论书|民间读书会巧绘中国耕读图——读《领读中国》有感[EB/OL].（2018-08-24）[2018-09-24]. https://new.qq.com/omn/20180824/20180824A1UZOU.html?Pc.

② 王宇.公益性民间读书会及其与图书馆的合作机制[J].图书情报工作,2015（5）:25-30.

此政府的公共阅读服务的外包在一定程度上推动了注册读书会的发展。

三、地区分布特征

（一）分布广泛，在经济发达地区数量较多

通过对207家注册读书会和432家未注册读书会（在562家未注册读书会中，有432家注明了主要活动区域）的地区分布进行分析，发现我国民间读书会分布广泛，除了西藏地区，其他省区都有分布。从样本数量来看，江苏省、广东省、上海市、北京市和浙江省位列前五，紧随其后的是湖北省、山东省、福建省、四川省和湖南省（见图2-7）。

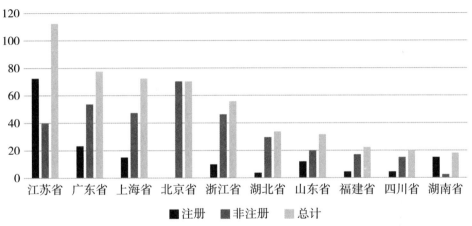

图2-7　我国民间读书会地区分布前十省份情况表

数据来源：笔者根据样本情况进行统计所得。

1. 江苏省

江苏省民间读书会的发展有以下两个因素：一是江南一带文人结社的传统比较悠久。二是江苏省政府对于全民阅读的重视。江苏省十二届人大常委会第十三次会议于2014年11月27日通过了《江苏省人民代表大会常务委员会关于促进全民阅读的决定》，是我国首部有关促进全民阅读的地方性法规，为江苏民间读书会的发展创造良好的政策环境。南京、苏州两地民间读书会的发展尤其引人关注。

2013—2016年，南京市居民综合阅读率连续4年位居全省第一，2017年南京市成为首批"江苏省书香城市建设示范市"。据不完全统计，南京各式各样的读书会有300多个①。另据2019年南京市全民阅读活动领导小组办公室（简称"南京市全民阅读办"）负责人介绍，南京现有大大小小的读书会500多家②。随着全民阅读活动的开展，南京近几年几乎每月都会产生新的读书会。代表性的读书会包括金陵读书会、半城读书会等。南京市全民阅读办将南京的民间读书会进行整合，将众多读书会纳入"南京领读者联盟"下。同时随着读书会的纵深垂直发展，开始出现"女子阅读联盟"，将各类女性阅读团体进行整合。

据苏州全民阅读促进会的不完全统计，民间阅读组织和基层阅读推广组织，规模不一、形式多样，在苏州不下二十家③。苏州市下辖各县市民间读书会发展比较好，比如张家港市"全市各类民间公益阅读组织近200个，遍布全市城乡，通过诗词普及、阅读分享、主题阅读等形式，推广阅读方法，普及阅读知识"④。

2. 广东省

广东省的民间读书会发展也比较快，以广州市、深圳市和东莞市为代表。

广州市的民间读书会非常活跃，2009年到2010年读书会的发展出现高峰⑤，逐渐形成了一批具有一定规模且影响力较大的读书会。此外还有众多小规模的读书会，比较知名的读书会有：爱读书会、羊城读书会、四位书圈读书会、Miss Ren的书屋读书会、红楼原文读书会、精心读书会、光孝寺菩提读书会、女诗人读书会、荒废读书会、肯·威尔伯读书会、万木草堂读书会、少数人读书会、蒲公英读书会等。2017年7月，广州图书馆的"广州阅读联盟"建设启动，根据《广州阅读联盟章程》确定了24家阅读组织入选广州阅读联盟，其中12家还将获得一定的经费支持。这些读书会的加入使广州阅读联盟的力

① 读书之味愈久愈浓——南京那些各具特色的读书会[EB/OL].（2016-07-14）[2018-09-26]. https://js.ifeng.com/a/20160714/4756765_0.shtml.

② 张敏.南京民间读书会——蓬勃生长的民间力量[D].南京：南京大学,2019:30.

③ 想读书任何时候都可以 苏州民间读书会达二十家[EB/OL].（2015-02-10）[2018-12-02]. http://js.ifeng.com/humanity/cul/detail_2015_02/10/3546234_0.shtml.

④ 邱冠华,霍瑞娟,徐益波.创新与融合:2016年书香城市（区县级）发现活动案例集[M].宁波:宁波出版社,2018:31.

⑤ 王宇.公益性民间读书会及其与图书馆的合作机制[J].图书情报工作,2015(5):25-30.

量渗透到不同的行业领域和人群，扩大了其影响力和覆盖范围，推动了广州市全民阅读的发展。同时，参与的阅读组织可以通过联盟寻求帮助，与联盟内其他阅读组织互相帮助、资源优势互补，提高自身的影响力，实现互利双赢。

深圳市被称为"全球全民阅读典范城市"，到2014年12月，深圳的民间读书组织已发展到100余个，比较知名的读书会包括后院读书会、深圳读书会、彩虹花公益小书房、小妇人读书会、三叶草故事家族等。此外，还有一些小书店组织的特色读书会，如洁心书坊专注于自身心灵修养的"洁心一家"沙龙等，都是民间爱书人自发组织的读书沙龙，为深圳营造着越来越浓厚的读书氛围。

东莞市同样涌现出一批较有影响力的读书会，如阳光书友会、南城诗社、公益读书会、东莞六中读书会、诗人之家读书会、童心童阅故事会、个人成长书友会等。2018年东莞图书馆倡议组建了东莞阅读联盟，组织各种读书会自发参与，通过资源共享、协作运营的方式开展阅读活动，交流阅读经验，宣传阅读价值，提高公众阅读能力，推广全民阅读。东莞图书馆为联盟成员提供经费、场地、设备、馆藏资源等方面的支持，联盟成员也需按照协议举办相应的阅读宣传活动。

3. 上海市

上海市政府借助一年一度的上海书展推广全民阅读，各种读书会应运而生。上海的民间读书会主要呈现以下两个特点：一是整体规模相对比较大。据相关数据表明，上海约有读书会3万家[1]。二是类型多样。在上海，民间读书会的创办主题、活动形式、阅读主题、参与人员丰富多元。有"在沪的南京大学校友组织的'南大书友会'、有全职妈妈们共同创办的致力于推广家庭亲子阅读的'阅读越精彩读书会'、有都市白领自发组建的以推动沪上个人阅读量为目标的书虫部落"[2]，也包括虹桥镇外来建设者读书会、国学新知读书会、上海古典读书会、农民工读书会等其他类型的读书会。

4. 北京市

2014年发布于人民网的《一个民间读书会的坚守与困惑》一文提到，据

① 上海目前至少有3万多个读书组织[EB/OL].（2015-04-24）[2018-09-28]. http://sh.people.com.cn/n/2015/0424/c357189-24614195.html

② 金秋玥. 民间读书会的运作方式与学习特点研究[J]. 图书情报研究, 2018（2）:50-59.

不完全统计，北京地区目前共有145家民间读书会，2006年以来，北京每年都有新成立的民间读书会，并用"迅猛增长"来形容2010年之后民间读书会的增长速度①；2016年《民间读书会生态调查》文章表示，北京有200多家中小读书会，多是民间读书会，并用"野蛮生长"这个词形容民间读书会的增长速度②；2018年第八届"书香中国·北京阅读季"阅读盛典中提到仅参与北京阅读季的民间读书会就超过300家，比较有影响的有同道学园、一起悦读俱乐部、阅读邻居等。

5. 浙江省

杭州市是浙江省的文化中心，吴越文化的发源地之一，具有深厚的历史文化底蕴。代表性读书会包括西湖读书会、湖畔书会、守望者心灵读书会、都市快报读书会、野外诗歌沙龙、杭州经典诵读读书会、总裁读书会、向阳花开读书会、蓝狮子读书会、杭州瑞中读书会、杭州文史哲读书会、三联学术沙龙、杭州书友会、妈妈读书会等。

近年来，温州市开展了各式各样的阅读推广活动，全市阅读氛围浓重，越来越多的市民养成了坚持阅读的习惯。《2017年温州全民阅读调查报告》显示，2017年温州人均纸质图书阅读量与电子书阅读量远高于全国人均纸质、电子图书阅读量③。在此背景下，温州的读书会发展迅猛。截至2017年底，各家读书会共开展常规读书会783场，参与人数达到14 400人次④。温州读书会联盟使得民间读书会聚集起来，并为其提供一定的资源扶持，在帮助读书会发展的同时，也使得全民阅读深入发展，对扩大公共阅读的影响力起到了积极的作用。

（二）从一线城市向二三线城市以及县城辐射

由于未注册读书会的数量庞大，对读书会进行各地区全面统计不现实，但

---

① 王丽华,周婉婷.一个民间读书会的坚守与困惑[EB/OL].（2014-06-24）[2018-09-28]. http://gs.people.com.cn/n/2014/0624/c188871-21497508.html.

② 知更社区.民间读书会生态调查 [EB/OL].（2016-04-22）[2018-09-28]. http://www.cbbr.com.cn/article/103127.html.

③ 2017温州全民阅读调查报告发布啦！[EB/OL].[2018-04-22]. http://www.sohu.com/a/229053858_279458.

④ 温州读书会联盟　打造全民阅读新格局[EB/OL].[2017-11-16]. http://www.chnlib.com/wenhuadongtai/2017-11/366291.html.

是仍旧可以从关于各地读书会的报道中捕捉到读书会在各地发展的基本情况。截止到2014年，河南省郑州市的民间读书会已近100家①。辽宁省沈阳市有20多家②。包头市文广新局在一次包头市读书会的会议中称包头有300多家读书会③。厦门市图书馆的苏华和曾玉娇曾经对厦门民间读书会的发展进行调研，发现厦门有181家读书会，填写问卷的有71家④，尽管该项研究中对于民间读书会的界定和本项研究略有不同，将樊登读书会此类营利性读书会也包括其中，但是从中可以一窥厦门民间读书会的发展情况。另据不完全统计，在石家庄，各种形式的读书会不下百个⑤。株洲市有20多家读书会⑥。济南各类民间读书会达十余家之多⑦。上述报道充分说明除了长三角、珠三角地区和北京等发达地区的一线城市，二三线城市的读书会也开始发展。

　除了二三线城市，一些县城也相继出现了民间读书会，其读书会的承办主体较为单一，主要是当地的图书馆或上级图书馆分馆，除此之外还有医院、学校、社区等。此外，不同类型的协会也开展了读书会活动，在浙江省台州市的仙居县，就有退休教师协会读书会、仙居县妇联读书会等由不同类型的协会或学会举办的读书会。也正是由于读书会多为相关机构举办，多数读书会活动开展时具有相对固定的场所，但活动开展的数量相比发达城市的读书会还有一定差距，通常没有持续固定的活动周期。县城区域的民间读书会虽然在数量及发展程度上不及发达城市，但是其读书会的类型多样，包括亲子类、老年人阅读、名人阅读、兴趣类阅读（戏剧影视、武术健身、心理学等）、女性阅读、

————————

　① 谭萍,王灿.郑州百余家民间读书会不收费[N].大河报,2014-04-25（A18）.

　② 王宇.公益性民间读书会及其与图书馆的合作机制[J].图书情报工作,2015,59（5）:25-30.

　③ 阿勒得尔图.穿行在琅琅的读书声中——内蒙古包头市读书会掠影[N].中国文化报,2016-04-26（7）.

　④ 苏华,曾玉娇.厦门市民间读书会调查报告[J].福建图书馆学刊,2019（1）:11-14,36.

　⑤ 韩莉.悦读"朋友圈"风景独好 石家庄读书会状况调查[EB/OL].（2016-04-27）[2019-07-31].http://hebei.hebnews.cn/2016-04/27/content_5473454.htm.

　⑥ 读书人要搞事情了——全市20多家民间读书会齐聚神农湖畔[EB/OL].（2018-06-18）[2018-12-20].https://www.sohu.com/a/236420483_803768.

　⑦ 陈炜敏.济南民间各类读书会已达十几处之多——读书会:阅读之城的点点灯光[N].济南日报,2018-12-11（A02）.

儿童/学生阅读、经典阅读等,读书会涉及各种各样的主题。总的来说,读书会数量相对较少但类型多样、主题丰富,活动次数有限但场所相对固定,发展尚处于起步阶段。另外,一些地区开始注重在街道和乡镇建立读书会,据报道,株洲市妇联将在全市101个乡镇各建立一个"稻花香"读书会学习小组[①],逐步渗透到基层单元。

四、民间读书会类型特征

通过对当前民间读书会的分析发现,民间读书会类型多元,用百花齐放形容并不为过。

（一）发起方以个人为主,其他各类机构广泛参与

从发起方分析,当前民间读书会的一个很重要的特点是民间个人自发组成的读书会越来越多。特别是未注册的草根读书会,在562家样本读书会中,有253家能够查到发起方或发起人,其中240家为个人,占比95%,可见由个人发起的读书会占绝大多数。民间读书会以个人发起为主这一特点是当前民间读书会和之前的读书会发展的一个显著区别,通过前文对我国民国时期、新中国成立初期和改革开放初期读书会的分析可以看出,以上三个时期的读书会主要以组织或机构推动为主,民国时期主要是各类社会教育机构推动建立,新中国成立初期主要是图书馆推动建立,改革开放初期则主要是工会系统推动建立,尽管也有个人联系同好组织读书会,但是比重相对较小。当前的民间读书会主要是个人自发建立为主,发起人的职业比较广泛,作家和教师是比较常见的两类职业,比如包头的最美书友会就是由当地作家水孩儿牵头成立。大学教师和中小学教师由于职业关系,对于成立读书会比较积极,教师组织的读书会可以分为两类,一类是以教师之间交流为主的读书会,一类是以促进学生阅读交流为主的读书会。除了作家、教师之外,还有媒体工作者、警察、家庭妇女等多种职业人群建立读书会,比如:陇原读书会的创办人郑晓红是一位编辑;山西省比较有名的青莲读书会,其创办人是一名警察;南京比较知名的"悦的读书会"的创办人新琴是一位会计。由此可见发起人的职业非常多元。

---

① 书香氤城 株洲擦亮"全民阅读"文化名片[EB/OL]. (2018-04-25) [2019-01-27]. http://www.wenming.cn/dfcz/hn_1680/201804/t20180425_4666432.shtml.

当前的民间读书会以个人发起为主，但是各种不同的组织和机构对于推动读书会的建立也比较热情。陈丹等人的调查表明①除了个人以外，图书馆和书店是比较常见的发起机构。图书馆发起成立读书会是其功能所在，也是一种传统，从民国时期到新中国成立初期的图书馆均把组织发展读书会作为一项重要工作内容，之后这项工作被淡化，但是今天，很多图书馆重启读书会的工作，相关内容在第六章进行深入分析。书店②发起的读书会更多是引流的需要。除了图书馆和书店，还有其他机构推动民间读书会的成立，比如妇联，把妇女读书会作为促进妇女成长的一种方式，积极推动成立女性读书会。

（二）读者类型多元，开始关注弱势群体

在调查的769家读书会中，有明确目标群体的有315家，约占41%，其中数量比较多的包括大学生读书会94家，以社区居民为主的读书会88家，女性读书会46家，儿童和亲子读书会39家。除此之外，还有面向老年人的银龄书院、面向校友的上海交通大学校友读书会、面向企业管理人员的星期天读书会、面向监狱服刑人员的读书会等。另外有的读书会主题明确，进而限定了读者类型，比如国学读书会，参与人员是对国学感兴趣的民众。在读者类型方面，其中有一个现象值得关注，那就是关注弱势群体的读书会的出现。如上海的外来务工者读书会，深圳南山区图书馆面向孤独症儿童的"星星点灯"读书会。尽管此类读书会数量比较少，但是已经进入了读书会发起者或组织者的视野。

五、民间读书会发展定位上的分化

当前民间读书会发展和以往读书会的一个显著区别是发展定位上的分化。以往的读书会主要以读书小组集体学习为核心，以团体内部的讨论为主，更多是阅读兴趣小组的同人社团性质。从今天的读书会来看，其发展定位主

---

① 陈丹,常昕.中国读书会发展调查研究报告[M].北京:人民出版社,2019:135.

② 同图书馆类似,组织成立读书会在书店也是一种传统,自民国时期就开始存在,但是主要以销售书籍为主要目的。当前,实体书店由于受到网络书店的冲击,纷纷寻求破解之路,开展各类读书活动成为书店的一个选择,招募吸纳读书会成为书店一个重要的吸引顾客的方式。前文提及,营利性机构的公共性活动和营利活动很难进行界限划分,因此本书不对书店的读书会进行重点分析。

要可分为三种：第一种遵循以往的模式，以小团体成员讨论互益为主。第二种向公益阅读推广组织转化，尽管有的读书会没有注册，但是通过其活动以及其表述来看，更多是希望能扩大影响力，发展为阅读推广机构。第三种民间读书会，其成立初衷是开发知识付费产品，目前没有以企业形式注册主要是尚不具备企业化运作的条件，属于企业化之前的蓄力时期。当然也不乏一些民间读书会为了可持续发展，认为商业化是一条可持续发展的必然路径。知识焦虑时代带来了知识付费产品的产生和快速发展，也让很多人意识到了其中的商机，笔者在参加2018年全国社会阅读组织大会时，发现几乎一半的读书会都希望能够提供知识付费产品进而营利。也有部分读书会在发展过程中将工作内容拓展到阅读之外，阅读不再是其核心业务内容，比如山西青莲读书会未来发展方向定位于综合性的公益教育机构，从其组织的活动看，包括"体验一天消防员，从早上叠被子开始、出操、收集装备、和战士一起吃食堂，学习在消防车的工作等等；跟孩子们一起去蒙牛牧场，告诉孩子们牛奶是怎么来的；一起去山西古民居，加上一个采摘环节，加强和大自然的接触"①。再如知雨轩，经过十几年的发展，其定位从学习的平台转变为创业的平台，是一个成长空间、阅读空间和创业空间的综合体。笔者访谈读书会组织者时，部分代表对此现象表示了担忧，有代表提到："有些读书会定位是公益的，但是体系太大，太复杂，要的很多，却不清楚自己的能力，以及为社会带来什么。"在笔者所掌握的读书会访谈资料中，那些体系比较庞大的读书会并没有认为自身定位不清晰或者需要调整，因此笔者不能妄下断语，但有一点可以肯定，阅读讨论和阅读推广已经不再是部分读书会的核心定位，政府部门、图书馆在和读书会进行合作时应该探查清楚该读书会的发展定位。

六、民间读书会的行业合作初现端倪

民间读书会在发展过程中普遍遇到场地等困境，为了探索交流发展道路，民间读书会开始注重读书会之间的交流与合作。从读书会的行业合作来看，有以下几个标志性事件或内容值得关注。

---

① 常昕. 阅读者的力量：国内知名读书会访谈录[M]. 北京：人民出版社，2018：19.

（一）读书会发展大会

通过对读书会组织者的访谈得知，博畅书友会的林凯早在2014年2月曾联络300多家读书会搭建了"中国读书会联盟"QQ群，并于2014年3月运营"中国读书会联盟"公众号（2015年该公号改为"博畅中国读书会发展联盟"），为读书会搭建了网络交流平台。2014年，在同道学园、一起悦读俱乐部等北京地区比较有影响的读书会的号召和组织下，首届民间读书会发展交流大会在北京召开，来自全国的50多家民间读书会参加了会议，此次会议正式拉开了民间读书会之间交流合作的序幕，意义重大。之后该会议每年召开，已经连续召开五届，为全国的民间读书会搭建了交流的平台。在会议的基础上，成立了全国性读书社群的松散联盟"读联会"，2019年正式成为韬奋基金会旗下首个二级分支机构，正式名称为"韬奋基金会阅读组织联合会"，其宗旨是"联合各类阅读社会力量，共同服务于全民阅读事业，以多种方式开展阅读推广活动，共建多元、和谐和开放的阅读生态，平衡落实不同区域和不同人群的阅读权利，推动全民阅读事业的深入开展"[1]。通过这段宗旨陈述可以看出，其成员不限于传统意义上的民间读书会，包括各类阅读组织。2019年重点开展"70年70城"联读活动，希望能够将各地各类读书会的活动进行整合展示。

（二）人民出版社的读书会平台

人民出版社2015年成立读书会办公室，旨在进一步推动全民阅读，搭建作者与读者、读者与出版社之间的桥梁，同年读书会社交平台上线，为民间读书会提供互联互通的桥梁。据有关数据显示，目前入驻该平台的读书会团体超过630家[2]。人民出版社常年举行面向读书会的培训，对全国各类读书会进行指导。

（三）区域性的读书会联合体

随着各地民间读书会的发展，在当地政府、图书馆或有影响力的民间读书会的推动下，区域性的读书会联合体或者读书会联盟开始出现，温州读书会联盟、"读书得间"重庆读书会联盟、长三角读书会联合会等纷纷成立。杭州、武汉等地纷纷召开地区性的读书会发展论坛，讨论读书会发展中的现实问题。

---

[1] 引自"读联会"官方公众号（ID：minjiandushuhui）对"读联会"的介绍。

[2] 陈丹,常昕. 中国读书会发展调查研究报告[M]. 北京:人民出版社,2019:135.

2017年4月，温州市图书馆牵头组建的温州读书会联盟正式成立，以"凝聚社会力量，倡导公共阅读"为宗旨，各单位读书会、民间读书会自愿参与。联盟面向社会公开招募百余家读书团体，成员包括机关人员、企业家、医生、教师、学生等。入盟读书会在市图书馆的资源支持下，走进各大图书馆、城市书房、文化驿站等公共阅读空间，开展沙龙、朗读、讲坛等活动，设置了"享阅读""众阅读""她阅读"等针对不同社会群体的读书栏目，以线下、线上两个平台为依托，将阅读活动品牌化，有效推动了公共阅读的发展①。

通过对21世纪以来我国民间读书会的考察发现，我国民间读书会自2006年后开始发展，2013年之后民间读书会的数量增长迅速，特别是注册读书会的数量增长迅速。从地区分布看，发达地区数量较多，从一线城市向二三线城市以及县城辐射。民间读书会类型多样，面向弱势群体的读书会开始出现。民间读书会的定位分化，呈现互益型小团体讨论组织、公益型阅读推广组织和营利性知识付费产品三种发展方向。当前我国民间读书会的行业合作初现端倪。

本章小结： 通过本章的梳理，发现我国民间读书会的发展和社会环境密切相关，在民国时期、新中国成立初期、改革开放初期有比较快速的发展。每个时期的发展特点有所不同。整体而言，公共图书馆和工会系统在我国民间读书会的发展中发挥了比较重要的作用。

---

① 王民悦. 温州读书会联盟成立[EB/OL]. (2017-04-23) [2018-10-20]. http://www.wenzhou.gov.cn/art/2017/4/23/art_1217829_6767817.html.

第三章　国外民间读书会发展源流

上一章主要分析了我国自民国时期以来民间读书会的发展情况，笔者认为，如果把我国民间读书会的发展放置于国际环境中去比较和分析，能够帮助我们更加全面地认识我国民间读书会的发展特点，因此本章对国外主要国家的民间读书会发展情况进行介绍和分析。考虑到参考文献语种的可理解性问题，加之英语资料相对丰富，本章主要分析美国、英国、澳大利亚几个英语国家，其他英语国家比如加拿大、新西兰等国相关资料较少，因此就没有进行分析。除了美国、英国、澳大利亚之外，课题组选择了瑞典进行分析，主要是考虑到瑞典的成人读书会（学习圈）比较成熟，加之尽管不是英语国家，但是也有一些英文资料可以借鉴，同时我国成人教育领域的学人对瑞典的成人教育也有介绍，为本项研究提供了比较丰富的资料基础。在深入分析上述几个主要国家读书会发展源流的基础上，与我国民间读书会的发展情况进行比较，从而能更加深入地理解我国民间读书会发展特点。

第一节　美国读书会的发展

在美国，读书会最初起源于17世纪的移民时期，主要目的是帮助新进的移民者了解美国的社会生活，学习新的语言，方便交流①。1634年，美国马萨诸塞州的安妮女士建立了第一个称为"文学讨论组"（literacy discussion group）的团体，积极推动女性参与教会礼拜活动，在波士顿等地诚挚地邀请志同道合

---

① KUPFER D C. Should the American canon be discussed in a public library?：The selection of classic American authors in one book reading projects [J]. Library Philosophy and Practice,2008（4）：1-14.

的女性同胞参与宗教讲学，但是由于参加者在文学和理论探讨活动中受到质疑而迅速消亡。1727年富兰克林也曾经组织过一个由年轻人组成的俱乐部——"共读社"，最初只有12名成员，当时共读社探讨的话题涵盖社会、科学和哲学等多个领域，比如"引进合同工是否会使北美殖民地更加繁荣""如何才能写一篇好文章"等[①]。到19世纪中末期，读书会开始成规模发展态势。

一、美国读书会的发展阶段

（一）女性读书会时期

19世纪出现了两个著名的俱乐部，分别是妇女联谊会（Sorosis）和新英格兰女性俱乐部（NEWC），对同期的女性读书会影响深远。从19世纪70年代到90年代，Sorosis和NEWC引发了来自全国各地的城市阅读者的追随，建立了大大小小的以宗教、女性解放、社会生活为主题，以阅读古典文学和讨论当时政治文化生活为依托的学习交流协会或者读书会，阅读内容包括文学分析、育儿技术、美国和英国文学、社会主义、俄罗斯政治体制和关税以及每天迫切需要解决的实际问题等。这些俱乐部在全国遍地开花，引起了阅读热潮[②]。

受传统习俗的影响以及出于女性自身安全的考虑，读书会一般只在白天开展，每次持续两个小时左右。各个读书会的活动比较类似，每次聚会的重点是对一本著作或者关于某个主题的一组著作进行讨论，每次所读书目由会员委员会选出。分享习作亦是每次活动必备要求。大多数读书会一周聚会一次，会员数量严格控制，当会员数量已满，想入会的人员必须等有会员离会方可入会。读书会的管理事宜，比如邀请新会员、调整图书选择标准等，均需会员投票表决。读书会还主办社区项目、公众文艺活动、音乐表演等来扩大读书会的影响。

读书会人员构成以中产阶级女性为主。社会学家伊丽莎白·郎（Elizabeth Long）认为，19世纪晚期的女性渴望知识，希望创造价值，读书会成为她们实现价值的重要途径。Sorosis和NEWC"抓住了时代的脉搏，女性读书会就

---

① 沃尔特·萨克森.富兰克林传[M].孙豫宁，译.北京：中信出版社，2015：7.

② SEDO D R. Badges of wisdom, spaces for being：a study of contemporary women's book clubs [D]. Burnaby：Simon Fraser University，2004.

像一所大学一样，从每年的九月开始到第二年六月结束，成员大部分为艺术家、诗人、编辑、历史学家和医生等有一定充裕时间的专业人士"[1]。

早期的妇女读书会除了参加阅读活动、分享阅读经验和写作以及自我学习之外，还谋求为社区发展贡献力量，例如尼罗河女士阅读俱乐部（Niles ladies reading club）支持当地建立免费图书馆，还致力于一些社会改革活动，例如推动幼儿园的建立、推动童工法的立法，话题逐渐从阅读探讨转变为解决社会和政治问题，移民的教育问题、妇女选举权和禁令等也在讨论之列。随后，读书会的成员开始进入公共领域，公开演讲、辩论，积极处理与政府官员、医院管理委员会和学校官员之间的事务，从私下的团体小聚会发展为关注公共领域的公益组织。

（二）肖托夸文学和科学学习圈

1874年新泽西州基督教卫理公会牧师约翰·文森特（John Vincent）和路易斯·米勒（Lewis Miller）在肖托夸湖边创办的周日学校项目，后来发展为肖托夸学院，是19世纪后期至20世纪中期成人教育的代表[2]。肖托夸文学和科学学习圈（The Chautauqua Literary and Scientific Circle，简称CLSC，中文简称为"肖托夸阅读圈"或"肖托夸学习圈"）是其重要项目，该项目成立于1878年，主要为那些由于时间或经济所限不能进入大学求学的人群提供相应的教育。该项目提供为期四年的函授学习，主要进行如下工作：①提供推荐书目。推荐书目定期维护。②促进图书在读者之间的流动，提供专业化的阅读课程。最初是关于《圣经》的读物，后来拓展到其他读物。为了减轻学生购买学习资料的压力，以及在学习过程中相互激励，CLSC鼓励学生在自己所在地区建立CLSC读书会，1878年在美国已经有10万会员[3]。肖托夸学习圈的模式推动了读书会的快速发展。

---

① LONG E. Book clubs：women and the uses of reading in everyday life [M]. Chicago：University of Chicago Press，2003：7.

② Our History[EB/OL]. [2017-10-12]. https://chq.org/about-us/history；任祥华，蔡成芹. 美国肖托夸运动及启示[J]. 河北大学成人教育学院学报，2011（3）：56-58；肖托夸运动Chautauqua[EB/OL].（2018-05-02）[2018-10-10]. http://www.chezaiyi.cn/philosophy/230436.html.

③ SNAPE R. Leisure and rise of the public library[M]. London：Library Association Publishing，1995：16.

（三）名著阅读运动时期的读书会

20世纪20年代，哥伦比亚大学和芝加哥大学开展名著阅读运动，这项运动推动了读书会的发展。名著阅读运动发端于哥伦比亚大学的厄斯金（Erskine）教授，1921年他将学生需要阅读的经典著作和讨论结合起来。他给学生开列了52种经典著作，涵盖从荷马时期到威廉·詹姆斯①时期的所有文学和哲学作品，他让学生每周读一本经典，然后在课堂上进行两个小时的讨论。到1925年，这种模式已经推广到十几个学院。1929年，哈钦斯（Hutchins）应聘芝加哥大学校长，将阿德勒（Adler）等人招致麾下，开始在芝加哥大学全面开展名著阅读。今天仍旧有100多所大学采取这种模式进行经典著作的学习研读②，这种教学模式催生了大学读书会的发展。

除了在大学里开设名著课程，名著阅读运动的创始人一直努力将名著阅读推广到大学之外，推广给公众。阿德勒与他的同事在1926年开设了两门面向社会成人的名著课程，课程开始的第一年，吸引了134个学生，组成了6个小组，由两位教师负责组织讨论，这些小组在教堂、基督教青年会、救助之家，抑或教师家中聚会讨论③，推动了社会上名著读书会的发展。1947年，名著阅读的倡导者哈钦斯和阿德勒成立了名著基金会（Great Books Foundation），致力于向普通民众推广经典读物，该基金会出版经典图书，在书后附有讨论题目，并讲授读书会的交流探寻方式。"基金会帮助成千上万的美国人在他们的学校或者社区成立自己的读书会"④。基金会对讨论小组的领导者进行培训，主要培训"苏格拉底式问题"的训练，善于鼓励小组的成员发表他们自己的意见。在名著基金会的努力下，读书会成为人们生活的重要组成部分，"有一百七十五个地区和职业组织，一百零六个图书馆，一百个中学大学都在和这

---

① 威廉·詹姆斯（William James 1842—1910），美国心理学家和哲学家，美国机能主义心理学和实用主义哲学的先驱，美国心理学会的创始人之一。

② WILLIAM C. College great books programs [EB/OL].（2015-01-24）[2018-10-22]. http://www.coretexts.org/college-great-books-programs/#tz.

③ 郑雪瑶. 从哥伦比亚大学到圣约翰学院——美国名著阅读运动研究（1919—1937）[D]. 北京：北京师范大学，2012.

④ Great books foundation [EB/OL].（2019-03-30）[2019-04-24]. http://en.wikipedia.org/wiki/Great_Books_Foundation.

个基金合作来进行这个'名著阅读'的方案。每个讨论会的小组是由三十个到五十个会员组成的，在波士顿，一共就有四十个独立的讨论小组"①。

☞ 名著基金会提出的读书会讨论原则

> 哈钦斯和阿德勒提出名著读书会的讨论原则，即分享研讨（Shared Inquiry）：（1）参与讨论前认真阅读选择的书籍。确保所有参与者为讨论做好准备，有助于防止讨论偏离主题。（2）用所读文本中的证据支持讨论中所表达的观点。这一点有助于将讨论集中在对读物的理解方面，能够帮助读书会成员从文本中去探索不同的解读，并且进行理性判断。（3）在对选定文本充分理解之后再去探索文本之外的内容。对选定文本的充分理解能够帮助读书会成员更好地理解文本之外的内容。（4）听取其他参与者的观点，并积极回应。向其他小组成员（不仅是领导者）提出自己的观点和问题，将使讨论更生动、更有活力。（5）读书会带领人负责帮助参与者形成他们自己的观点，每个人都在讨论过程中获得新的理解。带领人应该只负责提出讨论问题，当参与者等待带领人给出答案时，讨论往往会停滞不前。②

名著基金会的讨论原则在美国图书馆得到广泛应用，1995年美国纽约公共图书馆编制的《纽约公共图书馆读书会指南》③（The New York Public Library Guide to Reading Groups）中提到读书会应该遵循名著基金会提出的讨论原则，尤其强调在讨论过程中不建议引用别人的观点，比如书评中的观点，强调参与者形成自己的观点。由此可见名著基金会的读书会对后世读书会影响之深远。

到了20世纪60年代，随着杜威实用主义的兴起，名著阅读的课程设计开始受到人们质疑：处处体现强者文化和精英文化，倾向选择"高大上"却与人

---

① "伟大著作"基金会[J]. 新闻资料，1949（205）：5.

② SEDO D R. Reading communities from salons to cyberspace [M]. Hampshire：Palgrave Macmillan，2011：86.

③ SAAL R. The New York Public Library guide to reading groups[M]. New York：Crown Publishers，1995.

们日常生活无关的作品，名著阅读运动开始进入衰退期。但是作为其重要研读方式的读书会却积累了大量的读者基础和运作经验，为读书会的进一步发展奠定了基础。

（四）奥普拉读书俱乐部引发的读书会发展热潮

在美国，以电视节目的形式来推荐图书至少有几十年的历史，其中"奥普拉图书俱乐部"可谓石破天惊，从一开始便创造了极高的收视率，产生了空前的反响，成为观众、作家、出版家关注的焦点[1]。奥普拉不仅创下了图书销售的壮举，还在美国掀起了一股读书会热潮。据统计，1999年美国的读书会增至50万个，是1994年的2倍。这些读书会在选材、讨论模式等方面，全面模仿了奥普拉图书俱乐部，在不同的社区乃至大学校园，形成了以文学为凝聚力的读者群体。早安美国、里吉斯与凯莉脱口秀等节目都相继增加了以读书俱乐部为名的读书讨论内容，不少大众杂志也开始以读书俱乐部的形式来推荐文学书目。奥普拉对美国读书会的发展起到了积极的推动作用。

（五）多元化时期

进入21世纪，美国的读书会依然保持着旺盛的生命力，仅西雅图图书馆一个馆就拥有400个读书会。这个时期读书会的主要特征为多元化，具体体现在以下四个方面。

1. 参与人群多元化

有学者曾经做过调查，从读书会成员性别构成来看，成员全部为女性的读书会约占60%，男女均有的读书会约占30%—35%，成员全部为男性的读书会仅占5%—10%[2]。读书会面向人群逐渐细分，有儿童读书会、亲子读书会、家长读书会、成年人读书会、老年人读书会等。

2. 阅读多元化

据不完全统计，目前美国读书会的数量超过500万个（其中网络读书会不在统计范围之内）。现在的读书会组织者往往独具匠心，配合可口的美食与饮

① 赵俊玲,郭腊梅,杨绍志.阅读推广:理念·方法·案例[M].北京:国家图书馆出版社,2013:164-165.

② HELLER N. Book clubs why do we love them so much? Is it the zucchini bread? [EB/OL].（2015-03-31）[2019-01-19]. http://www.slate.com/articles/news_and_politics/assessment/2011/07/book_clubs. html.

品，结合针织、扑克、电影等体验，阅读活动随心而发，主题内容多种多样，例如科幻小说读书会、男女交友读书会、同性恋文学读书会等。阅读文学类经典作品是以往读书会阅读的主流，经典读物与大众读物并重将是未来读书会发展的新形式。

3. 回归成员互益和社会公益并重的传统

如前所述，美国移民初期的女性读书会不仅注重提升成员的阅读素养，还热衷于公共事务，努力改善社会环境，在美国读书会产生之初即有关注社会公益的传统。之后的读书会逐渐以成员互益为中心，社会公益甚少涉及。进入21世纪后，社会公益和读书会再次建立关联，非营利组织"小小图书馆"（Little Free Library）①的"行动的读书会项目"（Action Book Club）就是其中的一个典型代表。该项目是"传统读书会的一次革新，它邀请参与者阅读关于热门话题的书籍，进行讨论，并参与有意义的、有趣的团体服务项目，以改善他们所在的社区"②。每个读书会服务项目的大小并不重要，重要的是读书会成员一起参与了这个活动，并且正在用他们的力量改变着世界。目前 Action Book Club 已经提出了四个主题，分别是"Good Neighbors""Many Voices""Everyday Heroes""Come Together"。"Good Neighbors"强调社区的力量、善意以及和谐的邻里关系的重要性。"Many Voices"颂扬多样性、人与人之间的差异性以及连接我们所有人的相似之处。"Everyday Heroes"赞颂勇敢、优秀的品格和善良的行为。"Come Together"赞美团结、公平和理解的力量。

"小小图书馆"在官网提供与活动主题相关的书单，书单按不同年龄阶段的需求分别提供给儿童、青少年以及成年人，每本书还提供了内容简介。参与者可以从中选择一本书，也可以选择其他适合当前主题的书。然后，小组成员一起阅读和讨论这本书。官网上也为参与者提供了一些问题，可以使小组成员之间的交流更加深入和高效。讨论结束后，每组可以选择"小小图书馆"提供的或者更加富有创意的团体服务项目。例如：收集新袜子并捐献给收容所、

---

① "小小图书馆"旨在通过促进世界各地邻里的图书交换，激发对阅读的热爱，促进社区居民的交流，激发创造力。笔者2020年6月12日查询该项目官网，该项目已在100多个国家建立了100 000多个小小图书馆，每年交换数百万本书。

② Action Book Club[EB/OL].（2018-01-02）[2019-01-10]. https://littlefreelibrary.org/actionbookclub/.

写感谢信给邻居、种植一个社区花园等。活动过程中拍摄的图片发布到Action Book Club的网站上也是活动中的一部分。"小小图书馆"认为俱乐部的成员在互联网上分享他们的经验，可以促使更多的人参与到活动中来，进而激发出更多的善行。

（六）实体读书会与网络读书会并行

互联网的兴起，使得读书会能够以社会化媒体、社交网络的形式能够展现。网络读书会主要通过注释、剪报、书签、建议和网页浏览等方式，留下读者的阅读记录，同时异步共享阅读计划和思想交流。但即便是网络社会的今天，仍然有很多读书会采用实体运行方式，定期在图书馆抑或家里举行实地聚会。

2012年，奥普拉图书俱乐部2.0（Oprah's Book Club 2.0）进入大众的视野，奥普拉充分利用网络和社交媒体的模式推广图书。奥普拉通过在线模式提供大量图书信息，包括关于图书的视频讲座、图书论坛、图书作者发布会、作品赏析等。对于打算深入了解的书籍，可以进入奥普拉图书俱乐部2.0的网站，获得大量有效的图书信息，也可以进入相关推荐的网站实现购买[①]。

二、推动因素分析

（一）政府的支持

美国政府一直重视民众阅读习惯的培养，历任总统上任，都会提出自己的阅读纲领。2006年克林顿发起了"美国读书运动"，目的是使美国每名8岁的儿童必须学会阅读。2009年2月，奥巴马总统继续推行全民阅读方案，在其《美国复苏和再投资法案》（ARRA）中强调要重视在初级教育阶段开展阅读提高计划，并加强对教师和学校领导的培训[②]。美国政府出资支持公共阅读项目，比如教育部的读遍美国项目，在全美阅读日（每年的3月2日）当天举行各种大规模的活动宣传阅读。政府资助的项目中有的偏重群体阅读，以阅读促进交流，比如Big Read。Big Read是由美国政府的独立机构——国际艺术基金创立的公共阅读项目，成立于2006年。该项目仿照"一城一书"，为每个社区阅读项目提供

---

① Oprah's Book Club–History & Defintion[EB/OL]. (2015-06-25) [2019-01-22]. http://bestsellers.about.com/od/oprahsbookclub/a/what_is_oprah.htm.

② 王翠萍,刘通. 中美阅读推广比较研究[J]. 情报资料工作,2012（5）:96-101.

经费，并提供书目和指导，其中所推荐的每本书都包括作者传记、书籍历史背景、讨论题目等[①]。政府的支持为读书会的顺利开展奠定了坚实的基础。

（二）公共图书馆的重视

美国公共图书馆一直以充分利用自身资源服务更多读者、支持全民阅读、发挥馆藏价值为宗旨，成立并完善读书会机制。在读书会组织运营过程中，无论是资源的提供与整合，还是有效的管理与指导，公共图书馆都发挥着不可忽视的重要作用。

20世纪20年代后期，美国公共图书馆的一些馆员开始思考发展一个更加积极和独立的成人教育项目——图书馆自己的读书会。他们认为图书馆读书会是利用图书馆员技能和图书馆资源的另一种方式。20世纪20年代末和30年代初，克利夫兰、长滩、纽黑文、辛辛那提和底特律的公共图书馆开始尝试开展读书会项目。到1935年，由公共图书馆主办的读书会讨论项目开始广泛普及[②]。之后美国公共图书馆一直将读书会作为图书馆的重要工作内容。华盛顿特区公共图书馆于1945年1月启动了"小组阅读计划"（Group Reading Program），在三年内，大约1500名成年人参加了120个读书会小组，讨论了柏拉图、弗洛伊德、爱默生、杜威等作家的著作[③]。美国图书馆协会1998年曾对美国各公共图书馆面向成年人的文化服务项目进行调查，调查问卷涵盖读书会、写作等多个项目，其中读书会的相关问题排在最前面，也可以看出美国图书馆协会对读书会的重视。调查结果显示，61.2%的美国公共图书馆提供了面向成年人的读书会项目[④]，应该说开展比较普遍。

美国公共图书馆为读书会提供充足的资源，包括读物、场地、培训等，来推动读书会的发展。公共图书馆为读书会提供足够数量的读书会资源包（一般

---

① 董潇.美国公共阅读项目"Big Read"——大阅读大回报[J].出版参考,2013（7）:45-46.

② LEE R E. Continuing education for adults through the American public library,1833-1964[M]. Chicago:American Library Association,1966:61-62.

③ LEE R E. Continuing education for adults through the American public library,1833-1964[M]. Chicago:American Library Association,1966:85-86.

④ American Library Association Public Programs Office. Survey of Cultural Programs for Adults in Public Libraries 1998[R/OL].［2018-01-13］. https://doi.org/10.3886/ICPSR35241.v1.

包括一定数量副本的读物，以及讨论提纲等），以方便读书会开展阅读和讨论活动。公共图书馆会合理安排时间，为读书会定期开展的主题讨论活动提供场地。此外，公共图书馆为读书会的组织者培训"领导"技巧，并开设相关的讲座和课程以推进读书会的开展。例如，美国西雅图公共图书馆的培训文件就是以"如何进行第一次读书会讨论"开始，细致到"如何选择一本书""该书结局不明确时应该如何做""有哪些适宜讨论的问题""脱离书的限制还能想到哪些""如果不喜欢这本书该如何参与讨论"等。其中，有些公共图书馆的培训文件中还会辅以具体的实例，以便会员更好地理解和运用。

（三）非营利机构的支持

美国非营利机构认可读书会对于阅读的重要作用，推出各类项目推广读书会，全国读书会月（National Reading Group Month）便是一个典型代表。全国读书会月由非营利组织全国女性图书协会（Women's National Book Association）创办于2007年，其宗旨为"提升民众对分享阅读的了解；为各个读书会提供一个展示和交流的平台；为个人加入一个读书会或创建一个读书会提供机会；鼓励图书馆、书店和其他组织主办专门的读书会活动"①。每年十月举行一系列的活动，包括在纽约、洛杉矶等12个重要城市举行作者见面会等，每年由选书委员会选出20部左右经典作品，称为读书会经典读本（Great Group Reads）推荐给读书会。

美国读书会的发展历史与美国发展历史交相呼应，伴随着美国社会经济的发展以及中产阶级女性的解放运动，求知与进步的思潮，自下而上地涌动起来。美国读书会经历了女性读书会时期、名著阅读时期和多元化时期，女性和大众传媒的作用、公共图书馆和政府的支持促使美国读书会的发展和壮大。

第二节　英国读书会的发展

英国读书会的发展可以追溯至17世纪的咖啡厅文学沙龙。1657年伦敦出现第一家咖啡厅，半个多世纪后发展到3000多家，成为当时大城市时髦的休

---

①　History & Mission[EB/OL]. [2015-10-10]. http://www.nationalreadinggroupmonth. com/about_history.html.

闲场所，有教养的资产阶级人士养成了到这里聊天的习惯。刚开始时，他们作为阅读群体，对文艺问题展开讨论，后来随着文学公共领域讨论议题的扩展，政治性问题逐渐成为中心议题①。咖啡厅的文学讨论为读书会这一公共阅读团体的产生奠定了基础。

一、18世纪的女性文学沙龙

18世纪中叶，英国上流社会的一些知识女性逐渐不满足于日常聚会时的纸牌游戏等消遣娱乐，模仿法国的沙龙，创办了一种以文学讨论为焦点的社交聚会。1750年，伦敦贵妇伊丽莎白·蒙塔古夫人（Elizabeth Montagu）在自家府邸设立了第一个文学沙龙。在18世纪的英国，出席沙龙对着装有着严格的规定，需要穿着正式的黑色长袜，而蒙塔古夫人创办的文艺沙龙允许穿着日常的蓝色长袜前往。一些保守人士认为女性和穿蓝色长袜的平民高谈阔论高雅的文学是对文学的亵渎，他们将这种沙龙戏称为"蓝袜社"（Bluestocking Club）②。今天蓝袜社已经是英国文学沙龙的别称，不再是戏称。

18世纪"蓝袜社"等英国文学沙龙具备如下特点：①专注于理性的交谈，明确反对纸牌游戏等肤浅的娱乐活动。开展各种读书、文学讨论活动，并经常邀请一些文学家、学者参与。讨论的话题包括最新出版物，无论是诗歌、历史还是宗教都在讨论之列。②满足女性自身教育的需要。18世纪的英国，各种学术机构和教育机构不对女性开放。在女性无法接受正式教育的时代，"蓝袜社"等文学沙龙便成为女性接受知识、交流思想、提高文学水平的重要方式。这时的文艺沙龙不再仅仅作为一个社交中心，更多的是满足女性自我教育的需求③。③阅读和写作之间联系紧密，扩展了女性的专业化写作。尽管当时英国普遍对女性作家存在偏见，"蓝袜社"鼓励女性成员开展写作，并且追求出版自己的作品。18世纪后半叶，女性阅读逐渐从经典阅读转向小说阅读，女性作家在创作上也大多选用了小说这一体裁。

---

① 杨仁忠. 公共领域论[M]. 北京：人民出版社，2009：102-103.

② Bluestocking[EB/OL]. [2019-07-10]. http://www.quword.com/ciyuan/s/bluestocking.

③ 王慧君. 蓝袜社的由来[J]. 世界文化，2011（4）：50-51.

二、会员制读书会的兴起和发展

由于出版物价格比较高，18世纪在英国"伦敦及其他大城市出现了商业性质的流通图书馆，也就是租借图书馆或租书店。它们一般向读者提供通俗读物，凡有能力付出微少资金的，如每月支出不超过一先令，就可以借到图书"①。由于这种流通图书馆以通俗读物为主，特别是爱情小说占了比较大的比重，不能满足其他人群的需要，因此在18世纪末19世纪初期出现了非商业化的会员制读书会，当时对读书会提法有"Reading Society""Reading Club""Book Society""Book Club"，"18世纪末期的读书会，除了讨论书籍和社交，还承担着流通图书馆的角色"②。当时的很多读书会实际是为分享图书，获得图书而产生，这些读书会一般采取收取年费的方式，收取的费用用于购买会员推荐的图书、小册子、杂志等阅读材料，有的读书会在会员退会时会退还一部分会员费，不拘一格读书会（Eclectic Book Society）每年收取会费105先令，退会时归还三分之二。图书流通到会员，然后定期进行讨论。

读书会成员数量一般不多，十几个到二十几个比较常见，多为男性，比如成立于1806年的塞伦赛斯特读书会（Cirencester Book Club），有12个会员，全部为男性；再如博尔顿联合读书会（Boltorn Union Book Club），最初会员20人，后来增加到30人，全部为男性③。读书会的成员以中上阶层为主，后来出现了工人读书会，但比重较小。

每个读书会阅读范围区别比较大，有的读书会涉及广泛，包括旅游、历史、经济、宗教、文学等，有的主要阅读政治类，但整体上虚构类文学作品比较少。

读书会对会员管理比较严格，规定了各类罚款事项，比如"不按期参加聚会，罚款2.5先令，超期三天未归还图书，罚款0.25先令"④，"损坏图书则罚款

---

① 杨威理.西方图书馆史[M].北京:商务印书馆,1988:190.

② SEDO D R. Reading communities from salons to cyberspace [M]. Hampshire:Palgrave Macmillan,2011:3.

③ WILLIAM C. The reading nation in the romantic period[M]. Cambridge:Cambridge University Press,2007:669.

④ WILLIAM C. The reading nation in the romantic period[M]. Cambridge:Cambridge University Press,2007:672.

更高"。这类读书会是读者自愿结组而成，并没有官方统计数据，只能根据一些学者的研究大致推断当时读书会发展的整体情况。"18世纪70年代已经开始出现很多读书会"①，彼得·克拉克曾专门研究英国社团史，指出"18世纪后期读书会在英国各个地区快速发展"②。"据估计，1822年大约有600个读书会。"③通过以上学者的论述，可以认为在19世纪早期的英国已经形成良好的读书会传统。

到了19世纪中叶，读书会快速发展，数量激增，并且日益多元化。出现专门阅读某类作品或某个作家作品的读书会，比如激进读书会（Miles Platting Reading Society），旨在通过激进政治类著作的流通和宣传，以达到消除愚昧、冲破思想桎梏的政治目的④。比如有专门阅读莎士比亚作品的读书会。同时出现专门面向某一特定人群的读书会，比如面向监狱犯人组织的读书会。与此同时，家庭和朋友间的非正式读书会蓬勃发展。

虽然19世纪的读书会蓬勃发展，但是当时的读书会也存在着批评者，对读书会的批评主要集中在文化和政治两个层面。文化上的批评者认为读书会是文化和启蒙的敌人。读书会代表一切庸俗、自命不凡、无鉴别能力、势利的人。它的成员更喜欢八卦而不是阅读。引起这类批评的主要原因在于读书会经常阅读小说。批评者认为读书会热衷于阅读小说，而小说的形式太过随意，不足以表现文学的高雅。政治方面的批评认为阅读小说的女性读书会可能削弱女性参与公共辩论的热情。虽然读书会面对文化和政治上的敌意或者嘲讽，但是到19世纪中期，读书会仍然得到社会的普遍认可和欢迎。

三、读书会的联盟化发展

19世纪末和20世纪初的英国，随着教育改革的发展，有能力进行阅读的

---

① WILLIAM C. The reading nation in the romantic period[M]. Cambridge：Cambridge University Press，2007：264.

② SEDO D R. Reading communities from salons to cyberspace [M]. Hampshire：Palgrave Macmillan，2011：44.

③ WILLIAM C. The reading nation in the romantic period[M]. Cambridge：Cambridge University Press，2007：265.

④ WILLIAM C. The reading nation in the romantic period[M]. Cambridge：Cambridge University Press，2007：672.

人数增加，加之大众商业出版物的增长，人们对大众休闲阅读越来越关注。这一时期，英国鼓励推行系统化的阅读，希望通过促进系统的阅读来鼓励人们对闲暇时间的有益利用。英国家庭阅读联合会（The National Home Reading Union，简称NHRU）在这种背景下应运而生，它于1889年由英国著名的公理会牧师约翰·布朗·帕顿（John Brown Paton）在英国创立，旨在通过形成地方读书会（reading circles）来促进大众阅读。英国家庭阅读联合会以1878年成立的肖托夸（Chautauqua）文学和科学学习圈为蓝本并加以改进，形成了自己的特点和运行模式。

（一）以系统阅读指导为中心

英国家庭阅读联合会将读者群体分为青年读者、工人读者和普通读者三种类型，每种类型配备指定的推荐阅读书目和相应的阅读指导课程。1891—1892年英国家庭阅读联合会针对普通读者和青年读者所列出的推荐书目包括[①]：

> T. Rogers 的《英国公民》
> A. Mongredien 的《英国自由贸易运动史》
> M. Creighton 的《伊丽莎白时代》
> M. Stephen 的《塞缪尔·约翰逊》
> T. Huxley 的《入门初级读本》
> M. Herodotus 的《埃及和塞西亚》
> C. Dickens 的《罗纳比·拉奇》

英国家庭阅读联合会通过在各地建立读书会进行系统的阅读指导。要求每个读书会至少由五名成员组成，并每两周或每月定期召开会议讨论选定书籍。为了保证阅读效果，要求所有会员阅读同一本书，以便最大限度地提高小组讨论的效率。当读书会会员经过一定时间的学习完成一定数量的读物阅读，会得到英国家庭阅读联合会颁发的证书。

---

① SEDO D R. Reading communities from salons to cyberspace [M]. Hampshire: Palgrave Macmillan, 2011: 61.

（二）读书会地区网络的发展

英国家庭阅读联合会通过建立一个成员网络向当地读书会提供支持，每个读书会选定一名领导负责读书会和总部之间的联系。读书会可以通过该网络向其他读书会借阅书籍，并为所列书籍准备说明和插图。英国家庭阅读联合会还出版了三份杂志，分别对应三种类型的读者。这些杂志提供关于英国家庭阅读联合会推荐书目的信息，讨论题目方面的建议，以及关于英国家庭阅读联合会的新闻。许多杂志文章以提问结尾启发读者思考，并鼓励读书会成员发表自己的想法并进行交流①。

（三）组织者和参与者多元

英国家庭阅读联合会成立初期，读书会举办的地点和参与人员的阶层呈现多元化。一些读书会在工厂中举办，工人们利用午休时间聚在一起讨论书籍；一些读书会则是由慈善人士创立，目的是向工人介绍书籍和文学；一些是由教会组织的读书会；一些是公共图书馆运作的读书会；还有一些是由妇女组成的家庭读书会。面向工人的读书会一般都不长久，主要是由于指定的读物对于工人这一当时受教育程度不高的群体来说难度偏大。最成功、最持久的读书会是由中产阶级女性组成的读书会②。当时人们普遍认为家庭阅读需要规范，尤其是年轻女性的阅读，这种情况下，阅读指导手册和读书会就成为对年轻女性进行规范指导的重要方式。另外，从读书会的功能来看，除了自我教育，很多读者更看重读书会社交层面的功能。中产阶级家中的女孩从学校毕业后无法像工人女性那样进入社会就业，只能留在家中直至结婚，读书会就给她们提供了进一步培养社交和沟通能力的机会。

由于英国家庭阅读联合会坚持系统阅读，并且有比较成熟的发展模式，发展比较迅速，到1906年，在英国本土大约有13 052名读者加入了联盟，到1912年，估计人数约为70 000人，其中包括伦敦几所学校的儿童③。除了英国

---

① SNAPE R. Leisure and rise of the public library[M]. London：Library Association Publishing，1995：18.

② SEDO D R. Reading communities from salons to cyberspace [M]. Hampshire：Palgrave Macmillan，2011：63-64.

③ SEDO D R. Reading communities from salons to cyberspace [M]. Hampshire：Palgrave Macmillan，2011：64.

本土，英国家庭阅读联合会的读书会网络扩展到国际范围。英国家庭阅读联合会虽然起源于英国，但很快获得国际层面的关注，并且在英国殖民地区，包括澳大利亚、南非等其他国家开展活动。英国家庭阅读联合会通过阅读将人们聚集在一起，形成国家和国际意义上的阅读社区，保持当时英国殖民区域的文化认同感。除了地区上的发展，联盟的影响力超出了其成员范围。英国家庭阅读联合会所列出的推荐书目被视为权威，一些公共图书馆的馆员利用这些书目来帮助其读者选择书籍。然而，随着核心领导人帕顿（Paton）1911年的去世，加之财政困难，以及竞争对手诸如工人教育协会和英国广播公司的成人教育工作日益发展，整个20世纪20年代，英国家庭阅读联合会活动次数减少，并在1930年宣布结束[①]。英国家庭阅读联合会读书会网络的建立为英国读书会的发展奠定了良好的社会基础，积累了管理经验。

四、读书会的新维度——休闲

不管是前面提到的会员制读书会，还是英国家庭阅读联合会的读书会，教育和社交都是其主要功能，特别是教育功能，一直是读书会的核心，因此很多机构将其理解为成人教育团体。到了20世纪60年代，这种情况有所改变，正式的学习俱乐部已基本消失。这时的读书会开始由读者间自行松散联系而成，可能是同一社区居民组成一个读书会，也可能是朋友之间相互联系组成一个读书会。读书会的成员主要是社会经济背景和教育经历彼此非常相似的女性[②]。这个时期的读书会在一定程度上遵循英国家庭阅读联和会的读书会传统，主要在会员家中进行讨论，但也有几点改变：一是成员主要由中产阶级、受过良好教育、年龄在40岁以上的女性组成；二是由于不受相关机构宗旨的约束，读书会可以自由拓展兴趣和活动，为读书会会员特别是女性会员提供放松休息的机会。上述改变说明英国读书会在这一时期的休闲特征日益明显，成为民众休闲时光的一个选择。

---

① SNAPE R. Leisure and rise of the public library[M]. London：Library Association Publishing，1995：24-125.

② SEDO D R. Reading communities from salons to cyberspace [M]. Hampshire：Palgrave Macmillan，2011：6.

五、21世纪的英国读书会

（一）大众传媒和读书会的结合

1996年，奥普拉读书俱乐部在美国引起轰动。英国效仿奥普拉读书俱乐部，1998年推出詹姆斯·诺蒂（James Naughtie）电台读书会节目。该节目拥有50万听众，并持续增长。节目邀请作者出席活动，回答听众的问题、评论和批评意见，许多人从电台听众转变为现实读书会的实践者。2004年，理查德·马德利（Richard Madeley）和朱迪·芬尼根（Judy Finnigan）在他们的日间电视节目中开设了一个读书俱乐部栏目——"理查德和朱迪的读书俱乐部"（Richard and July's Book Club），每年冬季和夏季都会在英国流行的下午脱口秀电视节目中播出。主持人介绍精心挑选的书籍，并由两位名人嘉宾评论点评，通过Richard & Judy网站，读者可以加入讨论论坛并链接到有关书籍的作者、出版商和情节等信息[①]。"理查德和朱迪的读书俱乐部"很好地说明了书籍和电视节目结合的力量，同时说明在广泛的阅读选择和缺乏闲暇时间的时代，读者希望相关机构或个人帮助他们进行阅读选择。读书会与大众传媒的融合不仅体现在推出各种各样专门的广播读书会节目、电视读书会节目，还体现在将读书会元素融入人们的日常娱乐消遣中。读书会时常出现在流行影视剧中，比如英国连续剧《野蛮人》（The Savages），以及英国情景喜剧《读书俱乐部》（The Reading Group），以读书会作为故事背景，从另一个侧面也反映了读书会已经成为英国民众常见的场景，读书会已经成为英国民众的一种生活方式。

（二）专业机构对读书会的指导

随着英国对阅读推广的重视以及有组织的阅读活动的广泛开展，20世纪末21世纪初，一些阅读推广方面的专业协调机构应运而生，如阅读社（The Reading Agency）、开卷公司（Opening the Book）等，这些机构与图书馆以及相关机构合作，建立多个全国性的阅读项目，其中包括推动读书会发展的内容。下面对几个专门发展读书会的项目进行分析。

---

① SEDO D R. Reading communities from salons to cyberspace [M]. Hampshire：Palgrave Macmillan，2011：6.

1. 图书絮语（Chatterbooks）儿童读书会项目

阅读社的"图书絮语"项目是为了帮助儿童建立终身阅读的习惯。"图书絮语"项目开始于2001年，是目前英国最大的儿童读书会网络。有1万名儿童加入"图书絮语"，这些儿童加入的读书会分布于各个图书馆和学校，由图书馆员、教师、教学助理或志愿者运作，鼓励儿童享受阅读。读书会成员年龄在4—12岁之间。"图书絮语"项目通过阅读资料、阅读交流流程等方面的具体指导帮助儿童读书会的建立。阅读社推出多种"图书絮语"阅读活动包作为读书会的阅读材料。"图书絮语"读书会通常有10—15名儿童参加，每次阅读交流应至少10分钟，大多在1—1.5小时。阅读社列出了"图书絮语"读书会的大致流程供馆员和教师参考：①10分钟的欢迎和介绍；②20分钟的主题活动；③5分钟的成人为儿童大声朗读；④10分钟选择下次分享的读物；⑤5分钟的总结时间[①]。在图书馆，"图书絮语"读书会经常每月举行一次；在学校，读书会每周或每两周举行一次。该项目推动了儿童读书会在英国的发展。

2. 人人读书会（Reading Groups for Everyone）项目

阅读社为成人读者推出的"人人读书会"项目，是一个为所有人服务的读书会网络。"人人读书会"项目提倡各读书会把自身信息放到"人人读书会"项目网站上[②]，提供英国读书会信息的一站式查询。"人人读书会"项目网站有几个比较重要的功能，比如，想加入读书会的读者可以借助该网站的邮政编码搜索工具寻找本地最近的读书会；网站为读书会提供最新的免费出版物、书籍、海报等；该网站还提供精选的阅读书目帮助读书会选择下次讨论的读物；读者可以在网站上发布书籍评论与其他读者分享自己的阅读感想；网站上也为读书会提供信息支持包来指导读书会如何设立，如何选择书籍，如何进行阅读讨论等；网站还为用户提供关于读书会的最新信息和新闻。该项目为读书会的信息传播、运营等提供丰富的信息，推动成人读书会的发展。

3. 开卷公司的读书会工具包

开卷公司也发布了读书会工具包，内容包括如何选择书籍、基本规则的制

---

① Chatterbooks [EB/OL]. [2018-03-07]. https://readingagency.org.uk/children/quick-guides/chatterbooks/.

② Reading groups for everyone[EB/OL]. [2018-03-07]. https://readinggroups.org/.

定、阅读讨论不同的切入点等，由20个不同的试点读书会开发，免费分发给英国的所有图书馆和读书会①。除了发布读书会工具包等培训素材，开卷公司领导的Branching Out 2项目还为读书会相关领域提供一系列的在线培训服务②。

（三）互联网为读书会提供新的资源和工具

20世纪末互联网的发展与普及改变了人们的生活方式，读书会也不再局限于面对面的传统读书会。在线读书会的蓬勃发展使人们超越时间和空间的局限，更广泛地参与到读书会的活动当中。例如，英国文化教育协会（British Council）开发了一个在线阅读社区项目EnCompass，使英国的读书会能够与来自世界各地的读书会进行实时交流。EnCompass旨在建立虚拟阅读社区，为成人、青少年、儿童提供一个在线读书会平台，使世界各地的读者都能这个社区在线阅读书籍，分享阅读心得，在虚拟聊天室会面，并在网站上发表评论③。有些图书馆也提供在线读书会服务，例如德比郡公共图书馆的在线读书会，每个月推荐两本主题读物，并免费提供电子书下载链接。

在互联网的环境中，在线读书会的发展和普及使读者参与读书会更加便捷。除此之外，互联网的发展还为读者参与读书会提供更多的资源和工具，各种各样的网站帮助读者更好地参与读书会和选择书籍。例如，有的网站为读者的书籍选择提供参考信息，读者在网站中输入一本喜爱的书籍，就会自动生成相似书籍的数据库供读者选择④；还有的网站，如Reader2reader（网址为http://www.reader2reader.net），供读者分享阅读感悟。这些网站为读者参与读书会和选择书籍提供了参考。

第三节 瑞典读书会的发展

在瑞典，读书会又称"学习圈"或"学习小组"（Study Circle），是瑞典大

---

① About opening the book[EB/OL]. [2018-03-07]. https://www.openingthebook.com/about.

②③ Reading Agency. A national public library development programme for reading groups[R/OL]. [2015-03-10]. http://readingagency.org.uk/about/Programme_for_reading_groups.pdf.

④ This one next [EB/OL]. [2018-08-07]. http://www.thisonenext.com/search.

众成人教育的典型形式。瑞典语中"圈"一词代表由志趣相投的人组成的小团体。根据瑞典读书会之父奥斯卡·奥尔森（Oscar Olsson）的观点，读书会最重要的特征是民众学习知识不再依赖于教师的教授，而是靠阅读、交流和讨论进行。他对读书会所下的定义是："志同道合的朋友聚在一起讨论共同感兴趣的话题或问题的小团体"[①]。依据瑞典官方1983年的统计，全国约有325 000个读书会，有290万人口参加，约占成人人口总数的48%[②]。可见读书会在瑞典之盛行。

一、发展历史

瑞典有浓厚的宗教阅读文化，瑞典读书会的发展与宗教密切相关。18世纪中叶，瑞典人的识字率高达90%，这得益于1686年《教会法》的实施，该法律规定，当地牧师每年都要组织一次对所有教区成员关于路德教义的读写和知识的评估并记录在册。瑞典的宗教文化深受虔信派的影响，虔信派教徒为了深入研究《圣经》而引入了一种新的、反思性的阅读（Reflective Reading），这种阅读和学习《圣经》的新方法通常是在当地的小团体中进行，被称为集会（conventicles）。这类反思性阅读聚会为读书会的发展奠定了基础。

民众运动（popular movement）推动读书会的产生。19世纪末瑞典社会动荡，兴起了各种民众运动，其中包括自由教会运动、禁酒运动和工人运动等。这些民众运动在瑞典的民主化发展进程中发挥了重要的作用，这些运动在早期优先发展教育工作，并且采用了反思性阅读的方式。受来自美国的肖托夸运动（Chautauqua）和英国教会意识形态的影响，19、20世纪之交的瑞典禁酒运动中，在当地的小型学习小组中发展出一种自我教育的学习理念，这些学习小组购买书籍并分发给小组成员，定期组织会议，讨论这些书籍。读书会没有传统意义上的教师，但有一个成员担任领导者。读书会很快成为免费教育的主要方式，这也是为什么瑞典的大众教育迅速发展成为群众活动的一个重要原因。19世纪末，读书会中的成员往往来自工人阶级或下层中产阶级，到了20世纪，读书会成员扩展至各个社会阶层。

---

① BJERKAKER S. The Study Circle—For Learning and Democracy[J]. Convergence, 2006, 39（2/3）: 49-60.

② 江睿霞. 融入生活的全民运动——瑞典读书会[J]. 社教双月刊, 1995（68）: 22-26.

20世纪20年代以前，学习圈的教育理念比较自由，以过程为导向，阅读材料往往是小说。但随着活动内容逐渐改变，20世纪20—30年代的学习圈开始面向特定的主题，例如通过学习圈来学习现代农业知识或自然科学技术。而专门阅读小说的读书会（称为"文学圈"）的比例下降。

第二次世界大战时，读书会已经是瑞典最重要的成年公民教育方式，战后读书会活动发展更加迅速。1947年，瑞典政府将读书会制度化，提供经费补助读书会领导人津贴和教材费用，由10个全国性的学习协会统筹发放，推动了读书会的发展。

20世纪60—70年代，学习协会组织读书会进入职业化阶段。在此之前，学习协会对读书会的组织和管理主要依靠志愿者，容易出现管理人员质量参差不齐、更替频繁等问题。进入20世纪60—70年代，学习协会有了人员选拔标准制度、固定的人员编制、正式的工资待遇和正规的工作时间以及工作日程。学习协会对于读书会的组织和管理变得井井有条，有利于学习圈活动和协会其他学习活动的开展、监督和管理[①]。专业化的管理帮助读书会进一步健康发展。

二、瑞典读书会的特征

"瑞典读书会的特色在于鼓励自我导向的学习与充分的参与，将密集的小团体形式融合瑞典传统文化，特别是小城镇的生活与朋友、街坊的面对面谈话。"[②]具体来说，包括如下特征：

（一）高度结构化的非正式组织

读书会不是松散的团体，而是自上而下的系统的组织机构，每层部门都有各自的目标和需履行的职责。就读书会自身而言，其成员数量宜在5—20人，整个学习过程至少进行20个小时。每次学习都要有论题，并且每个读书会都要有一个领导者，发挥引导作用，刺激讨论。

（二）采取自愿参与和民主的原则

读书会遵从的教育哲学是：所有的市民都是自由独立的个体，都有权利参与社会的各项活动，但同时也对社会承担着相应的责任。因此，成人参加读书

① 郭嘉.瑞典学习圈研究[D].开封：河南大学，2008：22.
② 江睿霞.融入生活的全民运动——瑞典读书会[J].社教双月刊，1995（68）：22-26.

会都是主动和自愿的，而不是被强迫的。每个人可以根据自己的兴趣和爱好选择读书会。读书会遵循平等和民主的原则，每个人都拥有平等的发言权。参加者一起决定学习的目标、内容，阅读什么书籍，如何在团队中合作等事项，以自主讨论的方式使参与者彼此启发。

（三）内容主题多元，注重实际

读书会的内容随社会变化而变化，一开始致力于识字教育、公民政治教育，后来转向历史、文学、文化和语言方面的论题。据瑞典统计局1989年的调查，42%的成人读书会选择学习艺术，其中装饰艺术最热门，30%学习计算机、自然科学和技术，17%学习社会科学，11%学习语言[①]。尽管读书会的主题是由参加者自行决定的，但其主要目的是增长知识，解决实际问题，重视日常生活中各种技能的培养。农民组织的读书会主要是学习现代农业种植技术。还有的读书会，参加者结合地方实际，采取角色扮演的方法，扮作"当地的权威人士"，学习如何运作、管理市政当局和当地的行政区。读书会的学习与实际紧密结合，成员可以充分利用自己在读书会中学到的知识和经验，解决实际问题。

（四）活动灵活多样

读书会最显著的特点之一在于它的灵活性，营造一种轻松的学习气氛。这归功于五个因素——宽松的教学计划、非正式学习形式、集体学习环境、参加者对所学知识真正感兴趣、学习圈没有评分或考试制度[②]。既可以采取讨论法、角色扮演法，也可以采取案例分析法；就地点而言，学习圈可以在成员家中、议事大厅、咖啡馆、酒店等地开展。20世纪90年代中期以来，伴随着互联网技术支持的远程教育的发展和普及，"网上读书会"应运而生，可以在虚拟环境中进行。

三、主要推动因素——政府推动

在瑞典，读书会之所以快速发展，政府的推动是其中一个主要因素。中央政府和地方政府对读书会的补助大约占读书会总成本的百分之八九十，接受补助的读书会需符合一定的条件：

---

① 黄日强,黄宣文.瑞典成人学习圈的产生与发展[J].成人教育,2008（1）:91-94.
② 郭嘉.瑞典学习圈研究[D].开封:河南大学,2008:47.

成员不得少于5人，但以20人为限；

每期聚会20次以上，每次至少45分钟；

每期有参加者名单；

从事某一主题的研究；

依照研究组所承认的基本研究计划实施。[①]

政府的补助标准根据读书会对成员的吸引程度和持续情况而定，政府会对各读书会进行评估。同时规定领读人必须接受培训，培训的内容包括团体心理学、大众成人教育调查以及读书会教学方法等。上述举措推动了读书会的快速发展。

第四节　澳大利亚读书会的发展

读书会在澳大利亚可以追溯到19世纪的文学圈，最早成立的是1888年的布里斯班文学圈（Brisbane Literary Circle）。布里斯班文学圈是模仿肖托夸运动的产物，其主要目的是为社区提供娱乐与文化教育，传授知识，进行成人教育。在此基础上，得益于澳大利亚家庭阅读联合会（Australian Home Reading Union）和英国家庭阅读联合会在澳大利亚的发展，澳大利亚的读书会开始真正发展，可以分为三个阶段：一是家庭阅读联合会推动下的读书会社区化发展阶段；二是维多利亚成人教育委员会时期的读书会；三是21世纪社群衰退时期读书会的稳步发展。

一、读书会的社区化发展：家庭阅读联合会的推动

（一）英国家庭阅读联合会在澳洲的发展

英国家庭阅读联合会创建于1889年，旨在通过组建阅读小组来改善民众阅读，通过规定阅读书目引导不同年龄段的公民选择书籍，将公民尽可能地团结在读书会这个群体中，以便互帮互利。澳大利亚作为英国曾经的殖民地，深受英国文化政策的影响，早在1890年澳大利亚就有注册的英国家庭阅读联合会成员。1906年，英国唐宁学院教师兼联合会高层主管亚力克斯·希尔（Alex Hill）在澳大利亚进行大学巡回讲座，随后在澳大利亚成立英国家庭阅

---

①　江睿霞.融入生活的全民运动——瑞典读书会[J].社教双月刊,1995(68):22-26.

读联合会的第一个分支机构，最初共有76名成员参与，遗憾的是关于这个分支机构的活动情况无从查考。1909年亨德森小姐（Henderson）参加英格兰教育会议时了解到英国家庭阅读联合会，成立了该联合会在澳大利亚的另一个分支机构，这个分支读书会主要位于克佑（Kew）、莫尔文（Malvern）、南亚拉（South Yarra）及一些偏远地区。尽管部分读书会成立时的初衷是为了社交聚会，但是英国家庭阅读联合会的传教士使命特质使得澳大利亚分部也一直保有提高民众文学素养的使命，比如一个由城市打字员组成的读书会，这些成员文学素养相对较低，通过参加读书会学习到更多文学知识，对工作也会产生很大帮助。

（二）澳大利亚家庭阅读联合会

澳大利亚家庭阅读联合会成立于1892年，该联盟主要致力于培养非读者（non-reader）的阅读习惯。澳大利亚家庭阅读联盟通过向会员收取年费的方式运行。同英国家庭阅读联合会类似，澳大利亚家庭阅读联合会主要开展以下活动：提供各种不同主题的阅读课程和推荐书目，由悉尼大学相关老师编制，最早主要是关于科学、文学和历史方面，后来增加了澳大利亚文学、化学、生物、英国历史、希腊罗马作家等专题，最受欢迎、订阅最多的是关于"伊丽莎白时代的英国"以及关于英国作家的专题。除了提供阅读书目和课程，澳大利亚家庭阅读联合会鼓励建立本地读书会进行阅读讨论交流，出版杂志《澳大利亚家庭阅读者》（*Australian Home Reader*）。由于该联合会整合了已有的文学团体，比如成立之初就将布里斯班文学圈纳入旗下，因此发展速度比较快，到1893年，该联合会已发展了76个读书会，成员达1407人，并且分布比较广泛，见表3-1。当时澳大利亚的6个地区都有该联合会发展的读书会。

表3-1　澳大利亚家庭阅读联合会地区分布情况（1893年）

地　区	读书会数量	成员数量
新南威尔士	31	538
塔斯马尼亚	17	204
维多利亚	14	231
新西兰	6	273

地　　区	读书会数量	成员数量
南澳大利亚	7	119
昆士兰	1	41

表中数据翻译自：SEDO D R. Reading communities from salons to cyberspace[M]. Hampshire：Palgrave Macmillan，2011：69.

尽管澳大利亚家庭阅读联合会的创始人梅班克·安德森（Maybanke Anderson）希望能"提升店员或工人的自学能力，缓和阶层对立"，但是澳大利亚家庭阅读联合会在吸收商业工会作为会员方面没有作为，在促进工人阅读方面缺乏有效措施，该联盟成员绝大多数都是中产阶级。

澳大利亚家庭阅读联合会从产生之初就希望能够独立自主推动澳大利亚的社会化阅读，因此拒绝了英国家庭阅读联合会收编的建议。其发起的读书会在很多方面和英国家庭阅读联合会的读书会类似，但是也有澳大利亚的特点：除了英国文学、英国历史、莎士比亚等具有英联邦色彩的主题推荐书目，澳大利亚的读书会比较侧重自然科学，推出化学、物理、地理和矿产、生物、心理学和保健等主题的书目。

1893年之后该联合会的会员数量减少，地区分布上也主要集中在新南威尔士、昆士兰和南澳大利亚。旗下的月刊《澳大利亚家庭阅读者》的订阅费减至1先令。1898年开始逐渐被大学拓展项目（University Extension Scheme）所取代，并于1913年解散。

二、维多利亚州成人教育委员会推动下的读书会

英国家庭阅读联合会和澳大利亚家庭阅读联合会之后，对读书会发展起重要作用的首推维多利亚州成人教育委员会（Council of Adult Education，简称CAE）。成人教育委员会成立于1947年，根据维多利亚州政府立法设立，担负提供成人教育的职责。成人教育委员会通过广泛的项目和服务向维多利亚州各社区提供学习支持，以适应成人学习者不断变化的需要，是澳大利亚历史最为悠久的成人教育机构。成立之初，成人教育委员会将读书会视为远程教育的重要方式，将图书送到读书会会员手中，第一年有42个读书会加入成人教育委员会，根据米歇尔·博迪（Michale Bodey）1999年的数据显

示，成人教育委员会已经为988个读书会的11 000多名参与者提供了服务。另根据学者从成人教育委员会获得的官方统计数据，截至2000年8月，该机构已经有11 007个会员，其中95%为女性[①]。根据官网最新数据显示，会员约7000余人[②]。尽管成人教育委员会产生之初是以维多利亚地区为主，今天其会员已经扩展到澳大利亚各个地区，每天约有500本书从成人教育委员会总部发往澳大利亚各个地区。

成人教育委员会主要为读书会会员提供推荐书目，该书目包括各种获奖书目，以及澳大利亚本土作家的作品，该书目定期维护。除了书目之外，成人教育委员会还为各读书会提供每种书的作者情况、讨论提纲等相关信息以方便读书会会员开展讨论，这些信息由专业人士撰写，包括部分作者。每个读书会可以从成人教育委员会的书目列表中选择书籍。成人教育委员会以收取会费形式向各读书会提供图书的借阅。随着电子书的普及，成人教育委员会也为各读书会提供电子书的借阅。

如果读书会想加入成人教育委员会，需要满足如下条件：①至少有8个会员，不得超过15个；②指定一个召集人负责与成人教育委员会进行联络；③确定感兴趣的主题、每年讨论次数和讨论地点。会费会随讨论次数不同而有所区别（讨论次数不同，意味着借还次数不同，成人教育委员会所付出的管理成本也就不同——笔者注），见表3-2。会费也会视是否为维多利亚地区读书会而有所区别，维多利亚地区之外的读书会的会费要高于维多利亚本地的读书会。

表3-2　成人教育委员会面向维多利亚地区读书会会员收费标准[③]

次数	全款	老年人	特殊人群	召集人
11次	$ 151	$ 137	$ 101	$ 87

① POOLE M. The women's chapter：women's reading groups in victoria[J]. Feminist Media Studies，2003（3）：263-281.

② About CAE book groups[EB/OL]. [2018-10-24]. https://www.cae.edu.au/book-groups/about-cae-book-groups/.

③ Enrollment and fees[EB/OL]. [2018-10-20]. https://www.cae.edu.au/book-groups/enrolments-fees/.

续表

次数	全款	老年人	特殊人群	召集人
9次	＄140	＄127	＄97	＄81
6次	＄111	＄102	＄77	＄65

注：此表译自成人教育委员会官网，表中的"＄"指的是澳元，特殊人群主要指那些享受困难补助或救济的人群。

成人教育委员会的读书会一般以社区或邻里为单元进行组织，也有面向某一特殊群体的读书会，比如有一个读书会是面向已离开墨尔本多年或者旅居国外的女性。成人教育委员会的读书会基本不进行广告宣传，入会实行推荐制度，由老会员推荐并且需要其他会员同意。成人教育委员会支持的读书会寿命都比较长，其中有读书会的运作时间长达45年。如果有居民想参加读书会，成人教育委员会会根据会员提交的年龄、兴趣、希望集会的时间等信息向居民推荐适合的读书会。

三、21世纪社群衰退中的读书会

21世纪的西方各个国家都存在"孤立化"的社会趋势，澳大利亚也不例外，社群团体的参与人数不断减少。有澳大利亚社会学家指出，澳大利亚处于个人主义增强和社群意识不断减弱的社会状况下，许多澳大利亚公民退出已经加入的俱乐部，产生恶性循环。例如安德鲁（Andrew）和柯蒂斯（Curtis）的调查数据显示服务俱乐部（比如狮子会）、童子军、志愿服务团体（如国家妇女协会、志愿消防队、归还服务联盟和共济会）都出现了大量的人员流失现象。

虽然很难找到读书会在社群衰退中所起作用的具体数据，但是有证据表明读书会在某种程度上逆转了澳大利亚社群衰退的趋势。首先，根据社会学家玛丽莲·普尔（Marilyn Poole）的报告可知，在21世纪的澳大利亚，读书团体是社区中参与度最高的艺术机构之一[①]。其次，澳大利亚ABC电视台的读书会节目得到民众积极响应也证明了读书会的积极影响。另外，各类机构支持或服务的读书会的数量并没有呈现根本性的减少，比如仅在2011—2012年，塔斯马尼

---

① POOLE M. The women's chapter：women's reading groups in victoria[J]. Feminist Media Studies ,2003（3）:263–281.

亚州立图书馆就支持了175个读书会团体，涉及1400名参与者。前文提到的重要机构CAE最新数据显示其会员约7000多人。由于民众自身对读书会有着强烈的期待和需求，所以在其他团体活动衰落的社会现状下，读书会反而一枝独秀，不断地壮大发展。这一时期读书会的特点主要体现在以下两点。

（一）读书会比较稳定

因为目前并没有对澳大利亚读书会发展情况的全国性调研研究，笔者只发现了有学者对塔斯马尼亚地区读书会发展情况的调研[1]，这一调研数据也可在一定程度上说明澳大利亚的情况。该项调研表明，在被调查的22个样本读书会中，平均运行时间为7年半，最长的已经运行30余年。除了持续时间长之外，读书会的稳定还表现在会员变化情况比较少，只有很少的一部分会员退出读书会，退出的原因主要是身体或者工作地点变化，对读书会不满意这一因素只占很小的比重。在调查的读书会会员中，77.8%的会员表示从未缺席过读书交流活动，只有1.2%的会员表示缺席过一半活动以上。上述几点充分说明在澳大利亚，读书会运作整体比较成熟稳定，会员也已经熟悉读书会文化。

（二）功能日趋多元

读书会的功能主要围绕教育展开，旨在提升民众的阅读习惯；同时读书会具有强化民众联系的功用；另外，在澳大利亚，女性读书会占比很大，读书会为女性逃离家庭工作、休闲放松提供了机会。

1. 提供智力支持

为读书会会员提供智力支持一直是读书会的核心功能，无论是最早的家庭阅读联合会，还是之后的维多利亚成人教育委员会，都以提升读者的阅读能力和品味为中心展开。进入21世纪，这一点并未改变。受访者表示他们喜欢听取别人的意见并分享阅读的想法和经验，为道德伦理话题和社会问题提供了一个安全又刺激（刺激读者思考和评论的欲望）的空间。读书会中类似头脑风暴的讨论有助于深化对读物的理解。读书会还帮助成员拓展了阅读视野。许多读书会给读者提供尝试新的作者和流派的机会。91.7%的读者认为读书会帮助他

---

① CLARKE R，HOOKWAY N，BURGESS R. Reading in community，reading for community：a survey of book clubs in regional Australia[J]. Journal of Australian Studies，2017，41（2）：171-183.

们接触到一个他们曾经完全没有可能去阅读的新领域[1]。同时读书会也会增加读者的阅读时长，使读者整年参与到不间断的阅读中去，提高了读者的阅读积极性，许多读书会的参与者通过读书会保持持续阅读，而不再仅仅是假期才有时间阅读，从而促进阅读习惯的养成。

2. 增强社会联系

读书会是一个重要的社群空间，可以帮助读者延续现有的社会关系并创造新的社会关系。读书会扩大了读者的社交圈子，当人们经历工作或家庭角色的变化时，读书会在帮助人们建立新的社会关系方面作用更为明显。已经有地方政府考虑通过建立读书会来帮助新移民融入当地社区。读书会在一定程度上，可以起到加强关系纽带的作用。21世纪的读书会已然成为一部分人的社交方式，他们将参与读书会活动作为常规的社交活动，并利用读书会来保持自己的社会关系。

3. 为女性提供休闲放松机会

澳大利亚的学者研究发现，读书会对于女性来说有其特殊意义。曾有调查表明，"女性读书会成员参加读书会不仅仅是因为智识发展和拓展社交圈，还因为读书会所提供的独特和明确的女性休闲空间。受访者表示：读书会是一个与其他女性会面，分享美食和葡萄酒的载体，参加读书会的成员可以放松自己，并获得积极的能量"[2]。因此除了前文提到的智力支持和社交途径，读书会还为女性提供了休闲放松的机会。

第五节　中外民间读书会发展特点分析

本项研究梳理的国外读书会的发展主要是基于西方国家，尽管有共性，但每个国家也有自己的特点，因此在分析的过程中，笔者并不执着于将国外每个国家的共性总结出来再进行比较，重点是通过比较，更清晰地认识我国民间读

① CLARKE R, HOOKWAY N, BURGESS R. Reading in community, reading for community: a survey of book clubs in regional Australia[J]. Journal of Australian Studies, 2017, 41（2）: 171-183.

② POOLE M. The women's chapter: women's reading groups in victoria[J]. Feminist Media Studies, 2003（3）: 263-281.

书会的发展特点。

一、教育功能长期居于主导地位，社交功能渐显

读书会本身是以阅读交流为主的团体，因此阅读和交流是其两个维度。在这两个维度中，阅读是基本维度，交流是辅助维度，或者说通过交流强化阅读学习效果，因此长期以来，读书会都被定位为学习团体。瑞典的读书会称为学习圈，英国、美国、澳大利亚早期的读书会也都是通过系统学习某一个主题的书目，然后进行讨论，深化学习效果，从而起到教育的功能。在教育匮乏的时代，读书会承担了获取知识的学校替代品功能，是没有教育资源的人们获取知识的重要途径。在我国民国时期，读书会很大程度上是为了启发民智，成人教育、民众教育是当时人们积极提倡的社会教育思想，读书会的阅读功能，在最大程度上弥补了人们正式教育的缺失。新中国成立初期的读书会承载政治学习教育和图书流通的职能，20世纪80年代的读书会则是职工读书活动的基本组织形式，强调通过读书小组提升职工文化素养和职业素养，也充分体现了教育这一色彩。在当下基本教育已经得到满足的前提下，读书会一方面继续为补充学校教育发挥作用（典型的例子便是大量涌现的亲子读书会和职业群体读书会），另一方面则在大城市社区人口流动频繁、人际关系疏离的背景下提供了一种新的社交途径。对很多人来讲，参加读书会已经不再单纯是为了获取知识和身份，而是发展出多元化的需求。作为一个平等交流的社交组织，读书会是一种理想的社交纽带，可以激发人们观点的表达，为社交深化提供机会。现在的读书会往往更容易实现人们在情感上、认知上，甚至价值观上的一致性，从而具备一种深刻的影响力。这种影响力是以往单纯以教育为核心的读书会所不具备的。国外读书会对于社交层面的关注比我国要早，从前文梳理国外读书会发展历程可知，英国自20世纪60年代开始向休闲功能转变，以小说阅读为主，美国则出现了很多侦探小说、西部小说的读书会，因此可以看出读书会不再过于强调教育功能。我国自21世纪以来，一些读书会的活动也不再以教育和学习为主，更多体现的是人们的一种休闲生活方式，一方面从读物上能够反映出来，阅读一些比较轻松的文学作品，另外也反映在读书会的活动中，除了阅读，还有大量的郊游、品茶等活动，特别是在女性读书会中，读书会的社交功能更加突出。

尽管阅读和社交是国内外民间读书会发展中的共性，但是其中有些微区别。在阅读讨论方面，我国的民间读书会更多的是采用读书报告的形式，以报告读书心得为主。民国时期周南亥对于读书会的"会"字进行了专门的解读：

> 诸位现在有读书会的组织，可说是读书的一个进步，应该特别注意这个"会"字，善用这个"会"字，所谓"会"者，凡是会员，各以读书的心得，互相交换，不是各自读各自的书而不相关。譬如十个会员，每月每人读一本书，同时能将书中所获的知识，贡献于读书会同志，那么就等于每月每人读十本书[①]。

此解读代表了我国民间读书会阅读讨论的特点，不论是民国时期、新中国成立初期、改革开放初期，还是今天的阅读交流均以报告读书心得为主。反观西方的读书会，则以围绕讨论大纲进行讨论为主，在公共图书馆和一些机构编制的读书会指南中，附有讨论大纲的制定方法，部分出版社也会编制面向具体书籍的讨论题目供读书会参考。可以看出中西方在阅读交流模式的区别：我国以自我阅读感悟的表达为主，西方以围绕特定问题讨论为主。

二、发展形态从单一到多元

国外的读书会的发展一直以同人兴趣小组为基本模式，我国21世纪之前一直也是此种模式，即以小团体的讨论学习为主，人员一般控制在一定规模内（一般不超过20个人），每个月讨论一次，提前计划讨论书目和讨论大纲。但是进入21世纪，特别是2010年之后，我国的民间读书会的发展呈现出三种发展取向：一是阅读兴趣小组，二是公益性阅读推广组织，三是营利性企业。这是我国民间读书会发展中呈现的独有特点。为什么西方的读书会基本沿袭了小团体交流这一形态，而我国读书会的发展在进入21世纪后呈现出多元的特点，笔者认为主要有以下两个原因：一是进入新世纪之后，人们对阅读活动的需求急剧扩大，但是传统的阅读服务机构，比如图书馆，并没有对这类需求进行及

---

① 读书会的组织和工作[J]. 通俗文化,1940,9（5）:3-5.

时的响应。尽管中国图书馆学会阅读推广委员会做了大量工作，但是由于我国公共图书馆体系建设长期滞后，图书馆数量长期不足，不能支撑所有民众对阅读活动需求的增加，这种情况下，出现各类其他机构开展阅读活动来满足民众需求，包括营利性机构（如绘本馆），也包括非营利性的民间读书会。西方社会的公共图书馆体系比较发达，公共图书馆提供了大量的公共阅读活动，公众对公共阅读活动的需求可在图书馆得到满足，因此西方的读书会保持了阅读交流小组的特性，并没有拓展到阅读活动。

我国和西方在读书会的发展上均呈现互益公益并重的特点，区别在于：我国的互益和公益基本围绕阅读展开，从阅读发展到阅读推广，以及其他带有慈善捐助性质的公益活动，比如上海商道读书会除了成员间的阅读讨论外，还关注慈善事业，曾组织对西藏和贵州两所学校的捐书活动以及民工子弟小学闵行体育公园一日游等①。西方读书会的公益性主要体现在参与社区公众事务，这一点在美国读书会发展中尤其明显。在美国，"早期的殖民者在政府建立之前已经成了诸多慈善和其他类型的志愿团体以满足经济、社会、教育等领域的需求"②，当时很多公共事务由民间自发组织的各种团体承担。谢拉在其所著的《图书馆学引论》一书中也曾经指出，"救济贫民、消防工作、加强法制、为各户居民提供自来水——所有这些最初开始时也都是自愿结合的团体或小组。他们互相签订合同以保证个人无法提供的某些福利"③。参与社区公共事务成为各种团体的一种传统，民间读书会也不例外。民间读书会除了参与和阅读相关的公共事务，比如发起成立图书馆，也广泛关注公共设施的建设、学校的改革，今天"小小图书馆"（Little Free Library）组织读书会成员一起为社区做一件事情，也是此传统的延续。

三、推动因素分析

（一）公共图书馆发挥重要作用

通过前文我国和英美等国的读书会发展情况可以看出，公共图书馆在读书

---

① 李东来.书香社会[M].北京:北京图书馆出版社,2008:141.
② 王名,李勇,黄浩明.美国非营利组织[M].北京:社会科学文献出版社,2012:30.
③ 谢拉.图书馆学引论[M].张沙丽,译.兰州:兰州大学出版社,1986:37.

会发展中起着重要的推动作用。我国民国时期的图书馆和民教馆的图书部是组织读书会的重要力量，新中国成立初期的读书小组主要由公共图书馆推动。美国的公共图书馆在20世纪20年代为各种成人学习团体提供书目推荐等服务，名著阅读运动期间大多数图书馆都办有读书会。英国图书馆界尽管一开始和英国家庭阅读联合会的关系不是完全和睦，但是也一直推动读书会的发展。日本的公共图书馆也在读书会的发展中发挥重要作用，20世纪40年代，日本石川县立图书馆馆长田中邦造以读书会提高农村青年的阅读能力，在他的引领下读书会数量增加，读书会成为农村青年教育工作的重要组成部分。之后日本各地图书馆联合学校图书馆和出版发行机构组成读书运动推进协会，主要任务是促进读书小组的发展①。各国公共图书馆在组织发展读书会方面举措不一，但均把发展读书会作为重要工作内容。

（二）大众传媒所起作用不同

美国、英国和澳大利亚的电视读书节目引爆了读书会的成立。我国虽然也有电视读书节目，比如中央电视台的《子午书简》等，但一直不温不火。前几年爆火的《朗读者》，其重点是讲述名人朗诵者的故事，讲述朗诵者的人生感悟，书籍内容、阅读体验和阅读感悟不是重点，《朗读者》的播出带火了朗读这种阅读形式，很多图书馆、书店举行了朗读或朗诵的比赛，朗读亭也几乎成为每个图书馆的基础装备。由于节目的定位并没有放在书籍内容的讨论，因此和奥普拉的节目不同，《朗读者》引爆了人们的朗读行为，这是一种个体行为，没有引发人们的社会化阅读行为，即引发人们对书籍的讨论和交流。因节目重点不同，笔者并不是要对《朗读者》提出质疑，仅希望国内的媒体，特别是电视媒体能够在围绕书籍和深度阅读讨论方面有所尝试。

本章小结：通过本章的梳理，发现国内外的读书会均呈现教育和社交并重的特点。我国民间读书会定位呈现多元化的特点和趋势，除了互益性阅读讨论小组这一核心方向外，还呈现出公益性阅读推广组织和营利性阅读类企业的发展方向，另外，部分民间读书会在发展过程把活动内容拓展到阅读之外，比如创业平台、综合性教育平台等。我国当前尽管读书会数量快速增长，但整体数

---

① 　王淦.日本的读书会[J].新华文摘,1982(5):261–262.

量仍有待提高。在推动因素方面，国内外的公共图书馆对读书会的发展均起到了比较大的推动作用。电视传媒的读书讨论节目对西方读书会的发展起到了重要作用，我国尚未形成促进读书讨论的品牌节目。

第四章　我国民间读书会的运作

本章主要对我国民间读书会的微观运作情况进行分析，主要探讨民间读书会的主要活动，民间读书会如何进行管理，民间读书会发挥了什么功能以及民间读书会运作中存在的主要问题。本章的数据主要来源于对769家样本数据的分析，以及访谈数据和媒体报道等。

第一节　我国民间读书会的活动

为了了解我国民间读书会的主要活动，课题组对769家样本读书会的活动进行记录，注册读书会主要按照业务范围内显示的活动内容进行记录，未注册读书会则根据读书会的介绍，以及查找该具体读书会的微信推文、豆瓣等来源的相关信息进行记录。

一、整体情况

经过对民间读书会活动形式进行记录，发现我国民间读书会采取了分享会、阅读分享、专家领读＋交流、读书沙龙、专家讲座、主题讲座、阅读讨论、图书推荐、知识讲堂、朗诵赛、电影赏析等多种活动方式。为便于对读书会活动形式的研究，笔者将不同提法但性质相同的活动形式进行编码分类（见表4-1），如将"专家领读＋交流""阅读讨论"等以围绕某一主题或书籍进行阅读、讨论、分享交流为主的活动归纳为"阅读讨论"形式。通过编码后整理为阅读讨论、讲座、书目推荐、阅读指导、竞赛、作品演绎等与阅读相关的活动，以及与阅读无直接关系的拓展活动。

表4-1　我国民间读书会活动形式编码分类表

活动名称	编码后活动形式	内　　涵	性质
共读、读书分享、分享读书心得、读后感分享、专题讨论、书友互动、精读会、夜读会等	阅读讨论	会员之间的讨论互动	与阅读直接相关
历史讲座、公益讲座、公益大讲堂、安贞讲座、主题讲座、专家讲座、国学讲座、文学讲座等	讲座	邀请在某方面具有一定造诣的人针对既定主题向参与者讲授与该主题相关的内容	
书籍推荐、推荐图书、分享书单、推荐经典读物、好书推荐等	书目推荐	推荐阅读读物	
少儿导读、趣味导读、阅读指导等	阅读指导	在培养阅读兴趣、学习阅读方法、进行自主阅读、选择书目等方面向读书会成员提供服务	
征文比赛、知识竞赛、年度讲述大赛征文	竞赛	与阅读相关的竞赛活动	
朗诵、绘本剧、演讲分享、古诗朗诵、诗词吟唱、月下读诗等	作品演绎	将作品中的内容以表演形式展现	
图书展览展示、图书漂流等	其他	其他与阅读相关的活动	
电影赏析、文化行走、助学帮困、观影会、春游踏青、古典音乐赏析、艺术鉴赏	拓展活动	与阅读无直接关系的活动	与阅读无直接关系

　　笔者根据整理后的读书会活动类型表，对769家样本读书会的活动进行统计，各项活动统计情况见图4-1。

　　阅读讨论是读书会普遍采用的活动形式。统计发现，在769家民间读书会（包括207家经注册的正式组织）中，82.18%的读书会实践过"阅读讨论"形式；33.29%的读书会实践过"讲座"形式；20.94%的读书会实践过"书目推荐"形式，阅读讨论、讲座和书目推荐是读书会采用最多的三种活动形式。民间读书会的活动形式以书籍阅读、分享、交流为主，常见的如"阅读/读书分享""专题讲座""好书分享"等读书活动。但随着读书会的发展壮大，不少读书会还会举办一些与阅读不相关的辅助性拓展活动，如"助学帮困""春游踏青""观影会"等活动，也有读书会开展公益活动，"做一些健身活动，给贫困孩子送温暖，陪伴生病的孩子们减轻他们对病痛的恐惧，邀请当地有名的体育明星、主持人成立星动力篮球队去各大高校和孩子们打公益比赛等，都是我们创造出来的适合读书会成员身心成长的活动形式①"，形成阅读活动与辅助性拓展活动相结合的活动模式。

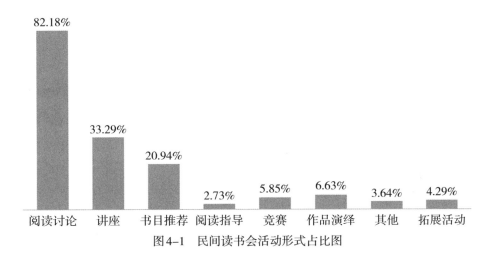

图4-1　民间读书会活动形式占比图

图表来源：笔者根据对我国民间读书会统计所得。

通过图4-1可以看出，阅读讨论、讲座和书目推荐是读书会的主要活动类型，通过进一步分析发现，尽管部分读书会将书目推荐作为重要活动之一，但书目推荐并不是其核心活动，因此本书从活动角度把我国民间读书会划分为讨论型民间读书会、讲座型民间读书会和复合型民间读书会。讨论型民间读书会又可以进一步细分为系统学习型读书会和推广讨论型读书会，下面对这四种读书会分别进行分析。

1. 系统学习型读书会

此类读书会专注于通过读书会实现自我成长，和成人教育视角下理解的读书会的理念最为接近。此类读书会的主要目的是系统学习，一般有自己的学习理念支撑整个读书会的运作，典型代表是奥林浦斯学院和同道学园。

---

① 常昕.阅读者的力量:国内知名读书会访谈录[M].北京:人民出版社,2018:19.

（1）奥林浦斯学院的系统学习模式

奥林浦斯学院创办于2014年，是为职业人士提供系统学习的非营利组织。该组织提供多个主题的学习内容，每个主题的学习时间不定，有的16周，有的12周，但均需要一段时间的系统学习。每个主题的学习均会提供核心教材和辅助教材。奥林浦斯学院的学习模式"源自哲学和教育学领域的建构主义（Constructivism）。建构主义有两个核心观点：1.学习者能够主动建构自己的知识。2.社会互动（Social Interactions）在知识建构过程中至关重要"[①]，其核心特征是所有的学习者都以彻底平等的身份，共同来完成教育中的所有任务和目标，并针对每个学习主题规定了明确的学习形式。

☞奥林浦斯学院经济学主题的学习形式

> I. 每周2个小时的自我学习。内容包括阅读核心教材的相关章节，观看课程视频，以及阅读感兴趣的延伸相关材料。
>
> II. 每周日2个小时的线下圆桌课。圆桌课的内容包括：
>
>   a. 对每章核心内容进行概括、辨析，对核心观点进行考察、分析与批判；
>
>   b. 对困惑不解之处进行互助友善的讨论；
>
>   c. 建立在新获得知识体系上的联系实际的延伸性讨论。

（2）同道学园的社群教育主张

同道学园由赵聚创建于2012年，是我国很有影响的民间读书会，2014年牵头成立全国读书会发展交流大会，开启了读书会交流合作的序幕，并且孵化了一系列读书会。赵聚在2018年同道成立六周年的总结中提出，同道学园的愿景是"成为一所底蕴深厚、生生不息的社会性大学"[②]，并且在重要工作中进一步提出"探索社群式教育和自我教育的创新模式"，可以看出同道学园的自我教育定位。关于其教育理念，赵聚认为"要能够激起受教育者自己的热情、活力和创造力，这是我们强调自我教育的出发点，这种自我教育大体上分为两

---

① 来自"Olympus Academy"（奥林浦斯学院）微信公众号。

② 来自"同道学园"微信公众号。

个层面：一是自我发现，发现自我不仅仅依靠自我反思，同时还要通过和他人的交流、沟通，甚至从他人身上来发现自己，通过读书会这种社群，能够有助于发现自己。二是发现自己生命需要的是什么，通过读书会的交流，把自我认识中的一些盲点慢慢剥去"[1]。在具体实践中，同道学园曾经尝试嘉宾主讲，但考虑到和自我教育理念冲突，就放弃了嘉宾主讲的方式。"嘉宾主讲会跟自我教育的目标形成冲突，因为如果老师来了，普通书友就会有依赖心理，大家听得很爽，自己却不用费劲思考和表达。自己的能力没有提高，只能别人说什么就是什么，听了好多观点，却没有独立思考的能力，所以说，后来我们的重点还是放在锻炼自己、培养自己内在能力这块。"[2]自我教育的理念也贯穿到具体的书目设计、讨论设计等环节，同道学园推出的哲学元典系列，主要阅读西方哲学经典读物，一本哲学著作会分多次精读完成，并且每次都会布置讨论题目。比如罗尔斯的《政治自由主义》的阅读讨论，截止到2019年9月1日，已经进行了12期，还没有读完。尽管此读书会没有门槛，完全免费，随时报名，但是由于书目以西方哲学经典作品为主，并且每本书要经过多次讨论，因此自然形成了一个相对稳定的成员群体。

类似的读书会还有金陵读书会、群学书院等，以阅读经典著作为重点，进行深度交流，为了保证交流效果，一般每次活动控制人数，20人以内最为常见。和同道学园类似，由于此类读书会阅读的著作学术性偏强，因此尽管读书会面向社会大众公开，但实际上由于其选题的小众化，从而带来了读者群的自然区隔，参加此类读书会的人群一般都是对经典著作，特别是人文经典著作有一定阅读兴趣的读者群体，人群相对小众。

2. 推广讨论型读书会

此类读书会以阅读讨论为主，但不同于系统学习型读书会事先确定主题，围绕某一个主题进行长时间的探索，此类读书会的阅读讨论更为随意，往往此次讨论后确定下一次要讨论的书目，讨论的书目也并不限于某一个主题或领域，此次讨论文学类书籍，下次讨论经济学书籍类似的情况比较常见。学习的系统性并不是此类读书会的重点，此类读书会通过讨论大众可能会感兴趣的书籍，从而提升公众的阅读意愿，培养公众的阅读方法。因此此类读书会在一定

---

①② 　许金晶. 领读中国[M]. 南京：江苏人民出版社，2017：181.

程度上具有公益特点，其面向的受众范围更为广阔，"一起悦读俱乐部"是此类读书会的典型代表。

"一起悦读俱乐部"由石恢创建，没有明确的主题，"希望每一位读友，都能把自己读过的好书，带来和大家分享"。"一起悦读俱乐部"立足于读友推荐读物和小型分享聚会，由于读物是读友推荐，因此其定位更加适合大众参与，从笔者对其所组织的面向成人的读书会活动的观察，发现该读书会的参与人员包括医院行政人员、桥梁工程师、杂志主编等，每周活动一次，阅读书目包括汪曾祺的《淡是最浓的人生滋味》、李泽厚的《美的历程》等，涉及主题广泛。该读书会的领读人在接受访谈时曾经提到她的纠结和困惑，"很多时候，你推荐的一些书，当下读者不理解。我有时候也在思考，我们做活动是否要迎合读者的口味？他们感兴趣的东西是否真的有价值？没有这种需求的时候，我们可不可以挖掘他们的需求，带给他们一些东西？有很多矛盾。有的时候在社区、底子比较薄的空间去做阅读推广，人家就会要求接地气一点。怎么算接地气呢？在选题上很困难。"通过这段文字可以看出此领读人的纠结主要来自于如何确定适应大众的阅读书目，该读书会已经把自己定位于一个阅读推广机构，超出了阅读兴趣小组的范畴，这类读书会采用开放方式，每次活动之前公布书目和时间地点，不设门槛，谁都可以参加。和上一类读书会不同，由于此类读书会面向的群体定位为大众，因此从活动角度讲，其公益性程度较高[①]，但是由于成员的不确定性和不稳定性，在组织阅读讨论时会面临书目选择的困难以及无人参加的尴尬。此领读人提到"我领读冯内古特的小说时，加上我只有4个人。还有一次，除了工作人员就没有人来"。笔者认为这种以小团体讨论形式进行大众阅读推广的做法和探索值得鼓励和肯定，至于运营中出现的问题，笔者认为可以按大众的阅读偏好进行初步划分，形成主题相对明确的系列阅读讨论，可能会在一定程度上解决此问题。

---

① 前文提到的同道学园除了阅读讨论之外，间或举行面向不确定性大众的阅读漂流等活动，同时还发布了培养领读人的项目，2018年推出"有识分子"项目，主办了多场"有识讲堂"和"有识书奔"，讲坛邀请著名学者讲授古希腊悲剧和奥地利学派等，并进行了视频直播，其整体活动也具有公益性。此处主要指核心活动面向用户的广泛性和不确定性，从这个角度上，推广讨论型公益性程度略高。

3.讲座型读书会

此类读书会和上文两类以小规模讨论（十几人）为主的方式不同，此类读书会主要通过举行各种活动吸引读者，讲座是其中最主要的方式，因此将其概括为讲座型读书会。此类读书会的活动规模一般比较大，没有加入门槛，"悦的读书会"是典型代表。

"悦的读书会"的创始人新琴是一个单位的会计，可能是新琴本人的背景的原因，决定了该读书会的定位主要面向大众，通过各种活动吸引大众拿起书、谈论书。该读书会的活动包括学术讲座、生活沙龙、旅行分享、传统文化赏析等各个方面。借用新琴女士的话就是"读书并不是那么沉闷和沉重的一件事，我把进入门槛降低为零，你先进来，进来之后，如果能因为我们的活动让你重新阅读，那就达到了我的目的"[①]。通过这段话可以看出，悦的读书会并不着力进行系统学习和讨论，而是通过各种活动引起民众的阅读意愿，这也是阅读推广工作的重要部分。

苏州玲珑悦社区读书会也属于此类读书会，它注册为民办非企业组织，主要面向社区居民。其在社会组织公共服务平台登记的业务范围为"在业务指导单位指导下，搭建互动平台，举办传统文化类讲座，开展文体类公益活动，开展文化交流与传播，促进园区文化发展"[②]。课题组成员访谈该读书会负责人时，其提到最多的是讲座，"我们的讲座，都是提前发布内容，讲座分上下场，中间还有曲艺表演，调动气氛，中间穿插交流，都是熟悉的人。大多是讲名著，很重要的是还要找到能讲的老师，请嘉宾要给讲师费"。从这段文字可以判断，讲座是其核心活动，主要邀请相对专业的人士进行讲读，然后进行交流活动，其中的难点在于请到合适的讲师人选。也有读书会不采用专家讲座的形式，而是让成员分享报告读书心得，比如面向青年白领的书虫部落，依照TED演讲的方式，每一期有六位成员介绍分享一本书，每个人时间不超过18分钟。这种报告读书心得的形式在我国民国时期比较普遍，今天很多以讨论为主的读书会最初也是从报告读书心得起步的。

---

① 　许金晶.领读中国[M].南京:江苏人民出版社,2017:15.

② 　笔者查询中国社会组织公共服务平台所得,网址为http://www.chinanpo.gov.cn/search/orgcx.html。

4. 复合型读书会

此类读书会既进行小规模阅读讨论，也进行面向不确定性大众的大型活动，二者并重，此类读书会的典型代表是目耕缘读书会。

目耕缘读书会创立于2013年，2013年7月28日在淮安市清江浦区民政局正式登记为社会团体，2014年1月8日在周恩来童年读书处正式挂牌，是江苏省首家注册的民间阅读组织，被评为"江苏省十佳全民阅读推广社团"，目前已成立7家分会，会员1000多人。其公开的网络渠道为微信公众号和目耕缘读书网，2014年目耕缘读书网获"江苏省全民阅读优秀新媒体推广平台"称号。目耕缘长期开展的活动有：精读沙龙、目耕缘讲读堂、好文章诵读会、阅读文化会客厅等。

（1）精读沙龙：提前定好主题与读本，并向书友发放赠书，领到书的书友在活动开始前准备发言提纲并提交到读书会审核。活动每半月举办一期，每期不超过15人，目的是让一部分会员在深度阅读中走在前列，成为目耕缘的"心脏"。

（2）讲读堂：由会内10个部轮流安排会员讲读，结尾辅以主讲人与听众交流环节，活动每月举办一期，主要面向社区居民、机关干部、大学生等群体。

（3）好文章诵读会：首先进行好文章诵读会有奖征文活动，以征文的形式向社会广泛征集好文章，评选出获奖作品后，在获奖作品中选出一部分作为现场诵读内容。该活动每年举办一次。

（4）阅读文化会客厅：邀请专家学者与读书会骨干人员进行深度交流，活动每季度举办一次。

通过目耕缘活动内容可以看出，其重点是面向不确定的公众群体，不管是讲读堂、好文章诵读会，还是阅读文化会客厅，主要是面向不确定的公众，精读沙龙主要是深度阅读讨论，但是其目的是培养目耕缘读书会的核心会员，一方面培养会员，一方面为讲读堂等公益活动提供人员支持。

二、阅读讨论

上节数据表明，阅读讨论是八成以上民间读书会采用的主要活动方式，由于各民间读书会的具体活动名称不同，因此笔者在编码过程中，统一将"以会员之间的讨论互动为主旨"的活动方式称之为"阅读讨论"，即会员围绕书籍进行阅读、讨论、分享、交流的过程。

（一）阅读讨论前期准备

阅读讨论活动的前期准备工作主要有：讨论书目的选定，是否设领读人，领读人的选定，是否向会员提供阅读指导性内容（如讨论大纲）等。

1. 讨论书目的选定

关于讨论书目的选定，基本分为三种：一是读书会成立之初已确定书目范围，如以作者名字命名的肯·威尔伯读书会，主要讨论肯·威尔伯的著作①。二是由读书会创始人/带领人/核心成员或理事会/组织机构确定书目。半城读书会成立了一个非正式委员会来决定书目的选择，线上活动的阅读书目，一部分是由组织者选择的，一部分是经过征求会员和粉丝意见挑选②。陈丹等提到"大多数读书会究竟在'读什么'，很大程度上是读书会负责人自行决定的，或小范围讨论决定的"③。三是由会员共同商讨确定书目。同道学园会长赵聚表示"读书会讨论的书目一般通过民主投票决定"，但提出了两个投票标准，"读经典"和"符合读书会定位"。正一着二读书会在其公众号中通过向给定书籍投票的方式推荐共读活动阅读书目④。

2. 领读人/主持人

在阅读活动中，领读人也可称之为主讲人，主要任务是介绍活动主题，分享主题内容，阐述个人观点，领读人分享先于与会人员交流探讨环节，起引领带动的作用。领读人通常具备一定的阅读经验或与活动主题相关的专业背景。

读书会通过两种方式选定领读人：一是从读书会内部推选。同道学园会长赵聚表示，邀请嘉宾与读书会的核心理念不一致，因此之后不再邀请嘉宾，而是通过在长期参加的会员中采取轮流领读的方式培养领读人⑤。二是邀请外界嘉宾。爱思想读书会的领读人通常来自于会员的人脉，由于读书会的会员具有

　　① 肯·威尔伯读书会[EB/OL].[2019-07-31]. https://www.douban.com/group/464693/.html.

　　② 许金晶. 领读中国[M]. 南京:江苏人民出版社,2017:126-127.

　　③ 陈丹,常昕. 中国读书会发展调查研究报告[M]. 北京:人民出版社,2019:135.

　　④ 正一着二读书会. 第二期共读活动书籍投票[EB/OL].（2019-06-18）[2019-07-31].
https://mp.weixin.qq.com/s/ZaeI3KgzZ4v5c15GfmQ3vw.html.

　　⑤ 许金晶. 领读中国[M]. 南京:江苏人民出版社,2017:184.

北京各高校的学历背景，邀请的领读人多数是在高校任教的教师或某个领域的专业人士[①]。

星期天读书会创始人安小羽提到，每期读书会都设有嘉宾，普通读者不太愿意主动分享自己的观点和看法，需要嘉宾引导[②]。领读者的作用不仅在于向参与者传授知识内容、分享经验观点，更重要的是激发参与者的兴趣，提高众人积极性，带动现场气氛，引导大家畅所欲言。发言量越大，意见越多，所讨论的问题则更广更深，阅读讨论的学习效果则越佳。

从上述几个读书会的介绍，可以看出各读书会在领读人这一环节的处理上有比较大的区别，主要在于是邀请嘉宾担任领读人，还是由读书会成员轮流担任领读人。这两种方法各有优劣，邀请嘉宾担任领读人可以在一定程度上深化阅读，但是会破坏读书会的平等交流特性，可能不符合部分读书会参与者希望获得不同于课堂教学的期待。比如某个同道学园的成员提到："参加同道的活动是从读柏拉图的《理想国》开始的。我是零起点，读柏拉图的东西也不是特别容易。古希腊的哲学，内容比较庞杂，也有深度，好在我们读书会的小伙伴，都是一种开放交流的心态。大家都在一种平等的状态下相互交流；和学校那种宣讲模式完全不同，那是老师在讲台之上，告诉你正确答案是A、B或C，这里就是开放的讨论，只要你愿意，不懂也没关系，只要你愿意认认真真地读，认认真真地参与，都会有很多的收获。"[③]可以看出，此成员非常看重平等交流。嘉宾，特别是专家型嘉宾会在一定程度上影响交流的平等性。由读书会成员轮流担任可以促进读书会成员的参与感和积极性，但是如果读书会成员对讨论环节把控不熟练，会影响讨论效果。

主持人的工作包括监控活动时间、流程，介绍活动主题、书籍或作者，公布活动规定及解释等，其主要任务是对活动质量的把控，需要具备活动策划、组织和操控能力以及一定的临场应变和即兴发挥能力。与领读人相比，主持人通常不需要较高的阅读素质或与活动主题相关的领域背景。

虽然主持人和领读人是两种角色，有各自承担的工作和责任，但也有一人

① 许金晶.领读中国[M].南京:江苏人民出版社,2017:198-205.

② 许金晶.领读中国[M].南京:江苏人民出版社,2017:227.

③ 同道学园.多元才可贵——同道学园五年实验报告[EB/OL].(2017-11-12)[2019-07-31]. http://wemedia.ifeng.com/36881353/wemedia.shtml.

承担两角的情况，如光谷读书会第一期，分享路遥长篇小说代表作《人生》的阅读讨论活动中，创始人胡渔既是当期活动的主持人，又是领读人①。

3. 阅读参考资料

阅读参考资料是指读书会在活动前期向会员提供与活动主题相关的资料，如讨论大纲、活动主题参考书目等。由于所调查的读书会数量较多，无法获取全部读书会的活动内容，为研究阅读讨论活动前是否提前向会员提供阅读指导性内容，笔者在实践阅读讨论活动的读书会中随机抽取了10家作为样本，从其最近三期的读书会预告中（截至2019年7月31日）考察提供阅读指导性内容情况，样本及调查情况如表4-2所示。

表4-2　10家抽样读书会提供阅读讨论参考资料情况表

序号	名　　称	阅读参考资料
1	尼采读书会	关于书籍内容的介绍
2	松山湖读书会	关于书籍内容和作者的介绍
3	珠海星期二读书会	关于书籍内容和作者的介绍
4	大河读书会	无
5	贤时读书会	无
6	净友读书会	关于书籍内容和作者的介绍
7	Summer的读书会	无
8	一方读书会	参考阅读书目
9	青岛清心读书会	关于书籍内容和作者的介绍
10	时光读书会	关于主题、主讲人的介绍

数据来源：上述10家读书会微信公众号和豆瓣小站。

上述10家读书会中，只有一方读书会②在活动预告中向会员提供了参考阅

---

① 全民阅读推广小组. 在光谷, 品读你我她的《人生》‖【武汉光谷读书会第1期】小结[EB/OL].（2018-02-04）[2019-07-31]. https://mp.weixin.qq.com/s/676MG5Zw0TXnLTz6u_DuHA.html.

② 一方读书会.【线下】一方读书会第八季1、2期:柏拉图《普罗塔戈拉》[EB/OL].（2019-07-14）[2019-07-31]. https://mp.weixin.qq.com/s/UPHFUxK2VXJob3k5iag7Mg.html.

读书目。尼采读书会、松山湖读书会、珠海星期二读书会、诤友读书会、青岛清心读书会、时光读书会在活动预告中仅对活动主题、所读书籍、作者或选题背景进行介绍。其余三家读书会在活动预告中未涉及除时间、地点、主题等基本活动信息外的阅读参考内容。上述10家读书会未发现关于提供阅读讨论大纲或题目的资料，可以初步认为目前部分读书会在提供阅读参考资料方面需要加大力度。民间读书会大多属于未注册的草根组织，其发展依赖于由共同兴趣聚集到一起的创始人和核心成员，专业化阅读人才缺乏，那么阅读指导性内容也主要依靠读书会的核心成员完成，但同时满足"有能力"和"有精力"完成阅读指导性内容的人员较稀缺，因此图书馆等服务机构可以从阅读参考资料提供方面进行探索尝试。

（二）阅读讨论过程

1. 讨论的基本流程

阅读讨论顾名思义重在讨论，即注重参与者之间的互动、交流，活动并非由几个少数人完成，而是依靠大家共同参与进行，将参与者的"存在感"放在首位。

贤时读书会[①]活动的主要流程是，首先每人进行30秒—1分钟的自我介绍，之后进行共读并交流想法。

弄堂灯读书会[②]常规的读书会活动流程是：首先进行自我介绍，之后是讨论交流，最后群主进行点评。主持人负责话题引导、说明读书会的各项规定及群规解释，但主持人作为普通书友参与活动，参与讨论时不具备优先级，也需举手排序发言。

后院读书会活动方式为先确定一个主讲人——可以是受邀请而来的，也可以自己提出来主讲某个主题。主讲人先用一段完整的时间介绍主题，然后大家提出问题，参与讨论。

---

① 贤时读书会. 广州贤时读书会第八期邀请函 [EB/OL].（2018-05-06）[2019-07-31]. https://mp.weixin.qq.com/s/IgoxKv4TgdsybZyOtclPng.html.

② 弄堂灯读书会. 新人必读——常规读书会流程介绍[EB/OL].（2019-01-09）[2019-07-31]. https://mp.weixin.qq.com/s/1yZ2cZ1FSXYVh_IsAYcESw.html.

光谷读书会[①]的活动主要有5个流程：首先，每位参加的会员进行自我介绍，包括职业、阅读兴趣爱好等；其次，主持人、领读人分享本期主题；第三，会员针对当期主题依次发言，畅谈心得体会，限时3分钟；第四，围绕书籍内容进行自由讨论；最后是会员现场提议下一次分享的内容。

爱读书会[②]的活动方式比较"随性"，共同商定好要讨论的书后，邀请嘉宾，可以是作者或编辑，也可以是喜欢这本书的人或专家，由嘉宾、主持人先聊一聊这本书，会员再一起讨论和互动，也有不邀请嘉宾的情况，会员坐在一起谈谈读书感受。

2. 会员发言

关于阅读讨论中是否要求会员发言，各个读书会规定不一，讨论型读书会一般都要求成员参与讨论，还有的读书会提前设计讨论题目，供会员参考，比如光谷读书会在《毛泽东选集》读书讨论活动之前建议如下：

> 大家围绕本书内容进行讨论，读书会提供以下议题：A.至少阅读第一卷里重要篇章，再参加本期读书会更好。依据个人阅读的篇章，有针对性地发表个人看法。B.理性发言，结合这类马列经典著作，个人的阅读方法、思考角度，结合若干社会现实，谈谈如何向该书作者学习，提出问题，分析问题，解决问题。C.像本书作者所倡导的：没有调查就没有发言权，反对"自由主义"。实践论、矛盾论所倡导的哲学方法论，如何应用到我们的日常工作之中。D.对于本期主题同类型题材的主题阅读感受，适当发散讨论，理性发言，有的放矢。切忌情绪化表达。[③]

（三）活动周期

笔者对769家民间读书会样本数据的收集，主要来源于微信公众号、官方网站、豆瓣网、中国社会组织公共平台等渠道，以及对少量读书会进行的详细访谈。关于每家读书会活动周期数据的获取有一定难度。多数读书会并未

---

①③　全民阅读推广小组.【读书会预告】"不忘初心"：《毛泽东选集》（第一卷）|武汉光谷读书会第18期[EB/OL].（2019-07-23）[2019-07-31]. https://mp.weixin.qq.com/s/KiL1FU 0g7rr3kFQtwRPfkA.html.

②　许金晶. 领读中国[M]. 南京：江苏人民出版社，2017：266.

明确说明其活动周期，在对其活动周期的考察上，需要通过读书会活动的报道发现其时间活动规律。但经查考，不同读书会每次活动的间隔时间、活动频率各有不同，即使是同一家读书会，也会出现早期活动规律、后期活动不规律的情况，也有最初活动时间不固定、发展成熟后有固定活动时间的情况，因此对769个读书会活动周期进行全面统计的难度较大。在这种情况下，笔者选择2018年全国读书会发展大会会议材料中各参会读书会的介绍文本作为主要的数据来源，该材料中共列举了58家读书会，其中有10家和本项研究关于民间读书会的界定不匹配。通过对剩余48家读书会的材料进行分析，发现20家读书会有比较稳定的活动周期，或者说拥有定期的阅读讨论活动，至于活动周期，基本每月活动一次或每周活动一次，有的读书会分线上活动和线下活动，线上活动每周活动一次，线下活动每周活动一次。尽管样本数量比较少，但可以初步认为，阅读讨论的规律性有待加强。

（四）存在问题与改进

据笔者调研，仅就读书会阅读讨论活动而言，存在的问题主要来自于以下几个方面：①会员参与活动积极性、存在感较低。光谷读书会在总结其活动存在的不足时曾提到"部分会员在参加活动前未阅读主题书籍，缺乏基本了解，影响讨论质量"[1]。星期天读书会创始人安小羽提到，每期读书会都设有嘉宾，普通读者不太愿意主动分享自己的观点和看法，需要嘉宾引导[2]。陈丹提到"领读模式"的潜在问题，因为有领读者在，其他参与者容易产生阅读惰性，本着去"听讲"和被动吸收的态度去参与读书会[3]，这会影响讨论效果。不论是由于领读导致的会员惰性，还是会员由于害羞等性格原因不愿主动分享或是只想听取他人成果不愿付出的情况，都在一定程度上说明并未形成分享阅读的大众化。②会员发言不当问题。会员参加活动表达意愿情感迫切、占用时间过长，激进反驳他人的观点，发表极端、矛盾的言论的情况时有发生。③会员对活动的态度问题。会员在参加活动前并未做好充足的准备工作，如对探讨

---

① 全民阅读推广小组. 清末民初的那些《俗世奇人》如今何处寻|武汉光谷读书会第8期总结[EB/OL].（2018-10-23）[2019-07-31]. https://mp.weixin.qq.com/s/1ZKeep30Pcor ULS HUdFO2A.html.

② 许金晶. 领读中国[M]. 南京:江苏人民出版社,2017:227.

③ 陈丹,常昕. 中国读书会发展调查研究报告[M]. 北京:人民出版社,2019:81-83.

主题缺乏基本了解，未提前阅读讨论书籍等，或是有的读者是带有其他目的如社交去参加读书会。

结合以上总结，笔者认为阅读讨论存在问题的改进方式应从"会员把控"这个角度出发。会员对所讨论主题的了解程度、自身的文化程度等决定了其言论的深浅，会员的守时观念、偏激程度、积极性等每一项都会或多或少影响活动的质量，因此在阅读讨论中，对会员发言的把控是至关重要的，既要鼓励每一名会员都要发言，调动其积极性与参与性，又要对会员的言论进行控制，避免出现极端、激进、产生矛盾的言论，还要避免某一会员过多占用讨论时间的情况。具体措施为：

（1）加大对活动组织者的培训。从阅读讨论活动的全部实践流程来看，活动前期需要组织活动的时间、地点、主题、确定主持人和领读人、制作发布预告、通知筛选参与会员等，前期工作由读书会负责人完成；活动时主要依靠主持人掌控活动时间、流程与节奏，领读人负责分享内容、控制会员讨论方向、带动会员发言积极性。因此为保证活动质量，需要对活动组织者——读书会负责人、主持人、领读人进行相关培训。读书会负责人的培训主要集中在对互动主题的选择，是否符合会员兴趣，足够吸引会员参加，领读人和主持人的选择是否恰当，阅读指导性内容是否符合会员需求等；主持人主要是对活动控场力、语言把握、应变能力、突发事件处理能力等方面进行培训；对领读人的培训着重在于阅读经验和阅读准备上，对读者积极发言的引导必不可少。

同道学园读书会推出了"领读者"计划，将自身积累的读书会经验传授给他人，培养更多的领读者。同道学园领读者计划招募内容如下。

总体培养周期8—10个月，分为方法指导、独立领读和组织营建三个阶段。

（一）方法指导阶段

阶段目标：熟练掌握精读会、书奔[①]、讲读会操作方法，能独立组织一场高质量读书会活动。

---

① 书奔是同道学园的一种参与式学习活动方式。参与者围绕某本书中的一个观点或问题，各自提炼出若干话题，并相互讨论，拓展文本的问题边界和思想深度。——引者注

（二）独立领读阶段

目标：能独立组织一本书的系列精读活动，形成读书会初始团队。

（三）组织营建阶段

阶段目标：建立读书会的稳定运行机制，确保读书会长期持续运转。[①]

（2）加强读书会规章制度建设。规章制度建设对读书会活动的开展起到指导性和约束性的作用，为活动实践的规范化和程序化提供了可供遵循的依据和准则。规章制度中应明确阅读讨论活动形式、流程、注意事项、现场秩序、违规处罚、应急处理等内容，规范会员在活动中的发言顺序、时间、内容，是监控会员言论的重要措施。

☞ **弄堂灯读书会流程（节选）**

七、发言顺序规定

同一时间，全场读书会只能有一个人在发言，当别人在发言的时候，除了主持人觉得该发言人已经在触碰群规，或者过于啰唆的时候可以拥有特权打断之外，其他人包括主持人作为书友的身份时都必须等到发言人结束自己的发言再发言。

首先每个人的发言都必须举手向群主示意，群主会根据举手的先后顺序指示发言。群主自己在讨论中同样必须举手来排序……

八、发表讨论的内容规定

所有的书友在举手排序后都可以参与讨论，轮到自己发言的时候，请注意按照以下的结构进行发言：

1. 说明自己的论点是什么？

2. 再说明自己的论据有几点；

3. 然后可以举1—2个具有典型意义的例子来辅助说明；

4. 告诉大家"我的发言结束了"。

---

① 同道学园. 招募|听说你想办一个读书会？——同道学园读书会领读者计划[EB/OL].（2015-11-22）[2019-07-31]. https://mp.weixin.qq.com/s/07iWR7ouSA6awgrciYz8LQ.html.

九、现场秩序规定

1. 读书会不能鼓掌，如果有觉得特别赞同某位书友的言论时，可以举手向主持人示意，轮到你的顺序时，请讲话；

2. 读书会必须避免价值观判断，不能使用"好坏对错优劣"等用语对别人进行评判，可以使用"我非常赞成你的观点"或"我强烈反对你的观点"；

3. 读书会不支持说服性沟通，只能找出对方逻辑的漏洞反驳对方的观点，如果对方的逻辑无懈可击，那么无论TA的观点多么奇葩，都被读书会所认可和支持。[①]

三、其他活动

（一）讲座

讲座是指由读书会邀请在某方面具有一定造诣的人，针对既定主题向参与者讲授与该主题相关的内容，是一种一对多的活动形式。讲座以主讲人讲授为主，尾声一般设有听众解疑、交流环节。通常情况下，讲座的具体流程进度、话语权由主讲人掌控。在讲座主讲人的选择上，既可以邀请外界嘉宾，也可从读书会的内部选定。

讲座与设领读人的阅读讨论区别在于：讲座更注重主讲人的讲授，会员之间的交流探讨次之；而阅读讨论的重点是会员讨论交流的过程，领读人只起引导带领作用。

讲座这种活动形式最关键的是邀请到合适的讲师，大多读书会从外部寻找讲师，高校以及学术资源相对丰富的地区，寻找合适讲师相对容易。也有的读书会自己培养讲师团队，比如深圳市彩虹花公益小书房成立了专业的儿童阅读推广讲师团队——彩虹花讲师团，其中"家长讲座"是讲师团的重要活动之一，目的在于提高家长们的阅读引导能力[②]。

---

① 弄堂灯读书会. 新人必读——常规读书会流程介绍[EB/OL].（2019-01-09）[2019-07-31]. https://mp.weixin.qq.com/s/1yZ2cZ1FSXYVh_IsAYcESw.html.

② 彩虹花公益小书房. 项目推介|彩虹花讲师团——阅读推广服务[EB/OL].（2019-04-10）[2019-07-31]. https://mp.weixin.qq.com/s/BhYMiTmgpVAelbQLvyo5kQ.html.

（二）书目推荐

书目推荐可分为两种形式：一是读书会针对某个或某类群体对象，根据阅读需求及偏好，向其提供合理的阅读建议，推荐合适的阅读读物，简而言之就是帮助读者找到阅读读物的过程，这种形式更偏向于阅读指导；二是读书会成员根据自己的主观意愿向其他人推荐阅读读物。目前很多读书会拥有微信公众号，他们常在微信公众号中宣传所开展的活动，同时进行图书推荐。微信公众号这种传播形式赋予了民间读书会一定程度的公益色彩，通过书目推荐，读书会可以帮助不确定性的人群选择图书进行阅读。

爱思想读书会的主要活动形式之一就是"好书分享"，活动不设主讲人，参与者每人选定一本书并对书籍进行介绍及片段朗诵，大家进行现场讨论。南京多家读书会如南园读书会、金陵读书会创立之初都是通过一人分享一本书开始的①。

除了专家讲座和书目推荐，朗诵也是民间读书会经常采用的一种活动方式。对于这种形式，民间读书会业内有不同的看法，某位读书会创始人在回答"是否和别的读书会合作过"时，提及"之前关注过，但现在身边的所谓的读书会大都成了朗诵会，所以，没有合作了"。这种看法在读书会中有一定的代表性。朗诵在一定程度上可以推动阅读，但是朗诵更强调表演艺术，不注重阅读交流和讨论，因此单纯的朗诵会和本书理解的读书会有一定出入。

（三）拓展活动

读书会除举办阅读活动外，也会举办其他与阅读无直接关系的活动，在此将这些与阅读无直接关系的活动称之为拓展活动。读书会的拓展活动以社交性、娱乐性活动为主，如"观影""旅游""观展""助学帮困"等。读书会在策划拓展活动时一般会结合主要参与人群的特点，比如银龄书院主要面向老年人，其创始人薛晓萍根据老年人的特点，举办"读《红岩》爱红妆"阅读与欣赏活动，在阅读的同时向老年人传递服装搭配技巧，深受老年人喜欢。新月读书会主要面向儿童，他们发起"童书旅行团"项目进行拓展。

首先我在全国召集报名，然后我们把书寄到各个家庭，让他们先读书，读了书之后，我们来发起一场童书之旅。我们和作家联系，我们到作家的

---

① 许金晶.领读中国[M].南京：江苏人民出版社,2017:73.

家乡，因为我们选的作家的家乡是很美的一个小县城，他在这个小县城里写了一本童话书，这本童话书就在当地的古民居博物馆，很有特色。所以我们选择一个很美的地方，一个写童话书的知名作家的家乡，带着问题一路上采访，现场提问，当然中途我们还要参观周围的景点，这也是其中的一部分。每天下午我们就排练，在戏台上排练儿童剧，根据作家作品排演的儿童剧，当地的旅游局、教育局政府部门都非常配合，包括当地的民营企业家给了很大的支持，整个景区门票当天全免，2000多名观众来观看我们的演出，我们的演出是在当地的古民居戏台上演出，所以我们做了一场传输旅行。演出完了之后我们马上去跟作家交流。后来有家长说从来没有想到孩子能做这么有意义的事，所以我把这个项目叫"童书旅行团"，儿童和书一起参与，我认为这是一场真正的童话之旅。（新月姐姐访谈所得）

由于新月是一个媒体节目主持人，因此动员社会资源的能力比较强，可以策划比较有影响力的走读活动。即便其他读书会没有如新月的资源动员能力，很多读书会也在尝试开展走读活动，走读成为很多读书会的新宠。"文化行走"是南京悦的读书会的重要活动形式，读书会创始人张静开掘出晋东南、晋中与晋北多条行走路线，用"阅读—行走—交流"的方式进行深度文化寻访之旅，通过"走读"的方式获得知识[1]。苏州思迈特读书会2018年的主要活动包括走读园林、古城探寻。这里不再一一列举。

除了走读或文化行走类拓展活动，很多读书会将帮助弱势群体作为一项活动内容，南京市浦口区英华读书社、南通市崇川区虹桥街道青年社区乐龄读书沙龙、顺昌县来读书吧公益中心等正式注册在案的读书会组织将"助学帮困"（帮助贫困人员生活、学习）作为业务范围之一。

第二节　我国民间读书会的管理

上节主要分析我国民间读书会的核心活动，要保证核心活动的顺利开展，

---

① 新华报业网.南京民间读书会——蓬勃生长的民间力量[EB/OL].（2019-04-23）[2019-07-31]. http://js.xhby.net/system/2019/04/23/030948505.shtml.

需要管理上的支撑。本节重点对民间读书会的管理①进行分析。

一、管理章程制定情况

前文在介绍民国时期读书会运行特点中提到，57%的读书会制定有管理制度，管理比较规范。本课题所调研的当下769家民间读书会中，因207家是在民政部门正式注册的读书会，按照我国《社会团体登记管理条例》第十一条规定：申请登记社会团体，发起人应当向登记管理机关提交下列文件：（一）登记申请书；（二）业务主管单位的批准文件；（三）验资报告、场所使用权证明；（四）发起人和拟任负责人的基本情况、身份证明；（五）章程草案。由此可见，章程草案是正式注册读书会必须提供的文件，因此可以理解为207家注册读书会均制定有章程。对于562家未注册的样本读书会，笔者能够在公开渠道（读书会网站、微信公众号）找到章程的读书会仅有52家，占比不足10%。可能会存在部分读书会制定有章程，但未在网站等渠道公开的原因，比如澧县澧州阅读与写作学会的微信公众号"大澧州阅读与写作"中，一篇"回眸921澧州阅读与写作学会成立"推文中提到"秘书长刘平宣读学会章程"②，但并未找到其具体章程，说明该读书会有章程，但并未开放到公开平台。即便把这种情况考虑在内，我国未注册民间读书会管理规范性上也有待加强。

民间读书会章程内容详细程度不一，规范程度不同，经归纳，民间读书会章程内容主要涉及以下几个方面：

（一）读书会的宗旨、主要任务

即读书会成立的目的和意图，读书会的性质是什么，担负的责任有哪些，主要工作是什么，这些内容通常在章程的总则部分。

（二）读书会会员准入条件、权利和义务

会员准入方面，不同类型的读书会有所区别。正式注册的民间读书会以会员制为主，会员类型分为个人会员和团体会员，准入条件不高，通常缴纳会费

---

① 此处的管理是指民间读书会的内部管理，不涉及相关部门对民间读书会的管理。

② 大澧州阅读与写作.回眸921澧州阅读与写作学会成立[EB/OL].（2018-09-29）[2019-07-31]. https://mp.weixin.qq.com/s/8qd19aSqOye7eGbmutOMhA.html.

即可，有一定的入会程序。

未注册的民间读书会会员制与非会员制兼备。非会员制通常以简约、会规为主，主要涉及宗旨、活动形式、周期、主题书目等内容。会员制中，对象为个人会员，准入条件除缴费外（有的读书会无须缴纳会费，但参加活动时AA制，也归于缴费），还需满足其他条件，如热爱阅读、提交申请后委员会投票、会员介绍等。

未注册的民间读书会对已入会会员的要求较高，会员的权利和义务规定具体，制定严格的惩罚与退会要求，还有读书会根据会员的活跃度和贡献度进行会员等级分类，不同等级会员享有不同待遇，以此来提高会员参与积极性，确保活动保质保量地举行。在会员退出机制上，民间读书会基本以"退会自由"为标准。

（三）读书会活动内容

包括读书会的活动特点、活动形式、活动周期与频率、活动地点、阅读的内容、活动规则等内容。正式注册的民间读书会，在章程中通常只涉及大概的业务范围，并未明确具体的活动内容。而未注册的民间读书会章程中通常将活动内容具体化，如活动形式是什么（阅读讨论、书目推荐或其他），开展方式如何（线上还是线下），活动地点（固定或非固定、室内或室外），活动主题或书目，活动时间、周期与频率（时间固定与否、每次活动时长），活动流程，参与会员要求（提前阅读书目、了解活动主题等），活动后续（整理现场情况、活动报道等）等。

☞"我们的"读书会章程（第二章　活动流程）

　　第五条　协会活动流程

　　（一）协助会员制定年度阅读计划，实施监督考核；

　　（二）定期组织开展书友会活动；

　　（三）每期书友会活动开展前一周，以微博或微信的方式，发布分享主题和分享书目，并对分享人或客座嘉宾个人情况进行简单介绍和说明；

　　（四）读书会活动（形式不断完善中）

1. 会员入场，登记姓名、在读书籍、进度；

2. 主持人介绍当天分享主题、分享书目、分享嘉宾；（5分钟）

3. 分享嘉宾A进行分享；（20分钟）

   分享嘉宾B进行分享；（20分钟）

   分享嘉宾C进行分享；（20分钟）

4. 茶歇（10分钟）

5. 会员提问、现场交流；（20分钟）

6. 新会员自我介绍（在读书籍简介）；（每人2分钟内）

7. 结束语，合影。（5分钟）

（五）活动后续

对活动进行图文报道，并以微信形式进行推送；

集中资源优势，组织开展专题讲座活动，组织必要的图书宣传、推荐、介绍等公益性服务活动。①

（四）读书会的组织结构

正式注册的民间读书会组织结构较为规范，读书会最高权力机构是会员代表大会（不同读书会叫法不同，会员大会、全体会员讨论会、会员全体大会等都是读书会最高权力机构），主要负责决定组织重大事项，包括制定和修改章程、选举和罢免理事、审议理事会工作和财务报告、决定终止事项等，它的执行机构是理事会，管理读书会的一切事务，设会长、副会长、秘书长等职务。在章程中，关于组织机构部分详细具体，较为完善，包括会议召开规则、相关职位任期、理事会负责人的选举罢免及职权等内容。

未注册的民间读书会设理事会作为读书会的事务管理机构，理事会设会长、副会长或理事等职务，下设负责具体工作的小组或职位，如行政官、财务官、宣传官，办公室、组织部、外联部等，其章程中明确表明读书会组织机构模式及职责。部分读书会章程未涉及组织机构内容。

---

① 我们的读书会ORC."我们的"读书会章程（试行）[EB/OL].（2017-02-20）[2019-07-31]. https://mp.weixin.qq.com/s/mu31GmSSBHxH4EX-3asE2A.html.

☞ 重庆大学MBA15读书会章程（2016版）（第六条　会员管理）

3.读书会管理设立会长、副会长各1名，会员管理委员会主席、副主席各1名，秘书长1名，行政官2名，财务官1名，宣传官正副各1名，对外联络官正副各1名，商业实战筹备官正副各1名，独立监督官1名，特约评论员若干名。（读书会组织机构，每年普选一次，采取联名推荐和个人报名方式产生候选人名单，经全体会员投票选举产生）

3.1　会长职责：协调解决涉及读书会重大事项，筹划读书会阶段性重点工作，以及章程制度等的制修订工作；

3.2　会员管理委员会主席职责：负责入会会员资格审核和违约会员的开除裁决，以及其他会员问题的裁决；

3.3　副会长、副主席：协助会长、副主席开展工作。

3.4　秘书长职责：负责读书会内部各种工作协调。

3.5　行政官职责：分别主管月度组和双月组会员分享活动开展和考核，并负责会员的招纳吸收；

3.6　财务官职责：负责涉及读书会财务事宜的处理。

3.7　宣传官职责：负责读书会豆瓣平台、微信公众号、微博等运行管理，做好读书会内外宣传工作；

3.8　对外联络官职责：负责读书会对外活动的联络和协调工作；

3.9　商业实战筹备官职责：负责读书会实战项目的统筹管控，前期论证、过程管控、风险防范等。

3.10　宣传副官、对外联络副官、商业实战筹备官职责：分别协助宣传官、对外联络官、商业实战筹备官开展工作；

3.11　独立监督官：对读书会各种工作进行独立监督，及时提出监督建议和意见；

3.12　特约评论员职责：对每天会员分享内容进行点评，并组织会员进行广泛讨论，对会员分享内容进行打分。[①]

---

① TGLW. 重庆大学MBA15读书会章程（2016版）[EB/OL].（2016-01-29）[2019-07-31]. https://mp.weixin.qq.com/s/BQHktiJzuIl7relE0jq7uA.html.

（五）经费

正式注册的民间读书会经费来源较广，包括：会费、捐赠、政府资助、在核准的业务范围内开展活动或服务的收入、利息及其他合法收入等，会费较高，资金较多，有严格的财务管理制度，通常配备专业的会计人员，对资产管理方面的规定细致严谨。

未注册的民间读书会章程的经费部分主要包括经费来源（是否接受外界资金）、会费（是否收取会费，会费是多少）、费用支出（支出方向）三个方面，较为简单，这跟读书会的规模有很大关系。读书会规模小，活动经费有限，不涉及复杂的财务问题。

☞ **巴陵青年读书会章程（第五章　经费）**

> **第九条　巴陵青年读书会不收取任何会费**
> 1. 原则上所有活动实行"AA制"支出管理。
> 2. 读书会接受社会赞助，接受党组织和团组织拨款。[①]

二、会员管理

（一）会员开放情况

笔者通过对769家样本读书会的统计，发现大多数的民间读书会向社会公众开放，无须加入会员的限制。207家已注册民间读书会的参与人群，笔者发现仅有32家读书会明确表示业务活动在成员/会员中开展，占15%，即绝大多数读书会活动向全部社会人士开放；562家未注册的民间读书会中，有160家读书会没有查考到会员管理的信息，在剩余的402家读书会中，309家表示不对参与人群进行限制，欢迎社会各界人士参加读书会活动，此类读书会约占77%。包头"最美读书会"表示"只要喜欢读书的人，不分年龄和职业都可以加入。参加读书会的主要人员有作家、文学爱好者、普通读者，还有在校

---

① 巴陵青年读书会. 巴陵青年读书会章程[EB/OL].（2018-12-18）[2019-07-31]. https://mp.weixin.qq.com/s/VNT-71TpHvXNLQZMsP7dnw.html.

学生"（来自对创始人的访谈）。只有23%读书会实行较严格的会员登记制度，活动只对会员开放。比如重庆大学MBA15读书会不仅实行会员登记审核制度，同时设计会员积分制度，对不同积分的会员开放不同质量的读书会活动。

☞ **重庆大学MBA15读书会章程（2016版）**

第六条　会员管理

1. 读书会实行会员申请登记制度，本人提交入会申请后，经读书会会员管理委员会投票通过后方能正式入会；

……

第七条　会员积分制度

……

3. 积分应用

3.1　高层次高质量活动只对积分累计达到一定数量会员开放。

3.2　商业实战项目参与资格只对积分累计达到一定数量会员开放。

3.3　稀缺资源只对积累积分达到一定数量会员开放。

3.4　按季度进行会员积分排名，评选最佳分享会员、季度最高积分会员、年度最高积分会员，颁发证书纪念，颁发图书等奖品鼓励。[①]

（二）会员退出机制

是否对会员进行约束取决于读书会的定位，如果读书会定位为系统学习团体，为了保证学习效果，一般都会对会员的阅读情况进行约束。深圳市儿童馆员赵艺超提到："我们的读书会执行比较严格的退出机制，每周主持人都会留作业，如果某一会员没有按时提交作业，就会被踢出读书会的群，并罚款50元，当然他以后还可以申请再进会，但是那50元是不退的。实际上大家并不真正在意50元，主要以此表明来读书会进行系统学习交流是一件很严肃的事情，希望大家珍惜。必须有类似的制度，要不然很难持续下去。"（来自对赵艺

---

① TGLW. 重庆大学MBA15读书会章程（2016版）[EB/OL].（2016-01-29）[2019-07-31]. https://mp.weixin.qq.com/s/BQHktiJzuIl7relE0jq7uA.html.

超的访谈）

上文中的重庆大学MBA15读书会也规定了会员的处罚规则：

> 为保证读书会各项活动的有序开展，营造良好的读书分享活动氛围，确定如下处罚规则：
>
> 1. 对年度成长积累积分增加少于80分的会员给予开除。
>
> 2. 对年度信用积分少于60分的会员直接开除会员资格。
>
> 3. 对违背读书会遵旨、做出不利于读书会事宜的会员，经会员管理委员会裁决，给予留会察看和开除处分。①

如果读书会定位为推广型读书会，一般不对会员阅读与分享情况进行要求。笔者访谈过程中，一位读书会组织者提到"即便会员没有阅读完一本书，或者没有阅读这本书，也可以来参加活动"，希望将进入门槛降低，吸引更大范围内的读者参加，然后慢慢引导。

（三）成员流失问题

我国的民间读书会，多半属于开放式，无须报名，这种情况必然会带来人员的来来去去，某读书会成员提到"偶然路过看到广告就进来参加一下，觉得没意思下次就不来了呗"，因此这种开放式的运作，无形中会带来会员的不稳定。关于成员流失，民间读书会有两种看法，一种看法认为这是一个问题，一种看法认为会员来来去去很正常，并不会影响读书会发展。包头"最美读书会"创始人表示："读书会中遇到的最大困难就是这三年来会员来来去去，很难坚持下来，但是每年也会有新会员不断加入进来，将读书的种子播撒在读者的心里，有机会还是会发芽的，所以这也不能称作是困难。"

对于读书会这样一个相对松散灵活的民间组织，成员的变动很正常。但是也要考虑成员变动的比例，特别是核心成员流失的情况。如果仅有少数的变动，读书会组织者可以不予过多关注，但是如果会员变动过于频繁，读书会组织者需要认真分析是什么原因导致的成员变动，是成员自身工作繁忙，还是读

---

① TGLW. 重庆大学MBA15读书会章程（2016版）[EB/OL].（2016-01-29）[2019-07-31]. https://mp.weixin.qq.com/s/BQHktiJzuIl7relE0jq7uA.html.

书会没有达到成员预期等，在调查的基础上进行读书会运作方面的调整。

三、保障因素

民间读书会的发展需要有活动场地、活动经费和人力资本来支撑读书会的运作，下面对这三个方面进行分析。

（一）民间读书会的活动场地

由于大量的民间读书会是以线下活动为主，活动场地一度是民间读书会发展中面临的一个主要困难。"我们之前连找一个做活动的地方都找不到，真的是受尽人家冷眼，去跟书店谈合作，直接要求五百元的最低消费；而我们去图书馆谈场地，他们直接说不跟私人组织合作，要开介绍信来。"[1] 2014年的民间读书会观察报告将场地问题作为一个制约因素。2014年董丽娟等[2]提到由于资金不足，民间阅读组织不可能租用固定场所进行线下活动，常常以"打一枪换一个地方"的方式流动"作战"，甚至有民间阅读组织将活动地点选在公园等室外场所。2018年底笔者对参加读书会发展大会的代表进行访谈时发现，对于绝大多数读书会来说，场地问题基本能顺利解决。图书馆、书店等对于民间读书会的看法在改变，很多图书馆开始为民间读书会提供场地，书店出于引流的考虑，不仅欢迎民间读书会到书店举行活动，有的书店还自办读书会。同时也出现了新的阅读空间为读书会提供场所，比如北京的706青年空间、南京的梅园书房。

北京706青年空间：位于北京市海淀区五道口华清嘉园，青年人自发组织的公共交流空间，在这里有丰富的沙龙、青年分享会、公开课、独立电影放映、民谣演奏等活动。从创办至今一年多已经举办了将近200场活动，每一场都秉承着分享的精神。同道学园、爱思想读书会等多家读书会在此举行交流活动。

南京梅园书房[3]：位于南京玄武区梅园新村34号，从创办之初，就没有将自己标榜为一家兼容并包的公共阅读文化空间，而是一直秉承着明确的政治底

---

① 许金晶. 领读中国[M]. 南京：江苏人民出版社，2017：58.

② 董丽娟，崔凌洁，花友萍. 我国民间阅读组织的生存与发展研究[J]. 图书馆理论与实践，2017（1）：91-95.

③ 论书|小红梅·梅园书房：从社会组织服务园到公共阅读文化空间[EB/OL]. [2019-08-01]. http://www.sohu.com/a/325238872_120055860.

线和文化取舍。来梅园书房开展的活动，必须遵循以下原则：首先，至少不能反对中国共产党的领导，不表达与宪法和法律相违背的各种言论；其次，必须是非商业性质，并且其举办的活动要面向辖区居民开放；最后，读书沙龙要有较强的知识性，鸡汤类、应用心理学、成功学一类的沙龙，不在欢迎之列。南京的金陵读书会、棠棣读书会等多家读书会在此开展阅读活动。

通过对样本民间读书会活动场地的分析发现，民间读书会的活动场地集中在图书馆、书店、咖啡厅、教室、活动室（专门为开展读书会活动而寻找的场地）等地，有73家民间读书具有固定的活动场所，近八成的读书会有相对固定的活动场所，相对固定是指对活动场所性质的固定，如活动选择在图书馆、教室、学校、咖啡馆举办，但具体是哪个图书馆、教室或是咖啡馆可能会进行更换。星期天读书会创始人安小羽表示"一开始，我们没有场地支持，所以只能一场活动找一个场地。后来这反而成了我们的一个'噱头'，每次更换场地的形式很好，对于读者来说，能够一直保持新鲜感、神秘感。咖啡馆、画廊、博物馆、书店，各种文艺场所，包括朋友家里，只要有地方，空间足够大的我们都去过"[①]。对于大多数读书会来说，场地基本不成问题，部分读书会选择不固定场地主要是追求形式上的丰富，并不是不得已而为之。但是也有部分地区由于图书馆或者社区尽管愿意提供场地，但是场地风格布置不适合读书会开展活动，这就需要读书会和场地管理者进行进一步的沟通。南京的梅园书房就是在金陵读书会和棠棣读书会的帮助下对空间的布局、环境、书籍等进行完善而成。

（二）民间读书会的经费

笔者在查找参考文献的过程中发现多篇文献提到读书会的经费困境问题。董丽娟等在对我国民间阅读组织的生存与发展研究中表示资金是制约民间阅读组织生存与发展的重要因素，"调查显示，能得到政府和企业赞助的民间阅读组织寥寥无几，维持组织运转的经费主要靠会员自发捐赠或采取 AA 制，资金有限且得不到保障"[②]。谯进华调查研究民间阅读组织的困境时发现，经费不足排在所有制约民间阅读组织发展因素的首位，是目前各阅读组织面临的最大制

---

① 许金晶. 领读中国[M]. 南京：江苏人民出版社，2017：228-229.
② 董丽娟，崔凌洁，花友萍. 我国民间阅读组织的生存与发展研究[J]. 图书馆理论与实践，2017（1）：91-95.

约因素，民间阅读组织获得经费的途径主要分为会员会费或会员捐赠、筹资，企业、社会赞助，政府购买服务或资助三种[①]。为了了解到底什么样的读书会存在经费不足问题，主要表现在什么方面，笔者对访谈数据进行分析，发现民间读书会的经费不足并不是普遍现象，需要区别对待和分析。

经查考，正式注册的民间读书会的经费主要来自于会费和其他社会资助。由于其具有"社会合法性"，被社会认同，因此资金来源渠道比较广泛，除会费外，还有捐赠、政府资助、活动或服务收入、利息等其他来源。然而在未注册的民间读书会中，能够接收到外界资金捐赠的组织数量较少，仅有25家读书会获得了外来资金，这些外来资金包括政府、企业、图书馆、社区、会员个人捐赠、微信广告收入等，读书会的运营发展资金仍然主要依靠会员会费或活动AA制，甚至不少读书会依靠主办者的个人财力支持，资金来源非常有限。

在前文中提到，我国的民间读书会大多属于未注册的草根组织，在这些读书会中，八成以上民间读书会选择阅读讨论作为主要活动形式，那么举办一场活动到底需要多少钱？蔓来小院读书会赵江峰表示：组织一场活动的主要成本就是茶、饮用水，极少量电费，外加场地费（小院房租、年付），一场活动折合下来大概需要120元左右。青岛农业大学思享读书会负责人表示：组织一场活动的成本主要是物料的消耗品，每场所需资金由几十块到上千块不等。经了解，有读书会活动预告中显示，到某个咖啡馆举办小型读书活动，只需消费一杯茶饮即可。可见，一场活动的成本并不高，且通常由会员AA制或会费买单。巴陵青年读书会章程中提到，巴陵青年读书会不收取任何会费，原则上所有活动实行"AA制"支出管理[②]。民间读书会的经费困境主要来自以下几种因素。

（1）讲座等大型公益活动相关费用。部分民间读书会，特别是以举行大型公益活动为主的读书会，面向的是不特定的公众，不适合采用AA制。此类活动的成本包括场地、专家报告费、宣传材料印制费，同时需要更多的管理成本，相较于小规模讨论，此类活动需要更多的资金。如果是未注册的民间读书会，没有合法身份接受社会捐赠资助，要开展大型公益活动则会面临

---

① 谯进华. 民间阅读组织的发展、困境与行动策略 —— 以阅读组织与公共部门的关联度为中心[J]. 公共图书馆,2014（2）:24-31.

② 巴陵青年读书会. 巴陵青年读书会章程[EB/OL].（2018-12-18）[2019-07-31]. https://mp.weixin.qq.com/s/VNT-71TpHvXNLQZMsP7dnw.html.

资金困境。

（2）注册读书会人力成本。民间读书会的发展在人力上主要依靠创始人和核心成员的无偿服务，这种付出主要体现在时间、精力上，一旦他们出现主客观问题，读书会的正常运作则难以保证，事实上读书会中常体现出主办人付出为主与参与者收获为主的一种不对等关系。作为正式注册的民间组织，应该有专职的管理人员，需要支付人力报酬。由于各个读书会情况差别很大，有的读书会不存在经费问题，比如半城读书会，其创始人朱虹女士是南京大学商学院的教授，与企业家联系密切，获得企业资助相对容易，但是朱虹女士的半城读书会这种模式并不具备可复制性，大多民间读书会的创始人并不具备动员优质企业资源的能力，因此需要考虑企业赞助之外的经费来源。

综上，对于未注册的民间读书会来说，如果活动仅限于小团体讨论，基本不存在经费困难问题，但如果举行大型公益阅读活动，民间读书会则面临比较大的资金压力，因此图书馆在对此类读书会进行扶助时，可以考虑以项目的形式，对其组织的大型公益活动进行资金支持。注册的民间读书会由于能够以正常途径接受社会捐赠，申请公益创投项目等，资金情况差异较大，有的民间读书会在吸纳社会捐助方面比较顺利，有的则除了会员会费之外没有其他收入来源。但是除了会员会费，企业资助、政府购买服务、公益创投等来源应该都不稳定，民间读书会还应该考虑如何拓宽渠道，通过为特定用户群提供产品，收取一定费用。目前国内民间读书会对"公益"一词的理解不准确，将公益理解为不收费，但实际上公益组织可以收取一定的费用，考察公益最重要的指标是收入再分配。英国非营利组织阅读社向图书馆、学校提供暑期阅读的资料工具包，每份资料都有价格，比如100张证书6.75英镑，100个书签4英镑，100个冰箱贴9英镑，等等，同时提供面向教师和图书馆员的培训课程[①]。如果读书会可以设计类似的产品，那么资金来源可以增加一种新的渠道，并且切实增加民间读书会的造血功能。目前，部分读书会代表已经认识到增加自身造血功能的重要性，并且进行了一些探索，比如前文提到的新月读书会：

---

① 赵俊玲,郭腊梅,杨绍志.阅读推广:理念·方法·案例[M].北京:国家图书馆出版社,2013:200.

我们现在做了一个声音传奇图书馆，我把家里的书都拿出来，给孩子们一起来分享，我们做了一个录音棚，孩子们朗读自己喜爱的作品，做成作品送给他们。当时是做了好几期，来了很多的孩子，把我们小门的门槛都挤破了。后来我发现这其中的设备的维护、有声书的剪辑等都需要投入。为了让这个项目正常地运营下去，所以我们就采取了朗读活动免费，但是语言培训收费的方式，我们的阅读活动是免费的，但是我们会有相关的语言培训，我们有专业的老师，有专业的团队，他们可以来做培训的工作，同时兼顾我们的日常管理，目前是以这种方式来进行。

新月提到这个培训属于自身造血，通过收取一定的培训费用以抵销设备维护等方面的费用，这种尝试值得鼓励。

（三）民间读书会的人员

人员问题主要表现在两个方面：一是注册机构缺乏专职专业的管理人员。二是创始人的激励问题。多篇文献提到人员是读书会发展的主要困境之一。董丽娟等[①]提到"民间阅读组织的成员多为兼职，专职人员少之又少，缺少职业化和专业化人员"。谯进华[②]的调查研究发现深圳市有专职工作人员的阅读组织不到三成，专职人员的严重不足和专业化的阅读人才缺乏是民间阅读组织发展的制约因素，特别是在组织管理、阅读项目（品牌）策划与管理、阅读研究等方面的人才尤显不足。赵一琳[③]提出公益性民间阅读组织内部的组织者及成员大多数为兼职并非全职，还有其他的职业身份，组织人员缺乏专业化管理。尽管上述几篇文章并没有专门针对民间读书会，而是泛泛谈及民间阅读组织，但是作为民间阅读组织的重要部分，上述问题有其共性。半城读书会的创始人就曾提到："读书会经营过程中，感觉最大的问题就是人才，我到现在也没有找到一个人能够完全取代我，在公众号的选题，包括读书会一些活动的运营上

---

① 董丽娟,崔凌洁,花友萍.我国民间阅读组织的生存与发展研究[J].图书馆理论与实践,2017（1）:91–95.

② 谯进华.民间阅读组织的发展、困境与行动策略 —— 以阅读组织与公共部门的关联度为中心[J].公共图书馆,2014（2）:24–31.

③ 赵一琳.全民阅读背景下民间阅读组织运营模式问题研究[D].保定:河北大学,2017.

能独当一面"①。一方面是专业人才缺乏，另一方面是民间读书会没有足够的经济能力支持专职人员的报酬。"最关键的是人才，人才非常重要，其实我们身边有很多这样的人才，只是他们都有自己的本职工作，都是用业余时间来做这件事情，这就导致了我们在发展中遇到了瓶颈，大家都很能干，但是真要做事的时候，大家都忙自个儿的事儿，这种情况怎么办？就是我们要培养一个专职的专业的队伍，一个又专业又能专职全身心地投入的一群人。但是他们都是很优秀的人才，我们又没有相应的报酬来支付，这是很重要的一个问题。"（新月读书会）由此可见，人才问题和资金问题密切相关，因此注册民间读书会需要探索自身造血功能，才能从根本上解决人员问题。

对于未注册民间读书会，大多属于规模较小的草根组织。"中国绝大多数草根公益组织的治理模式都是个体精英统治型，或者说是创始人统治型，领导人集决策和操作于一身，在特定时期发挥了积极功能，但单靠领袖的个人魅力而不是有效的内部治理维系机构的发展，同样可能演变为'专制家长'，存在持续性问题。"②经查考，属于规模较小草根组织的民间读书会，在治理模式上确实如此，读书会的自身发展、活动开展主要依赖于创始人或长期参与的核心成员，他们是读书会的带领者和建设者，倘若读书会的核心成员具有充足的时间和精力以及一定的人脉和知识资源，这对于读书会的自身发展、活动保质保量的进行能起到积极的推动作用，如爱思想读书会，它的核心会员均毕业于北京各大高校，邀请的嘉宾和领读者都是高校教师和领域的专业人士，能够充分保证读书会活动内容的高质量。可一旦读书会的核心成员出现时间、精力等任一方面的问题，读书会就将面临活动危机，次数多了就是影响读书会持续性发展的生存问题。一位读书会参与者提到"曾听说过一些读书会因创立者自身生活的原因导致读书会解散的事例。藏书阁读书会的优点是，并不是只有一个组织者，即使创始人目前已经很少参加活动了，但活动仍继续由其他成员组织运转。在我看来，有热情、有精力去组织活动的人才是最重要的"③。因此如何保证创始人的热情是民间读书会推动者需要关注的一个问题。

---

① 许金晶. 领读中国[M]. 南京：江苏人民出版社，2017：124.
② 玉苗. 中国草根公益组织运行机制研究[M]. 武汉：武汉大学出版社，2017：20.
③ 中国图书馆网. 民间读书会：助力全民阅读[EB/OL].（2017-04-27）[2019-07-31].
http://www.chnlib.com/wenhuadongtai/2017-04/204144.html.

第三节　我国民间读书会的功能

我国民间读书会到底发挥了什么功能，是本节着力探讨的问题。按照《现代汉语词典》的定义：功能是事物或方法所发挥的最有利的作用。不同学科对功能的理解角度不同，本项研究按照《现代汉语词典》的定义理解功能的含义，强调民间读书会实际发挥的作用。

国内部分学者对民间组织的功能进行探讨，冯利从政治社会学视角、新公共管理学视角和公共经济学视角对中国草根组织的功能与价值进行过研究，最后将其归纳为对个人的功能、对民间社会的功能、对政治系统的功能和对经济系统的功能四个方面[①]。杜倩萍以"瓷娃娃"为例，重点对关注弱势群体社会组织的社会功能进行研究[②]，另外有学者研究不同领域民间组织的功能，体育社团功能研究方面成果比较多，比如尹海立对民间体育社团的功能进行研究[③]。上述研究对本项研究提供借鉴，但考虑到读书会的特点，已有研究成果并不能直接适用于读书会，因此本课题对我国民间读书会这一特定民间团体的功能进行分析。

一、数据来源和分析

本项研究中的功能主要侧重于民间读书会实际发挥的功能，对读书会章程中目标定位的文本分析只能说明民间读书会预期目标，和实际发挥的功能有一定距离，因此本项研究在回答此问题时主要依据各类访谈文本，包括对20家读书会的一手访谈资料，以及见诸书刊的二手访谈文本。

对访谈文本进行内容分析是归纳总结民间读书会功能作用的主要方式。首先，标签提取，即根据访谈的语义对涉及民间读书会功能的内容贴标签。然后，对这些标签进行总结，这就为接下来即将进行的功能维度归纳工作奠定基

---

① 冯利,章一琪.中国草根组织的功能与价值[M].北京:社会科学文献出版社,2014.

② 杜倩萍.当代中国草根非政府组织的社会功能[D].北京:中央民族大学,2011.

③ 尹海立,王留璞.论民间体育社团的社会福利功能[J].山东体育学院学报,2017,33（6）:43-47.

础。在整个提取标签、归纳总结的过程中，是由两名课题组成员背靠背合作完成，两个人各自提取标签后再进行对比分析，选择最能够表达文本含义的标签名称作为最后的结果，然后在功能总结、功能维度归纳的过程中同样背靠背合作完成，如此经过三轮的对比分析得出最终的分析结果，最大限度地客观反映访谈文本所体现出的读书会的功能内涵，见表4-3。

表4-3　访谈文本处理举例

文本样例	编码员1	编码员2	统一后的概念
杭州十点读书会参与者："参加读书会使我阅读范围进一步扩展，知识面扩大。"	扩展阅读范围	扩大阅读范围	
南园读书会创始人之一吴铭辉："第一是读了更多的书，而且很多书是以前不知道的。"	增加阅读量	扩大阅读范围	
悦的读书会会长新琴："我之前看书一点压力都没有，甚至有点闲散。那时候看悠闲的情感类小说比较多。后来做读书会做了五六期之后，邀请一位老师给我们做胡适主题的分享。他就跟我说不能老看小说，要学会看别的题材的东西。于是那段时间看得好杂，什么商业的、营销的、历史的……"	改变阅读习惯	扩大阅读范围	拓展阅读领域
海盐读书会发起人陆军："久而久之我的兴趣也有所改变，阅读的领域也更为广阔。对自己而言主要是影响了我阅读的领域，以前主要阅读文学作品，创办读书会之后，各种各样的好书都会尝试去读。"	拓宽阅读领域	拓宽阅读领域	

注：文本样例中仅列举了部分访谈内容。

随着对读书会分析的深入，可标签化功能的数量逐步缩减，大多是在原来的模板上增添新的性质。所得标签和功能逐渐达到饱和，以至于没有新的标签和功能出现。读书会功能的概念化和搜集过程到此结束。最终从资料中总结出3个概念维度、7个子维度、14个功能标签（见表4-4）。在对各类功能标签进行编码的过程中，主要参考了以下理论和观点。

表4-4　我国民间读书会功能框架

功能维度	子维度	功　　能
个人层面	阅读层面	激发阅读意愿
		拓展阅读领域
		提升阅读能力
	社会交往	深度交往
		扩大交往范围
	综合素养	表达能力
		写作能力
		尊重他人
社会层面	建设书香社会	营造阅读氛围
		带动阅读组织的成立
		集体学习
	增加社会资本	社会资本
	培育公共性	公共性
政府层面	弥补政府在公共阅读服务方面的不足	配合政府部门工作

（1）默顿的显功能和潜功能概念。作为社会学的一个理论，结构功能主义经常被用于解释社会现象。在国内外的研究中，也有部分研究采用结构功能主义范式分析民间组织的社会功能。在经过对结构功能主义的初步了解后，笔者认为采用结构功能主义范式超出了本课题组成员的学术能力范围，因此没有采用这一范式进行整体分析，但是默顿的结构功能主义的观点和提法对理解民间读书会的功能提供了借鉴。默顿提出了显功能与潜功能两个概念[1]，并进行了界定。显功能是指某一具体单元人、亚群体、社会系统和文化系统的那些有助于其调适并且是有意安排的客观后果，潜功能是指同一层次上的无意图的、未认识到的后果。笔者在对读书会功能进行编码的过程中，尽管没有采用显功能和潜功能的提法，但是实际吸纳了这种思想，比如个人层面的功能维度中，阅读层面和社会交往需求是显功能，读书会的章程宗旨中主要涉及提高阅读素养

---

[1]　默顿同时提出了功能的方向问题，正向功能和负向功能。课题组在对数据进行分析的过程中，没有发现民间读书会明显的负向功能，因此正文中没有涉及这一维度。

和交友；同时也有一些功能并不是读书会的本体功能，而是在读书会运营过程中带来的附加功能，比如提升参与人员的表达能力，形成尊重他人的良好修养等。因此课题组在进行分析时重点对访谈数据进行分析，希望在分析民间读书会显功能的同时挖掘潜功能[①]。

（2）社会组织的功能框架。民间读书会属于一种特定类型的社会组织，因此其功能带有社会组织的共性，因此笔者在分析民间读书会的功能时借鉴了冯利的功能框架。冯利将社会组织的功能总结为个人、民间社会、政治系统和经济系统四个方面。结合民间读书会的特点，笔者认为民间社会的提法不适合民间读书会，因此将其调整为社会，将政治系统调整为政府，由于民间读书会对于经济系统的功能并不明显，因此未保留经济系统，整合为从个人、社会、政府三个维度进行分析。

二、个人维度

通过对访谈资料的归纳发现，不管是读书会的创办者，还是读书会的参与者，在读书会活动过程中都有很大的收获，这是个体成员对读书会功能的直观感受。通过总结发现，读书会对个人的功能主要表现为以阅读为基础的多方位提升。

（一）阅读层面的功能

1. 激发阅读意愿

阅读意愿指个人不管是出于外在压力还是内在动力而产生的阅读欲望。读书会通过群体共染的途径，能够有效地提升读者的阅读意愿。人的社会性决定了人们之间行为的相互影响，读书会所营造的阅读氛围能够激发阅读意愿。尤其对于儿童读者来说，参加读书会能够有效地激发儿童的阅读意愿，培养儿童长期的阅读兴趣，形成阅读习惯。林凯在2018年针对浙江省儿童读书会做了问卷调查，843位受访者中有67.1%的儿童表示读书会活动"增强了对阅读的兴趣"[②]。本课题研究中访谈的亲子读书会和儿童读书会的家长也反映，通过参加读

---

① 默顿对于潜功能的解释强调无意图和未认识。严格来说，访谈数据应该属于认识到的功能，和默顿的潜功能略有出入，但本项研究对于默顿思想的借鉴主要是功能来源认识的深化，因此对潜功能采用了比较宽泛的理解。

② 林凯.2018年浙江省儿童读书会调查报告[J].教育观察,2019,8(9):58-62,74.

书会，孩子的阅读意愿得到很大的提升。廊坊亲子读书会会员表示："孩子通过参与读书会能够认识更多同龄的小伙伴，与同龄人在一起能够激发他们的阅读兴趣。"芝麻开门读书会成员表示："要不是有读书会激励，估计我们不会把书带到学校去读，现在成天书包里装着《安德的游戏》和《哈利·波特》。"

除了面向儿童的民间读书会，很多面向成年人的读书会也发挥了激发阅读意愿的作用。推广型民间读书会主要以激发阅读兴趣为主，比如前文提到的"悦的读书会"。"读书并不是那么沉闷和沉重的一件事，我把进入门槛降低为零，你先进来，进来之后，如果能因为我们的活动让你重新阅读，那就达到了我的目的。"①通过这段话可以看出，"悦的读书会"的定位在于通过各种活动引起民众的阅读意愿。除了推广活动型读书会，讨论型读书会也在一定程度上起到了激发阅读意愿的作用，一般来说，参加小团体讨论的读书会成员以热爱阅读者居多，但也有一些成员通过参加读书会培养阅读兴趣。有会员提到"一开始我只是被朋友拽来的，没有想着要去读，参加了一次活动后，觉得那本书挺有意思，这种形式也挺有收获，所以就想着有时间就过来参加"。因此，不同类型的民间读书会在激发公众阅读意愿方面所起作用尽管有所不同，但整体上都发挥了激发阅读意愿的功能。

2. 提升阅读能力

通过参加读书会可以帮助读者提升选择读物的能力、理解读物的能力和诠释能力、批判分析能力。阅读的第一步是要有适合自己的读物，选择读物的能力是阅读能力的基础。有的读书会采用成员轮流推荐图书进行讨论的方式，或者经过成员商议选定要讨论的阅读材料，无形中提升了读书会成员选择读物的能力。其次，选定书籍后阅读与讨论交流的过程其实是对读者理解读物的能力、诠释能力和批判分析能力的培养。阅读与讨论是读书会的核心要素，这就意味着在一定程度上强化了读者的提前阅读意识，每个成员应该是带着自己的思考和问题来参加读书会，在现场讨论的过程中不断提高自己的诠释能力和批判分析能力。

每次读书交流活动中参与人员角色不同，得到的锻炼和提升可能也会有所区别，一般来说，领读人或者主持人因为职责所在，需要提供讨论大纲等，因

---

① 许金晶. 领读中国[M]. 南京：江苏人民出版社，2017：15.

此在理解读物方面花工夫较多。比如金陵读书会会长宋宇飞曾提到："你必须要把这本书读完，而且要思考一下，要说什么。有的时候你读完可能不想思考，但是你要给别人讲，你必须要思考一下，总结这个书里面的作者怎么说的，你自己怎么认为的。"再比如潘麟先生读书会的组织者提到："领读人其实成长得比一般读者更快，因为他投的精力和时间更多，他肯定要花点时间自己去领悟，所以说他们都挺喜欢做领读人的。我们也会轮值的，我们看到谁读得好，比较积极的，然后就让他来带一带读书会的成员。"

即使不担任领读者或者主持人角色，由于读书会设计了讨论规则，或者每个人都要发言，这会促使成员深入思考和分析。南园读书会创始人之一的吴铭辉曾提到："……第二是读书方法的提升，以前都是自己读，现在不但要跟书交流，而且要跟其他的书友交流。以前自己读的时候感觉是浅尝辄止，一本书，自己很难谈出个一二三。但是通过办读书会，受书友们的启发以后，发现有的书要深读，要变成自己心里的东西，而不是过目就扔掉。"杭州十点读书会参与者也表示："在参加读书会的过程中，有被推荐过并且学习了像《如何阅读一本书》这样提升阅读方法的书籍，也会对其他小伙伴分享的书感兴趣。"

3. 拓展阅读领域

读书会对阅读行为的促进主要表现在两个方面：一是阅读时间的增加，二是阅读领域的扩大。阅读时间的增加比较容易理解，特别是讨论型读书会，比如"一起悦读俱乐部"成员曾表示："参加读书会，不可能都不看书，来之前肯定会找时间读一下。"除了阅读时间的增加，访谈中发现大家提得最多的是拓展阅读领域，下面列举几个访谈对象的表述。

> 参加读书会让我涉猎到不同的领域，之前我一直阅读文学、散文、哲学、自传，后来通过读书会接触到很多自己之前不太关注的领域。比如科学、运动、心理学等。（相聚星期三读书沙龙成员 salusiya）
>
> 我是因为平时读书局限，再加上身处学校的环境让我需要获取知识，需要读书，而且参加读书会可以在更多人的协助下看到优质的书，也会提高阅读效率。（相聚星期三成员 viva）
>
> 督促自己去阅读自己没那么感兴趣的书，是读书会带给我的最大变化。（一起悦读俱乐部成员 A）

参加读书会后，可以读到更多种类的书，相当于开了一扇窗。（一起悦读俱乐部成员 B）[1]

相对于阅读意愿和阅读能力，阅读领域的拓展被提及次数最多。在访谈的20个读书会成员中，19个成员提到了此项功能。本书在行文中没有将此项功能放在第一位，主要是按照"意愿—能力—行为"的逻辑顺序进行行文，但实际上拓展阅读领域是提及最多的功能，其次是阅读能力（16个）和阅读兴趣（9个）。

（二）其他方面的功能

1. 满足人际互动、深度社会交往的需求

随着读书会规模的增大，参加读书会的成员数量逐渐增多，这更加凸显了相比个人阅读，民众更愿意选择与志同道合的人共同探讨。在对邯郸读书会的采访中，其创办人谈道："创办读书会的初衷并不是完全为了读书，还可以在这个城市中认识各行各业、各种各样有意思的人。"这实际折射出人们社会交往需求的新态势。"参与民间阅读组织举办的读书会，使人际互动摆脱了以往的熟人、亲缘、业缘等传统关系，使人们以趣缘为纽带形成新的互动方式。在遵循平等、民主、共享等准则的同时，也并不会因强硬规章、感情忠诚等因素压抑人的个性和积极性。互动纽带较为松散、流动性强，但并不失深度交流，可以弥补当下社会间接交往、深度交流缺乏的不足之处。"[2]笔者访谈读书会会员时，很多会员表示参加读书会的一大收获是结识了很多志同道合的朋友，下面仅举几例说明。邯郸读书会的一个会员说："我每周都在新华书店读书，特别想跟别人交流，参加读书会之后实现了自己的这个愿望。我参加读书会的初衷就是想与更多的人交流一下，互相分享，互相学习。"相聚星期三读书会的一个会员说："通过读书会，可以对一些与自己有共同话题、有共同生活经历和价值观、志趣相投的人有更多的交集，有接触的会私下一起吃饭、聊天、跑步，生活中会有更多的沟通，所以这也是交朋友的平台。"读书会成为人们深度交流的一个平台。

---

① 根据笔者对各读书会成员的访谈资料整理。

② 报告编写组. 2017读书会发展观察年度报告[C]// 第四届全国读书会发展交流大会会刊. 北京：第四届全国读书会发展交流大会组委会，2017：163.

另外，参加民间读书会可以满足成员寻求认同感、归属感的需要。邢襄读书会的一个会员表示："读书会对我来说也是寻求认同感和归属感的一个很重要的方面。"最美书友会参与者表示："书友会带给我的氛围特别温馨和融洽，我很喜欢这样的氛围。"笔者访谈时也发现，读书会成员在描述读书会时更多地采用"我们读书会"这一提法，这也说明读书会在凝聚读者方面的作用。

2. 综合素养的提升

通过对访谈文本的分析发现，读书会成员因对读书会参与程度不同，在收获上也会有所不同，参与程度越高，其综合素养能力提升程度则越高，那些担任过领读任务的读书会成员都表示锻炼了他们的表达能力、组织能力。即便没有领读，也会提升自己的自信。有些读书会由于加入了写作环节，会员的写作能力也有提高。也有会员提到学会了倾听。这些都是参与读书会所带给他们的素养提升。

> 我担任过带领者，是我喜欢的几本书的带领。这是建立在我对图书的充分了解和对于作者的深入认识的基础之上的。而和作者、和观众的现场碰撞，更能带来思想上更深入的思考。这种工作，是充满挑战性与乐趣的工作，如果有机会，我也愿意不断地担任这样的角色。书友×××的变化是非常显著的。从开始表达时的断续到后来的流畅表达，该书友自己也将这一变化归功于沙龙。该书友现在还负责沙龙设计相关事项，可以说他也是在回馈沙龙，为沙龙付出，让沙龙得到提升，让更多人受益。该书友参与沙龙大概是两年多的时间。（相聚星期三读书沙龙成员）

> 参加读书会之前孩子比较内向，现在性格有所改变，愿意站在大家面前分享绘本故事，从怯场到大方。（廊坊亲子读书会成员）

> 我在那儿学会了倾听，我之前老是表达自己的想法，那就是极力想表现自己。后来参加了第三期之后就学会了倾听，因为每个新人都有想表达自己的愿望。我觉得聆听朋友的意见是非常好的。这是一个收获。（邢襄读书会成员）[①]

从上述表述可以看出，不同个体所感知到的读书会带给他们的变化有所不同，笔者所总结的表达能力、写作能力和尊重他人是其中提及比较多的方面，

---

① 笔者根据访谈资料整理。

还有成员提到"增强了自信",也有个别成员提到"参加读书会,心理健康了,身体各方面也没那么多不舒服了"①,等等。另外有文献②表明,读书会为成年女性提供了一个释放压力的机会,研究中提到读书会的一位主要成员在读书讨论中放声大哭,尽管该文献没有提到是否和阅读读物有关,但该文献提到此成员工作压力比较大,因此可以理解为通过读书会进行放松。这个例子相对极端,但前文提到澳大利亚学者对女性读书会的研究同样表明女性将读书会作为放松的主要方式。关于读书会的功能,个人感知丰富多样,笔者这里很难给出一个完整的功能框架,但是可以肯定的是:民间读书会在提升个人阅读素养的同时,带来了综合素养的提升。

三、社会维度

考虑到部分读书会成员可能并不会清晰地认识到读书会对社会的作用,因此社会层面的分析,不能仅依靠访谈数据。本研究在分析社会层面的功能时,结合前文提到的民间读书会的运作,通过相关理论进行挖掘,对民间读书会的社会功能进行剖析。

（一）建设书香社会

全国各地都在推进全民阅读,营造"书香校园""书香城市"的读书风尚。从阅读的社会功用角度来看,读书会的组织与发展有助于传播阅读文化,增加阅读人口数量与覆盖面积,引导现代人养成深度思考的习惯。从促进阅读的效果来看,读书会是一种小团体互动形态的研读,人们通过参加读书会,可以交流思想、倾听、分享阅读成果,进而激发阅读兴趣,培养阅读习惯,提升阅读能力。从参与对象来看,读书会是全民都可以参与的一种非正式的阅读组织,参与者因共同兴趣结合在一起,没有门槛限制,无须具备特定的学术背景。从官方到民间、从儿童到成人、从现实到网络,读书会可以遍布社会的各个角落,可以专门面向各种特定人群。读书会是推动全民阅读的有效实践形式,如进一步加以普及推广,将会更好地促进全民阅读风气的形成。

---

① 该读书会是一个心灵成长类读书会,带有心理疗愈的特点。
② 易林.伦理自我与公民意义:一个阅读社群的文化实践[J].社会科学,2017(12):68-78.

通过对读书会的组织者的访谈来看，不止一个组织者致力于将读书会作为一个社会交流平台，以此带动更多的人参与进来，促进全民阅读的社会氛围。

种德元典读书会发起人刘正平：民间各种形式的读书会，雨后春笋一般兴起，也影响了社会阅读氛围，一些代表性的读书会能够办出特色，坚持不懈地举办下去，起到良好的示范作用，会有越来越多的人加入到阅读的行列中。

燃灯者读书会创始人老段：我觉得各地自发成立的读书会，把读书人聚集起来，并做一些面对面的交流探讨，可能会影响身边的人加入到读书的行列。

海盐读书会发起人陆军：同时也能结交到一些志同道合的朋友，还能带动身边一些很少读书的朋友。多去读点书。[①]

很多读书会在成立之初把孵化读书会作为其目的之一，因此更具阅读推广内涵。还有一些读书会尽管没有把孵化读书会作为其宗旨，但是客观上起到了孵化读书会的作用，据笔者对相聚星期三读书沙龙的访谈，"帮助山东省内建立了7个类似的读书组织，包括威海读书沙龙、相聚星期六读书沙龙等"。南京的棠棣读书会则是金陵读书会的一位会员创办。据一起悦读俱乐部的石恢介绍，一位会员工作地点换到深圳后，在深圳成立了一家分会。读书会的滚雪球效应开始显现，这种效应将带来读书群体的快速增长，推动全民阅读的发展。

很多读书会成员怀着"读书会能够拓宽视野、增长知识，可以学习到自己平时不感兴趣的领域"的目的参与其中。读书会阅读讨论的自由氛围为成员们提供了一种不同于传统正式教育的学习方式。在读书会的讨论中，参加者可以在规则范围内直接与他人平等互动，每个参与者可以基于自身的经历和观点一起探讨问题和构建知识，从而使每个成员作为一个独立的个体，积极参与学习。读书会可以通过对话提供学习讨论的平台，实现集体和个人的愿景，促进学习进步和创新发展。

（二）增加社会资本

社会资本具体而言包含信任、互惠规范以及公民网络等内容。最早提出这

---

① 笔者根据访谈数据整理。

一概念的是法国社会学家皮埃尔·布迪厄（Pere Bourdieu），而帕特南（Robert D. Putnam）是这一概念的集大成者，他提出的概念和观点目前较为通行，为学界广泛认可。

帕特南认为草根组织的实践有助于增加社会资本，他认为，"社区中的个人自愿共同为增进集体利益（或公共利益）所做的努力（常常是一种志愿组织的实践）"，能够产生和积累"信任"这一社会资本[①]。公民对于公共事物的参与有助于产生自发的社会网络组织及成员间的信任和规范，这是市民社会生存所依赖的社会资本。社会资本通常被认为对个人、团体或整个社会是一种潜在资源，与物质资本、人力资本一样都是能促进生产的一种要素。物质资本是指机械、厂房等硬件；人力资本是指人的素质如技术、管理能力等；社会资本则是指一种由社会关系所带来的资源最终成为促进生产之要素，能够促进人与人之间的沟通与合作，缔造互惠、互信的规范，以期减少机会主义行为，最终对政治和经济的发展做出贡献[②]。

关于社会资本，有两个研究视角：以自我为中心的视角和以社会为中心的视角。前者研究个体性社会资本，分析个体行动者如何通过与他人的关系获得信息、观念和支持等资源；后者关注集体性社会资本，分析群体如何发展社会资本，以及社会资本如何增进社会成员的福祉和提高社会效能[③]。自帕特南开始，社团参与被看作是培育社会资本的重要机制，学界对社团（社会组织）如何增加社会资本进行了比较深入的研究，基本已经形成共识，那就是结社行为可以促进个体性社会资本和集体性社会资本的增加。本项研究认为读书会本身的交流属性天然带有增加个体性社会资本的功能，在前文个人层面功能处，尽管没有采用个体性社会资本的提法，但已经说明了对个人交往的促进功能。对于作为社会或者民间组织的读书会，对集体性社会资本的讨论更具意义，因此本部分重点分析集体性社会资本。

下面从社会资本的三个要素：社会网络、互惠规范和信任三个方面进行分析。①社会网络是个人或团体之间的关联，读书会本身是以交流为主的社会组

---

① 帕特南. 使民主运转起来[M]. 南昌：江西人民出版社，2001：195.

② 陈健民，丘海雄. 社团、社会资本与政经发展[J]. 社会学研究，1999（4）：66-76.

③ 方亚琴，夏建中. 社区治理中的社会资本培育[J]. 中国社会科学，2019（7）：64-84，205-206.

织，通过阅读讨论、举办讲座、各种拓展活动等建立人和人之间的关联，大量爱好阅读的个体成员汇聚在一起，从自学自助的社会个体向群体学习互助交往的社会关系网络发展，组成了以阅读为组织基础的社会关系网络。②关于互惠规范，在民间读书会中，特别是讨论为主的读书会，强调读书会成员之间通过共同努力，分享各自的阅读体会，形成集体学习的氛围，共同完成对阅读材料的诠释和解读。这类读书会强调每个人都应该分享观点，而分享是互惠的基础和表现形式。③最重要的方面是信任，信任的增加是社会资本积累的重要来源。持续、重复的互动是社会信任形成的主要机制，而读书会的核心特点就是固定周期的阅读交流活动，通过这种持续的阅读交流，形成连接紧密的正式网络、人际信任与合作经验，并且成员间的信任能够通过某种机制上升为普遍信任。因此，从民间读书会的特点出发，可以看出，民间读书会，特别是以讨论为主的读书会能够推动社会资本的增加。

（三）培育公共性

公共性是现代社会中的一个复杂问题，不同学者理解角度不同。本项研究采用唐文玉的界定："最基本的含义，是相对于私有性而言，存在'利他'属性，一种超越'为自己好'的私人领域的'为大家好'的性质。"①笔者认为利他是公共性的核心内容。从公共性的建构主体角度划分，可以分为个人公共性、市场组织公共性、政府公共性和社会组织公共性。社会组织在建构公共性方面有其自身特点，社会组织是个人公共性提升的中间性组织载体或具体场所，具有更强大的公共性建构力量。相较于市场组织非常态化的公共性建构，社会组织是一种以建构公共性为价值取向的公共组织，其建构公共性具有常态化的特点。相较于政府组织的权利性建构，社会组织建构公共性依赖的是自愿结社、自愿支援等非权利性的力量②。因此，作为公共性建构主体之一，社会组织在我国社会公共性建设中担负重要作用。

随着读书会的发展，国内有学者开始关注读书会如何作为建构主体建构公共性。王杨曾经通过对利群读书会的观察，提出读书会作为一个读书交流组织和平台，在其实际运作中不自觉地承担着公共性培育的角色，这项研究是第一

---

① 唐文玉.社会组织公共性与政府角色[M].北京:社会科学文献出版社,2017:11.

② 唐文玉.社会组织公共性与政府角色[M].北京:社会科学文献出版社,2017:32.

个将读书会和公共性联系起来的研究，对本研究深有启发，但是其在分析读书会公共性培育方面没有强调利他视角。任缘和李桂华选取公共图书馆、高校图书馆等发起的公共读书会作为研究对象，从独立的主体精神、自觉的公共意识、积极的公共参与和主动的公共关怀四个方面考察读书会活动中的公共性培育[①]，此项研究同样为本项研究提供参考，但是其研究的主体不是民间读书会。笔者认为应从利他属性出发，探讨民间读书会的公共性培育。

按照唐文玉的观点，社会组织的公共性具体表现为公共服务提供功能和公共言论生产功能两个方面，对于民间读书会来说，其主要通过提供公共服务实现利他属性或公共利益。本书前文将民间读书会分为互益型和公益型两类，这两类读书会所能实现的利他性程度略有区别。互益型会员制读书会让组织成员或熟人范围内的民众通过阅读交流进行集体学习，获得共同利益，因此就具有了最低限度的公共性。我国大多数民间读书会尽管采取小规模的讨论形式，但是采取开放形式，面向对象是不确定性的人群，以组织大型阅读活动为主的读书会一般也是面向不确定性的大众，因此我国的民间读书会在公共性培育方面发挥了作用。

四、政府维度

政府是社会公共服务和公共物品的主要提供者，但随着社会的发展以及政府固有的局限性，政府在提供公共服务方面表现出明显的不足，难以满足民众越来越多样化的需求，这就是"政府失灵"。而非营利组织（草根组织）能提供一定范围内的、为社区某一部分人而不是大多数人所需要的"集体物品"（公共物品）[②]。国内很多学者也认为，草根组织在分担政府职责、促进社会公平和稳定，公正、合理、高效地配置社会资源等方面发挥着积极作用。

民间读书会作为草根组织的组成部分，在弥补政府工作不足方面发挥明显作用。一起悦读俱乐部石恢曾提及"我们读书会强调对每一个人的尊重，所以他来了以后获得很多的满足感。这是我们提供的一种社会服务的功能"。民间读书会尽管并不将弥补政府失灵作为自己的责任，并且一部分民间读书会明确表明不希望与政府有过多牵涉，比如海盐读书会发起人陆军曾经提及"我们不希

---

① 任缘,李桂华.公共读书会的公共性培育[J].图书馆论坛,2020(1):46-53.
② 康晓光.君子社会——政府与社会关系研究[M].新加坡:八方文化创作室,2013:137.

望与政府部门牵扯很多，所以我们也并不打算每次都把活动安排在图书馆，而更喜欢自己找地方办活动。"但是更多的读书会组织者在发展读书会的过程中对政府秉持着互帮互助、积极配合的态度，这样的态度在一定程度上有利于读书会功能的有效发挥。半城读书会会长朱虹在访谈中提到："半城是积极配合全民阅读的组织和葛处（南京全民阅读办负责人）的工作安排的，政府现在要求读多少本书，每个读书会去领，我们半城读书会都是非常积极地参与，包括上次在雨花台搞的世界读书日活动。本来这些活动的调性跟半城定位不是特别搭，但是它确实也是关系到国家，关系到南京市政府的统一安排，我觉得每个读书会都是应该积极配合的。"[①]朱虹代表了绝大多数民间读书会的心声，通过积极配合相关政府部门的工作，民间读书会能够通过政府这个平台发挥更大作用。

第四节　不同类型民间读书会的运作

民间读书会有多种分类，这里主要按面向人群来分类进行介绍，包括面向高校师生的高校读书会、面向儿童和家长的亲子/少儿读书会、面向女性的女性读书会、面向社区居民的社区读书会。

一、高校读书会

高校读书会通常由高校中的教师或学生发起，参与者以高校辐射范围内的教师和学生为主。在本项研究的样本中，立足高校师生的读书会有94家，约占全部样本数量的12%。高校读书会的组建模式可以分为师生自发组建模式和图书馆/校职能部门牵头组建模式。

（一）师生自发组建的读书会

师生自发组建的读书会常常源于共同兴趣而聚集在一起，以阅读交流与分享为主要活动内容。它的阅读书目多样，形式灵活，不受学校其他管理部门的约束和指导，自主性较强。一般采取小团体研讨的方式进行深入讨论。

1.教师发起的读书会

教师牵头举办的读书会依托其师资优势，能够在一定程度上保证读书会开

---

① 许金晶.领读中国[M].南京:江苏人民出版社,2017:130.

办的质量及人员的数量，直接影响着读书会的发展。如教师自发组建的华中科技大学中国乡村治理研究中心读书会、中国人民大学兰台读书会、南京大学新闻传播学院读书会。教师发起的读书会以研读经典学术读物为主，一般由教师指定基本的阅读书目，定期对学术读物进行讨论。

案例　小南湖读书会——教师发起的纯学术型读书会[①]

> 　　小南湖读书会创始于2003年11月28日，由吉林大学法哲学研究所邓正来教授发起。读书会将讨论心得集结成册，以"知识与法律"为题于2005年在中国政法大学出版社出版。……从小南湖读书会的性质来看，它属于纯学术性读书会。
>
> 　　1. 活动书目选择：由读书会发起人邓正来教授指定阅读书目，所读书目包括政治哲学、社会学、科学与知识社会学、文化人类学等不同学科领域中的重要论著，真正意义上的法学论著较少。书目的安排是在考虑学生既有的思维方式和知识贮备的情况下比较有针对性地为他们设定的，但其中仍然不可避免地体现了邓正来教授本人的某些知识主张和阅读取向。
>
> 　　2. 活动周期：每月定期举办讨论活动。
>
> 　　3. 具体活动方式：小南湖读书会的活动方式为阅读讨论型，分为报告评论和自由讨论两个环节：在报告评论环节，主报告人、主评论人和其他报告人依次发言，然后由邓正来教授点评；自由讨论环节，每位在场的同学和老师都可以提问，主要针对主报告和主评论文章中涉及的问题展开讨论，提倡积极的学术批判。

　　①　此案例为笔者整合相关资料整理而成，所参考资料包括：邱昭继. 读书会与法科学生科研能力的培养[J]. 法学教育研究,2011,4（1）:256-268,414;复旦大学新闻文化网. 复旦高研院举行第十一次"小南湖跨学科读书会"[EB/OL].（2011-03-30）[2019-07-31]. http://news.fudan.edu.cn/2011/0330/27409.html;【'他山看法'】"小南湖读书小组"的动作方式[EB/OL].（2007-10-18）[2019-07-31]. https://www.douban.com/group/topic/2090972/?type=collect;班媚. 大众文化背景下大学生课外阅读取向研究[D].重庆:西南大学,2010.

活动设主持人一名（主持人负责指定发言人及控制发言时间）、主报告人一名、主评论人两名，邓正来教授担任指导老师，参与讨论的成员需提交读书报告，活动中有成员交流读后感与学习方法、师生共同讨论、导师释疑解惑，还有新书推荐环节。

具体活动流程如下：

主报告人和主评论人进行脱稿陈述，限时15分钟；

提交报告的成员依次进行发言，限时8分钟；

邓正来教授进行针对性点评。

2.学生自发组建的读书会

学生自发组建的读书会，能够比较充分地发挥学生的能动性，但是往往受学生毕业离校人员断层的影响，稳定性和延续性较差。如广州药学院在路上读书交流会、华中农业大学湖畔读书会、中南大学知行读书会等。

（二）图书馆或校职能部门牵头组建的读书会

可以分为两种模式：一是由牵头部门发起成立并自行运作的读书会，例如华中科技大学图书馆读书会、天津财经大学图书馆"思扬读书会"和广东外语外贸大学图书馆"密闭读书会"等；另一种是学生自主管理运作的读书会，但把牵头部门作为主管或指导单位，如合肥工业大学"春风读书会"、华东政法大学读书会等。这种组建模式的读书会"学生来源广泛、活动类型多样，且有文献、设备、场所、馆员等丰富而稳定的资源作为后盾，生命力比较强大，持续性较强，利于读书会的持续稳定发展"[1]。此类读书会除了阅读讨论活动之外，还广泛开展其他以推广阅读为目的的活动，比如东南大学善渊读书会举办"心语·畅听"朗读会及"向经典致敬"诵读会、策划主题书展、承办人文精品讲座[2]等。

---

① 钱军,蔡思明,张思瑶.书香满园:校园阅读推广[M].深圳:海天出版社,2017:131.
② 数据来自中国图书馆学会第一届书友会案例申报材料。

案例　湖南工业大学耘轩读书会：多种活动打造阅读交流空间[①]

成立于2014年11月，是湖南工业大学唯——个以读书交流为主的校级挂靠类社团，隶属于校团委。由国家二级心理咨询师徐明芳老师指导。耘轩读书会以"天无羽翼之痕，而飞鸟已过"为立会思想，以"立己及人"为宗旨。以静心读书为载体，为理工科学校的大学生量身打造出一片阅读分享的自由空间，开启博学之路，打开心灵之窗，共达理想之门。定期举办现场主题读书交流活动和网络主题读书互动活动。

读书会活动对会员免费，非会员收取20元费用。采取自由报名的形式参与。不定期举办主题活动，主要以读书分享会为主，同时有观影、户外采风等多种活动。

主线活动主题及活动形式

第一期　匆匆那年——说出你的故事（对自己故事的分享）

第二期　梦中的撒哈拉——三毛（三毛阅读分享）

第三期　团体心理辅导——爱与成长（关于爱与成长的讲座及讨论）

第四期　童话里的天使——顾城（顾城阅读分享）

第五期　你是人间的四月天——林徽因（林徽因阅读分享）

第六期　向上吧，青年！（特别期）讨论学习总书记讲话内容

第七期　为你，千千万万遍——《追风筝的人》阅读分享

第八期　有志青年，不负流年（先行期暨见面会）

第九期　心中的猛虎——《少年派》阅读分享

第十期　洪荒之异兽——《山海经》阅读分享

其他活动

1. 一期一会

属于书友的线下聚会，交流读书感悟心得，分享书籍等。

---

① 此案例为笔者根据该读书会微信号推文以及相关报道整理而成。

2.荐书者

暑期特别活动。邀请校内同学参与，推荐自己喜欢的一本书，推荐内容无固定格式，通过筛选将好的书籍在公众号中推荐。推送内容包括：豆瓣评分、书目信息、同学撰写的推文。

3.来日可期

二十一天线上读书打卡、暑期的线上打卡，培养读书习惯的小活动。

4.天方夜谈

线上读书交流活动：由读书会发布话题在网络社群，并提出问题，大家共同参与讨论。由于时间是周一到周五晚22—24点，顾命此名。每周末会对话题讨论回复进行总结。话题包括：奋斗、悔、读好书、生活节奏、选择等。大家在网上各抒己见，进行讨论交流。

除此之外，读书会公众号还会发布本周阅读、推荐书单、读者投稿（阅读感悟等）等相关推文。举办如读书漂流等趣味活动，并与校外机构合作举办读书交流活动，典型活动有"她从海上来"张爱玲主题读书分享会。

二、亲子/少儿读书会

亲子/少儿读书会是目前最为活跃的读书会类型，主要面向儿童和家长。一般以低幼儿童和上小学的孩子为主，年龄多为12岁以下。由于低幼儿童和小学低年级的孩子，识字不全，自身理解能力还不足，在读书会活动中不能独自读绘本或读本，因此需要由家长陪同，一起阅读、游戏，在家长的鼓励下进行活动。到小学中高年级年龄段一般不需要家长陪伴，表现为少儿读书会或儿童读书会。

亲子/少儿读书会按照其主导机构可以分为两类：一是个人或某个群体小组创办的读书会，如彩虹花公益小书房、蝴蝶妈妈读书会等；二是商业机构或非营利机构主导的读书会，比如绘本机构、童书出版社，这类读书会有蒲蒲兰绘本馆读书会、悠贝读书会等，这些读书会通过举办读书活动，扩大其在儿童、家长中的影响力，提高书籍的销量，达到双赢的局面①。

从组织规模来看，亲子/少儿读书会的组织规模大小不一，大到可能覆盖全国，小到只有三四个家庭，但多数的亲子读书会一般规模中等或较小，如江苏BLUE亲子读书会。

读书会组织方在微信或其他网络平台上发布活动通知，通知内容包括活动主题内容、活动时间、活动场所、活动限制人数、报名方式、活动具体开展形式等方面。由儿童及家长根据自身的时间安排、兴趣爱好报名参加活动。活动时由一人主持带领活动进程，一个孩子由一到两名家长陪同，在主持者的引领下与孩子共同进行阅读或阅读游戏。活动一般以绘本阅读为主，同时为了增加趣味性，吸引孩子的注意力，衍生出绘本游戏、亲子表演剧、亲子手工等活动。另外，现在也有部分亲子读书会加入了国学内容，通过吟诵来对儿童品性修养进行潜移默化的影响。

（一）个人发起的亲子/少儿读书会

此类读书会一般由家长或老师发起，组织比较零散，没有经过正式的注册，维系组织更多靠的是成员共同的兴趣与目标。由家长自发组成的亲子读书会多由某位妈妈发起，逐步号召周围妈妈一起参与，是国内较早的亲子读书会组织形式。此类读书会以其轻松、自由的阅读交流及参与方式，受到许多家长和孩子的欢迎。但因为组织活动的家长有自身的工作，时间有限，活动举行不固定等种种原因，这种交流方式只局限于局部范围举行②。老师发起的亲子读书会和妈妈发起的亲子读书会类似，但组织活动地点一般在学校内部。

表4-5 个人发起的亲子读书会基本情况（部分）

名　称	成立时间	发起人	地点	活动形式
BLUE亲子读书会	2015年	如意妈妈	江苏	绘本阅读、绘本戏剧、绘本旅行、绘本绘画、故事会
松图萌阅亲子读书会(魔法童话屋)	2015年	点墨Beryl	东莞	亲子读书会、绘本漂流、户外活动等
小书虫亲子读书会	2016年	张雷	广州	国学吟诵、表演

① 阮健英.我国大陆地区读书会实证分析[J].情报探索,2017,1（7）:62-66.

② 梁志敏.国内外亲子读书会机构对比分析[J].河南图书馆学刊,2013（10）:119-121.

续表

名　　称	成立时间	发起人	地点	活动形式
小学亲子读书会	2016年	钮鹏松	河南	亲子共读、父母共读、教育杂谈
向日葵亲子读书会	2016年	八月萑苇	深圳	主题活动、表演、亲子互动、比赛

来源：笔者根据对部分亲子/少儿读书会情况的了解而绘制。

个人发起的亲子/少儿读书会的活动内容，除了家长和孩子共读的阅读聚会之外，还有家长通过读书自我成长、分享交流（见表4-5）。每次读书都有大致的方向和主题，针对亲子教育、家庭关系的困惑和迷茫，互相交流、彼此学习，然后分享各自的感悟与收获。

1. 松图萌阅亲子读书会

松图萌阅亲子读书会2015年在东莞成立，是由点墨Beryl发起，东莞义工妈妈共同组建，旨在促进亲子阅读的公益组织。据点墨Beryl讲述，组建亲子读书会的初心是希望自己的孩子能养成一个很好的阅读习惯，并能与小朋友们分享，同时，用自己和孩子的实际行动感化身边的父母与孩子。活动内容也比较多样，包括亲子读书会、绘本大漂流、户外活动趴、手工小课堂等。开展最多的是亲子读书会活动和绘本漂流活动，参与者多为义工妈妈的孩子以及当地社区家庭。该读书会2016年共举办了18期亲子读书会活动，活动主题涉及多方面，切合孩子的成长特点，帮助孩子更好地成长。同时还举办了13期绘本大漂流活动，让孩子们在分享中收获知识与友谊。组织活动的每位妈妈都有自己的工作，大家都是挤时间来做读书会的准备工作，选择周六日其中一天来做活动。读书会举办活动大多都在当地的图书馆，由图书馆提供场地、设备，故事安排、游戏策划、手工设计都由点墨Beryl与招募的义工妈妈完成。由于义工妈妈们自身工作较忙就把活动更多地移到了线上，节省了办大活动的精力，让大家在所在地办小活动，影响力也不错。她们的行为也能感染孩子，让孩子从小就有乐于奉献的精神。在活动中许多孩子获得了成长，有些孩子初次参加活动特别胆怯，经过读书会的锻炼后能勇敢上台表演交流，孩子们获得了成长[①]。

---

① 根据对松图萌阅亲子读书会发起人点墨Beryl的访谈整理。

2. 向日葵亲子读书会

向日葵亲子读书会成立于2016年，由八月雈苇组建，其做读书会的初心是想让孩子多阅读，多体验阅读带给自己的快乐。其活动形式主要为亲子共读，成立一年时间共举办了12期线下亲子读书会活动，大概为每月一次，参与家庭在10—20人左右，活动场所一般在当地的青少年活动中心。建立之初是由八月雈苇自掏腰包来支持活动，之后通过家长众筹和赞助的方式获得活动所需的资金。读书会由小到大一步步地成长起来，让更多的孩子享受到阅读的乐趣是家长们最大的心愿①。

（二）正式注册的亲子/少儿读书会

绘本的普及带来儿童阅读市场的繁荣以及对少儿读书会需求的快速增长，一些商业机构开始组织各类少儿读书会，比如各种绘本馆，比较成熟的有悠贝亲子图书馆的悠贝悦读会，每月围绕一个主题，选择优秀的童书进行精读与交流，面向0—8岁儿童家长。因为营利性企业不是本项研究的重点，这里不做深入分析。除了商业化途径之外，亲子/少儿读书会也是注册社会组织比较集中的一个领域，笔者通过对207家注册民间读书会的分析发现，27家有比较明确的目标群体，其中15家属于面向家长、儿童、少儿的，约占一半。这一类的亲子读书会在现阶段的发展规模都较大，覆盖面广，活动丰富多样，组织活动较为规范化，有自己的活动宗旨、会徽、规章制度等。但其发展模式各有不同。其特点是善于利用社会资源，活动范围广，影响深远。民间公益机构亲子读书会中发展较好的有彩虹花公益小书房、三叶草故事家族等。除了发达地区，部分欠发达地区也出现了公益亲子读书会，比如云南省的泸西县亲子读书协会、河北省的廊坊安次区公益亲子读书会等。

廊坊安次区公益亲子读书会，创立于2011年4月，是由发起人霏妈会同众多廊坊学龄前宝宝家长自发组织的、以自愿为社会学龄前儿童提供无偿帮助和服务为宗旨的、经过国家民政部门审批，正式注册成立的公益性社会团体。其读书会的主要成员涉及社会各行各业，如：教师、医生、军人、商人、公务员和外来务工者等。其通过举办公益读书活动走进社区、公益读书会走进幼儿园、公益流动绘本馆、公益图书免费赠阅、主题公益读书会等丰富多彩的

---

① 根据对向日葵亲子读书会八月雈苇的访谈整理。

社会公益性活动，大力推动全民阅读及幼儿早期阅读，培养孩子良好的阅读习惯和理解能力。读书会共举行了两百多场大型主题阅读活动，并相继开办了小桔灯少儿艺术团、"霏比寻常"专题广播、绘本涂鸦、幼儿舞蹈培训、霏妈故事会等多项公益性活动，并多次承办和参加各种公益性演出，为孩子们提供了一个良好的读书学习环境和能够自我展示的平台，让孩子们在一个相对宽松的环境氛围里相互感染良好的学习气氛，培养孩子乐观、自信、向上的生活态度和积极的集体荣誉感。参加活动的孩子和家长已达上万人，廊坊各大主流媒体也多次对读书会的活动情况进行报道，在社会上引起很多家庭的关注[①]。

三、女性读书会

女性读书会并不是指参与者以女性为主的读书会，而是围绕女性成长而成立的读书会。在所统计的769个样本中，女性读书会为45个，尽管所占比重不足10%，但也体现出女性阅读社团的初步发展。从发起方分析，女性读书会多为个人发起，也有各地妇联组织的读书会。女性读书会中注册的正式社会组织数量较少，社会组织公共服务平台中查到的为4家。从阅读活动看，女性读书会的女性特点主要体现在阅读书目上，阅读书目主要围绕女性感兴趣的文学、艺术、生活展开，女性读书会的阅读讨论规则相对较少，讲座型、朗诵型活动较多，比如泾阳女子读书会现有会员近300人，每周都会举办朗诵课程，邀请文学领域的专家传授朗诵技巧、解读名著。每周朗诵课的主要内容就是：坚持每日字词、每周绕口令练习，学习资料由专门的管理人员负责编辑整理。每月学习一篇文章，由资深的老师负责，轮流上课。此外读书会还会应邀参加相关朗读活动，比如与幼儿园合作参与朗读活动，参加朗诵晚会，等等。拓展活动也主要围绕插花、茶道、郊游等女性色彩偏浓的活动开展。下面选择两个女性读书会进行介绍和分析。

（一）半城读书会——定位中产阶层女性

半城读书会由朱红女士创办于2015年10月24日，主要面向中产女性，因为这一群体"具备了读书所需的时间、财力和情趣，但群体中的大多数人仍然缺少读书的习惯。鼓励中产阶层多读书、读好书，是培育这个群体独立性、女

---

① 根据相关报道以及读书会成员访谈整理而成。

性意识和自主意识的应有之义。我们不希望让成功学，和听上去很舒服但什么都没有的麻痹人的鸡汤，充斥着大众的阅读空间"[①]。正是由于朱红女士的这种认识，半城读书会非常注重推荐优秀的女性读本。在图书选择上，半城读书会有非正式的委员会专门负责推荐某个主题的图书，力图使阅读内容更加深度化和营养化。在推送内容上半城读书会坚持正能量，摒弃似是而非、情绪化、无逻辑的内容。通过下表半城读书会的推荐书目可以看出，推荐书目涉及文学、艺术、时政等多种类型的读物，针对女性话题，以学院派的视角关注女性和社会的关系以及生存状态。

☞ **半城读书会推荐书目（2018年6—9月）**[②]

1. 2018-06-01　《致敬民国童年》《老课本　新阅读》
2. 2018-06-02　《使女的故事》
3. 2018-06-04　《不平等的童年》
4. 2018-06-07　《廊桥遗梦》
5. 2018-06-11　《倏忽的人间四月天——回忆我的母亲林徽因》
6. 2018-06-11　《东西相遇》
7. 2018-06-20　《小王子》《女书》
8. 2018-06-22　《朝圣》《牧羊少年奇幻之旅》
9. 2018-06-24　《从城南走来——林海音传》
10. 2018-06-27　《单身女性的时代》
11. 2018-07-02　《醒来的女性》
12. 2018-07-07　《巨流河》
13. 2018-09-01　《大破局：中国经济新机遇》
14. 2018-09-04　《浮生六记》
15. 2018-09-24　《槐园梦忆》
16. 2018-09-28　《我们这个时代的怕和爱》

---

① 许金晶. 领读中国[M]. 南京：江苏人民出版社，2017：122.
② 笔者根据半城读书会微信推文整理。

除了推荐读物，半城读书会围绕女性关注的话题开展线上读书会，每周三晚上九点准时召开，有一名主持人、一名分享嘉宾、一名点评嘉宾。半城读书会还设有永慕庐论坛，为女性提供和大咖交流的机会。话题多围绕家庭教育、生活美学、女性社会形象展开。

（二）清韵女子读书会——交友为主的读书会

清韵女子读书会由王晖创办于2014年，是山东潍坊"旗袍沙龙群"里的女性自发成立的一个独立的读书会，成员数量一直维持在20人左右，从50后到80后，年龄跨度比较大。但是读书会成员有着相似的气质、爱好，正是因为这种相似性使成员们惺惺相惜，才让读书会稳定地运营下去。清韵女子读书会活动主要是线下开展手工、出游、聚会、读书感悟分享。活动地点不固定，有时是在某位成员家里，有时是在酒店，有时是以出游的形式将地点定为某个景点。比起组织机构健全的女性读书会，清韵女子读书会更像是朋友间的聚会，形式更加温馨，管理上更加自由。清韵女子读书会的阅读活动主要围绕诗词展开，微信公众号运营主要推送《诗经》等诗词以及活动记录或者是成员的个人感悟。清韵女子读书会除了诗词阅读活动之外，还举办很多郊游类活动，笔者统计了该读书会2017年1月至2018年12月期间微信公众号发布的活动报道，从中可以看出其活动的基本情况。

☞ 清韵女子读书会公众号推文一览（2017—2018年）

2017-01-14　上海一眼，瞬间万年

2017-02-14　清韵——轻悦读第五期读书活动会议记录

2017-06-14　桃花山庄记

2018-07-04　清韵——轻悦读第六期读书活动后记

2017-08-07　跟着芦荻看潍坊（一）：世界那么大，我在十笏园

2017-08-15　桑岛重见，其美如仙

2017-08-24　集中营历史不忘，乐道院警钟长鸣

2017-09-22　清韵三周年

2017-10-19　清韵女子读书会——轻悦读小组"书入我心"第7期活动记录

2017-12-26	女子读书沙龙——毛泽东诗词朗诵会
2017-12-30	诗酒趁年华（之一）——六雅沂山小住
2018-01-31	踏雪寻美
2018-07-24	东平湖上的邂逅
2018-09-19	你是我今生最美的遇见——清韵女子读书会四周年
2018-12-05	女子读书沙龙——张爱玲《金锁记》交流会

通过上述公众号的报道可以看出，两年间该读书会举行了6次阅读交流活动，其他文章则为游记随笔。因此可以认为阅读交流活动并不是这个读书会的核心活动，尽管不是核心活动，但是通过旗袍沙龙群延伸而来的女子读书会可以时不时地阅读一些诗词，随性所至举行一些阅读交流活动，此种方式或许并不符合严格意义上读书会的界定，但是仍然起到了一定的阅读交流作用。

四、社区读书会

社区读书会，是以某一地域中的社会群体为主要参与对象而开展阅读交流活动的社区组织。社区读书会的成立与发展有利于社区环境、群体意识、行为模式、价值观念等社区文化的形成①。在笔者调研的207家已注册民间读书会中，有30家读书会提到在社区内举办阅读交流活动是其业务范围之一，搭建社区互动平台、促进社区文化建设与发展是读书会的重要责任。在未注册的562家民间读书会中，50家属于社区读书会的范畴。

社区读书会的发起/管理主体主要有：政府（街道）、社区居委会、个人（读书会发起人/负责人）②及图书馆。如北京市西城区第二图书馆扎根于社区特色，创办了"北京牛街回族大众读书会"；居民自发成立的广州明知公益小书房社区读书会（亲子社区读书会）、上海普陀区长征镇社区学校不老松读书

---

① 韩芳.扎根地域文化开展阅读推广的实践探索——以"北京牛街回族大众读书会"为例[C].中小型公共图书馆的服务与创新论文集.全民阅读促进委员会·中小型公共图书馆联合会,2018:9.

② 金重.社区阅读,让邻居成书友——访一起悦读俱乐部发起人石恢[J].新阅读,2018（4）:32-34.

会（老年人社区读书会）等，这些社区读书会都是单一的发起/管理主体。此外，有的社区读书会具有多个发起/管理主体，如上海市杨浦区大桥街道"桥风苑"读书会就是由上海市杨浦区大桥街道与图书馆合办的社区读书会。

社区读书会的活动形式多种多样，包括阅读交流分享、朗诵、讲座、知识竞答、沙龙、观影、旅游等，与其他类型的读书会在活动形式上基本类似，差别不大。从活动主题内容上看，社区读书会的主题内容涉及各个方面。不同于其他读书会的参与人群由共同兴趣吸引而来，社区读书会的参与人群以社区居民为主，因此社区读书会的活动主题往往不是共同兴趣主导的单一主题，而是多主题，基本上期期都有所变动。北京牛街回族大众读书会的活动内容涉及历史、哲学、文学、地理、民俗、体育、艺术、饮食、非遗等多个主题，活动形式包括讲座、导读、好书推荐、研讨交流、观影、新书分享、诗文朗诵、创作等[1]。江苏省南通市港闸区永兴街道书友会在中国社会组织公共服务平台登记的业务范围为："定期向周边居民推荐好书，举办读书分享会，让爱随书香传递。同时还开展中小学生基础阅读书目的定期共读活动。"[2]

社区读书会按照其开放性质可分为两种：一是针对本社区居民的读书会组织，以满足辖区居民需求为中心举办相关活动；二是开放性社区读书会，它的参与对象不局限于社区居民，也向社会开放，欢迎各类人员参与活动，如一起悦读俱乐部发起人石恢表示，"读书会的参与人员并不局限于本社区人员，而是面向全体市民开放"。在参与人群的特征上，老年人、有未成年人的家庭是社区读书会服务的重要对象。作为读书会重要的服务对象之一——老年人，其人群特点显著：退休赋闲在家，家中子女在外工作无法时时陪伴，情感空缺、寂寞。因此老年人有着增长文化、丰富知识、人际交流、情感寄托、打发时间等多种需求，于是针对老年人的社区读书会应运而生。从老年人的特点及需求上来看，老年人社区读书会的性质与目的是多重的，不只是在于阅读分享交流，交友、获得知识、充实生活、增长见识、陶冶情操、轻松快乐等都是其读书会存在的重要目的。但与其他如唱歌、跳舞、下棋、画画等娱乐活动相比，读书会活动

---

① 韩芳.扎根地域文化开展阅读推广的实践探索——以"北京牛街回族大众读书会"为例[C]//中小型公共图书馆的服务与创新论文集.全民阅读促进委员会·中小型公共图书馆联合会,2018:9.

② 笔者查询中国社会组织公共服务平台所得,网址为:http://www.chinanpo.gov.cn/search/orgcx.html。

更注重读书交流，能满足老年人的精神文化需求。上海市杨浦区大桥街道"桥风苑"读书会的会员们表示："读书让自己获取更多信息，开阔眼界；读书给自己带来了智慧和兴趣，也带来了欢乐和朋友。在读书会里，大家一起学习，一起交流，以书会友，以文自娱，不亦悦乎。"[①]以家长和未成年人为主要对象的社区亲子读书会在前文的亲子读书会部分已有介绍，此处不再赘述。

第五节　案例分析：芝麻开门读书会

为了对读书会的运作有直接的认识，笔者于2015年11月成立一个亲子读书会，主要面向小学三、四年级学生和家长，以便真实感受读书会运作过程中的核心环节和问题，下面将此读书会的基本情况进行介绍和分析。

一、筹备及会员招募

因为家长都很关心孩子的阅读问题，因此会员招募很顺利，主要是小学三年级学生（发起人女儿的班级同学和朋友的孩子等）。此读书会主要通过孩子的阅读讨论提升孩子的阅读意愿和阅读能力，因此对成员数量有一个限制，控制在15个小学生左右。没有发布招募会员的公告，也没有进行大范围宣传。

☞ 读书会章程

> 1. 宗旨：本读书会致力于帮助孩子发现阅读的乐趣，提升孩子的理解能力和思考分析能力。
> 2. 性质：本读书会为民间阅读社团，不以营利为目的。同时不组织图书购买活动。
> 3. 会员准入：本读书会会员上限为15人，如果有人退出，再补进。
> 4. 讨论书目的选定：由发起人确定初选书单，然后孩子和家长一起商定要讨论的书目。

---

① 董竹音."桥风苑"里书香浓——上海市杨浦区大桥街道社区读书会活动侧记[J].成才与就业,2012（11）:20-22.

5. 讨论带领人：由家长轮流担任，讨论带领以启发孩子的想象力、思考力为主。

6. 活动时间地点：每周日下午四点，大学科技园24楼豆芽创客空间。

☞ **读书会会员行为规约**

1. 请在讨论之前完成指定图书的阅读。

2. 牢记阅读即思考。

3. 请认真倾听别的小朋友的发言，不要随意打断，不要发出嗤笑声。

4. 如果某个小朋友发言时间过长，带领人会打断。

5. 不要打闹，以免影响他人办公。未经允许，不要碰触公司内的展品。

二、主要活动

2015年11月1日第一次活动，到2016年11月最后一次活动，期间共举行了21次读书交流活动。主要包括共读讨论、图书推荐、讲故事等。讨论的范围不仅包括图书，也包括电影。讨论书目主要由发起人确定，伴有小朋友讨论投票确定书目。讨论时以充分发挥孩子的能动性为主。下面是每次讨论的基本组织情况。

2015年11月1日：豆芽创客空间的一个小型会议室，可以容纳8个人。此次讨论《亲爱的汉修先生》，6位小朋友和3位家长参加。

2015年11月8日：换到豆芽创客空间中一个更大的开放空间，可以容纳十几个孩子。来了11个小朋友和5位家长。由一个家长引导讨论《手绢上的花田》。

2015年11月15日：12个小朋友和5位家长。此次主要包括三项活动：

（1）小朋友们进行投票，选出读书会的名字，"芝麻开门读书会"胜出，小朋友对投票环节很兴奋。

（2）一位妈妈引导讨论《一百条裙子》。布置下次讨论《杜立特医生航海记》。

（3）一名家长讲了两个绘本故事：《雅库巴》和《齐霸威》，小朋友们对这两个绘本非常感兴趣。

2015年11月22日：因下雪天，有一定影响，到会9个小朋友。男孩子相对更喜欢《杜立特医生航海记》，讨论时非常积极。最后给大家讲了一个绘本《糟糕，身上长条纹了》。为了更好地发挥孩子的能动性，决定下次由一个小朋友组织讨论，其他小朋友准备推荐一本书。

2015年11月29日：先由小蔡同学组织大家讨论《杜立特医生航海记》，下一个环节是一个小朋友推荐自己最喜欢的书，小王同学和妈妈一起采用问答的方式推荐，这个环节小朋友很喜欢，因此决定把图书推荐作为今后每次的活动内容，但是组织讨论环节还是有一些问题，由孩子组织讨论对孩子来说难度有些大。由于一些家长反映孩子们看不完指定图书，因此决定改为两周举行一次。

2015年12月13日：另外一位家长进行导读，讨论《罗伯特的三次报复》。为了让孩子更多地参与，之前在群里向小朋友征集讨论题目，小朋友的问题包括"为什么罗伯特最后把复仇备忘录撕了"等，通过这种方式让引领讨论的人了解小朋友关注的点是什么，从而有针对性地进行讨论。继续安排小朋友进行图书推荐。壮壮同学为了推荐一本冒险小说，带了很多野外生存的小装置。赫赫同学为了表演书中场景，还准备了手偶。

2015年12月27日：一个小朋友引领讨论《大森林里的小木屋》，然后一位家长进行补充引领。周同学根据书中的内容认真画了我国朝代图，并把每朝的特点体现在图中。

2016年1月10日：主题阅读，不围绕具体某一本书进行讨论，而是让孩子们选择自己感兴趣的历史书籍进行阅读，阅读之后给大家讲一个历史故事。

2016年1月30日：家长带领讨论《天蓝色的彼岸》，由于本书涉及对生死的看法，因此家长们提前在群里沟通了一下，哪些是适合孩子们讨论，哪些题目是不适合的。并且增加了一个小环节——"拷问"家长带领人，让小朋友每人带一个问题"拷问"带领人，增强趣味性。

2016年2月14日：家长带领讨论《独一无二的伊凡》。此次增加"妈妈团PK少年团"环节。结合《独一无二的伊凡》，孩子们每人想一两个题目，妈妈们也想一两个题目。孩子们的题目以刁钻为主，妈妈们想的题目以启发思考为主，都写成小纸条，活动时抽题。由于是春节期间，不少小朋友走亲访友回不来，到场6个小朋友。有小朋友家长说小朋友在机场候机时还在看下次要讨论的《神奇的收费亭》，家长很高兴。

2016年2月28日：家长带领讨论《神奇的收费亭》。经小朋友投票，决定了未来两次的讨论书目。主要考虑到让小朋友们自主决定要讨论的书，会增强他们的积极性。

2016年3月20日：家长带领讨论《安德的游戏》。因原有场地不能使用，改到小周同学家中。家庭中有不一样的氛围，孩子们更加放松。但是确也带来一定的家务压力。另外，空间太小也是问题。一些孩子不喜欢《安德的游戏》，特别是女孩子，说有点看不进去。

2016年4月4日：此次采取读书会+野餐会的方式，在植物园举行。家长带领讨论《哈利·波特与魔法石》，由于这本书小朋友们都很喜欢，此次引导讨论的家长已经有一些经验，提出的讨论题目切合小朋友的特点，比如"如果你会魔法，你准备用魔法来做什么"，所以讨论非常热烈。同时结合春天，让小朋友们朗诵了关于春的散文或诗歌。有两位小朋友带了自己烤的小点心，小朋友们吃得很开心。

2016年4月17日：又临时找了一个室内场地，利用私人关系找的某公司的会议室，实际上不太适合孩子们的活动，只能先凑合着用。此次让每个孩子讲一个寓言故事。主要锻炼孩子们的诠释能力。让孩子自己总结如何讲才能更吸引听众，小朋友们自己总结的有"抑扬顿挫、设置悬念"等。设计了分小组讨论题，锻炼孩子们的小组协作能力，孩子们非常喜欢。

2016年4月24日：家长带领讨论电影《疯狂动物城》。正值此电影热映，小朋友几乎都看过，加之品质比较好，因此具有讨论价值。此次选择在室外植物园进行讨论。

2016年5月8日：结合语文课文的主题，讨论反映二战题材的《数星星》。此类题材不是所有的小朋友都感兴趣。

2016年5月24日：科普专场读书会。小朋友们自己任意选择一本科普书，然后讲明白一个小知识点就可以。比如雨是怎么形成的，天文台是用来做什么用的，银行是什么，垃圾回收处理，动画片怎么做出来的，房产中介是怎么回事，等等，不一定是自然科学，人文科普也可以。时间控制在5分钟之内，语言简洁清楚，可以做PPT、画图、使用小道具等。此次活动各位小朋友很感兴趣，有的小朋友专门准备了简单的实验器具。

2016年6月5日：寓言专题。小朋友自己选择寓言故事书，然后分享。家长适当引领讨论。室外活动。

2016年6月25日：家长引领讨论《小狗钱钱》，地点在一个私人图书馆，因为需要支付一定的茶水费，并且有的员工对孩子约束比较多，所以决定之后换地方。

2016年7月31日：在小雅画室讨论《长袜子皮皮》。

之后因为发起人太忙，没有精力管理，因此读书会就没有系统地举行，只是偶尔搞一次读书交流活动，2016年11月之后，读书会不再活动。

三、来自家长的反馈

一个男孩妈妈："我们很幸运，就在赵教授的读书会里，虽然自己也做过引导人，但只能说勉为其难，这下厘清许多问题，不再那么盲目了！说实话，真的很感谢赵教授办的这个读书会，我们的孩子活泼好动，没有良好的阅读习惯，到了小学三年级，明显感觉语文学习得吃力，特别是阅读理解方面，直到参加了这个读书会，孩子阅读兴趣空前高涨，边读还会边提一些问题，并且通过交流，感觉不只我们，好像参加读书会的孩子们都有了或多或少的变化，对阅读的兴趣都越来越浓，我们本来是每周一次，但有一次选了本稍厚的书，大家都说看不完，家长们要改两周一次，但孩子们坚决不同意，所以我们那本书是半本半本进行的。当然，随着课业压力的增大和读书会的进行，我们感觉应当让孩子更进一步地体验书的深层内涵，我们又开始尝试一下两周一次，这次不管他们愿不愿意。关于荐书环节，我也认为非常必要，我孩子听了一次别的小朋友荐书，竟主动要求下次由他荐书，这是我想都想不到的，读书会带给他的变化真是太大了，我们也会一直跟着赵教授走下去，真心希望读书会能遍地开花，带给更多孩子更大的变化，更多的养料，慢慢大家会发现，其实孩子可吸收、可变化的还是挺多的，真正不好变的倒是我们这些家长。"

"赵老师，我们把读书会读的《火山的爆发》拍了DV，还得奖了，非常感谢你。孩子在学校没得过什么奖，这是第一次得课外活动奖，感恩读书会。孩子又逐渐有了自信。"

"小雅自从跟你读书以来，语文成绩提高不少，本周末虽然没有参加读书会，在家说要出本书，自己已经把故事内容录到手机里了。得到她允许，我会发给你看或听。我们坚持得还不太好，如果我再坚持好点，我们会受益更大，在这里衷心感谢一下您！"

"孩子的阅读能力、沟通能力都得到了锻炼，家长也越来越了解孩子。"

"我们从来没有独立看过这么多的书，可能中间有很多字词不懂，跌跌撞撞过来的，但她每天都坚持。谢谢这个读书会。"

通过家长的反馈可以看出，通过参与读书会，孩子们除了一起度过快乐时光，阅读意愿也得到了提升，表达能力得到了锻炼。特别一些在班级里表现比较普通的孩子，通过这种小团体中的锻炼，各方面均有提升。

四、运作中的主要困难

1. 场地

此为遇到的第一个问题，直到读书会解散，也并没有找到很好的解决方案。因为当地的图书馆没有可以供小型读书会活动的地方，社区非常欢迎读书会在他们那里进行活动，但是考察了三家社区之后，我们发现社区阅览室和会议室过于板正，不适合读书会这种小团体交流，尤其不适合儿童的读书会。因此只能是借助个人的社会关系解决此问题，最初选在保定豆芽创客空间的一个半开放场所举行，环境很适合，孩子们也都很喜欢。但是由于该创客空间入住团队的增多，空间紧张，不能继续提供场地给读书会免费使用，后来只能通过别的方式继续以"打游击"的方式解决，要么在会员家中，要么在室外，要么交一些费用在私人图书馆。这也是后来读书会未能持续发展的因素之一，活动场所的不确定性会影响到会员黏性。

2. 过于依赖发起人，团体动力不足

主要有以下3个方面的原因：①大家对读书会的了解不够。对于保定这样一座小城市来说，读书会还是一个比较新鲜的事情，即便有家长让孩子参加读书会，以为是和外面的培训班一样，时不时地会问"今天上课吗"。在他们眼中，读书会类似不收费的培训班，有些家长把孩子放到这里就离开，然后到点再过来接孩子，他们并不认为读书会需要家长的贡献和参与。出现这种情况的一个非常重要的原因在于发起人高估了公众对读书会的认知，在读书会创立之初没有和大家明确宗旨。②读书会整体运作过于依赖发起人。尽管发起人已经尽可能调动家长，让家长引导讨论，在这个过程中也培养了三位比较优秀的领

读妈妈，但是由于没有建立起一套制度化的管理方式，很多事情都需要发起人决策，包括活动地点、讨论书目、讨论形式等。由于发起人的工作越来越忙，没有精力投入到读书会的运作中，读书会也就不了了之。其实大多数家长都很热心参与，但是有几个家长不能参与其中，因此导致一些家长有怨言。这种情况的产生也是由于一开始没有制定好规则，应该规定每位家长须有贡献。另外反映出来的一个问题是读书会的成员之间知识储备等相差比较多，因此各个成员对读书会的贡献不均衡，单纯依靠几个会员的长期奉献，会带来一定问题。这里折射出的问题是公共性重建的问题。

五、经验

1. 选择的书适合孩子，并且适合讨论，这有赖于发起人对儿童读物的了解。一般家长对儿童读物的了解不够，推荐一本适合讨论的书有难度，因此应该有一个比较了解儿童读物的家长或成员，从而能够保证核心活动的顺利进行。

2. 活动方式适合孩子的特点。除了阅读讨论之外，探索多种方式，比如考问领读人、孩子推荐图书、进行科学小实验等，能够激发孩子的兴趣。设计的讨论题目也区别于语文老师授课的题目，注意和课堂的区别，给孩子一个不同于学校的、能够启发他们思考的平台。通过组织读书会笔者发现，每个孩子都是善于思考的孩子，只要讨论题目设计得当，每个孩子都会根据自己对书中内容的理解给出自己的解答。

六、教训

1. 读书会成立之初应该制定好章程，包括宗旨、会员义务等。读书会只是设计了初步的章程，主要针对小朋友的讨论守则，但并没有和会员讲清楚读书会的宗旨，没有让家长充分明白读书会的运作。

2. 忽视了宣传。由于发起人认为此读书会就是一个小规模的非正式团体，不想进行宣传，以免给自己带来太大压力，但是忽视了另外一个问题——向心力的问题。如果一些新闻媒体进行报道的话，形成品牌，读书会成员的自豪感、归属感会增强，团体动力也会增加。因此不管成立的目的是互益性的小团体，还是公益性的组织，可以考虑适当寻求官方传媒的宣传。

3. 缺少对会员的约束。章程中没有规定会员的退出机制，比如几次不参加讨论视为自动退出。后来考虑增加相应规定，但是由于是熟人朋友圈建立起来的读书会，临时增加一条退出机制并不是一件容易的事情，这样就导致一两个孩子有事不来，就会影响到其他家长和小朋友的意愿，因为小朋友是同学或者邻居，共染有积极的一面，也有消极的一面。因此应该在成立之初的章程中明确规定退出机制，对会员进行适当约束。

本章小结：通过本章研究发现，目前我国民间读书会的活动内容主要围绕阅读讨论展开，但是存在阅读讨论不深入等问题。除了阅读讨论，民间读书会广泛开展了各种阅读活动和拓展活动，包括书目推荐、专家讲座、朗诵会、竞赛会等。多种活动的开展可以激发读者的兴趣，但也存在一个问题，就是消弭了读书会的阅读讨论本质。我国民间读书会的管理上，大多没有章程，管理不规范。关于场地、资金、人员等基本保障要素方面，由于社会对阅读的重视，公共阅读空间的丰富，民间读书会发展所需的场地问题已经基本解决；关于资金问题，笔者通过分析发现，资金问题主要存在于进行阅读推广活动的未注册民间读书会；关于人员问题，注册读书会面临的主要问题是专业专职人员的缺失，未注册读书会面临的人员问题主要是创办人或发起人的持续激励问题。上述问题的解决一方面需要民间读书会的自身建设，另一方面也需要相关政府部门和图书馆的帮助。

第五章　我国民间读书会的发展环境

在了解了我国民间读书会的运作情况后，本章将对民间读书会的发展环境进行分析，主要包括政策环境、媒体环境和需求环境。政策环境是指我国政府目前对于民间读书会发展的态度和措施，主要通过对相关政策文本进行内容分析。媒体环境是指我国的大众传播媒体对民间读书会的态度，主要通过对主要报纸关于民间读书会的报道进行内容分析。需求环境是指我国公众对民间读书会的认知与参与意愿，主要通过问卷调查了解公众对民间读书会的参与意愿与参与情况。

第一节　我国民间读书会的政策环境

民间读书会发展中涉及的政策主要包括两大类：一类是对民间组织管理方面的政策，比如《社会团体登记管理条例》；一类是阅读相关的政策，比如《全民阅读促进条例》。由于面向所有类型的社会组织管理政策并不涉及具体领域的社会组织，并且也不可能针对民间读书会这一特定类型的民间组织进行调整，因此本项研究分析的重点是阅读政策，通过对阅读政策中民间读书会发展相关文本进行分析，以期深入了解民间读书会发展的政策环境，为完善民间读书会的保障政策提供参考。

一、阅读政策概述

政策是指政党或国家为实现一定历史时期的任务而制定的行动纲领、方针和准则[①]。政策在宏观上体现着国家的战略目标与意志，在微观层面上体现

[①]　孙国华. 中华法学大辞典·法理学卷[M]. 北京：中国检察出版社，1997：506.

着规范、引导以及资源分配的重任。政策从涉及的范围来看，有狭义和广义之分。狭义的政策仅指国家法律体系中的法律法规，而广义的政策则也包括法律法规之外的规范、实施细则等政策性文件。本书中所指的政策是广义层面，涉及的政策类型主要有中央部门规章、地方性法规、地方政府规章、地方规范性文件、地方工作文件等。阅读政策并没有统一的定义，笔者所理解的阅读政策主要是指为了推动全民阅读发展而制定的各类法规、规范、实施细则等政策性文件。不同的学者在研究阅读政策时有不同的分类。王宇和王磊在分析全民阅读的法律政策环境时，将全民阅读的法规政策分为党和国家政府的政策、相关文化部门的政策、中国图书馆学会的政策、各省市地区的政策、其他辅助文件和措施五类①；刘长迪、陶金刚按照载体形态将全民阅读政策分为通知类政策和法律法规类政策两类②；徐同亮在研究全民阅读法规政策体系时，将关于全民阅读的法规政策分为国家层面和省级层面两类③。在本研究中，笔者将阅读政策分为三类：阅读法规、阅读发展规划、工作及活动通知。

（一）阅读法规

主要包括全国人民代表大会、地方人民代表大会制定的地方性法规以及地方人民政府制定的地方政府规章。国家层面的立法主要是《全民阅读促进条例》。2014年，由江苏省人大常委会正式通过《江苏省人民代表大会常务委员会关于促进全民阅读的决定》，这是我国首部促进全民阅读活动的省级地方性法规。在江苏省示范引领下，地方性法规的发布逐年增多，辽宁、深圳、四川、黑龙江、吉林等都发布了关于促进全民阅读的决定。地方政府规章是省、自治区、直辖市、设区的市（包括东莞市等四个不设区的市）、自治州的人民政府可以根据法律、行政法规和本省、自治区、直辖市的地方性法规，制定规章④。阅读相关的地方政府规章仅有一部，那就是2014年由湖北省人民政府颁布的《湖北省全民阅读促进办法》。

---

① 王宇,王磊.全民阅读工程法律政策环境探析[J].图书情报工作,2014,58(13):31-36.
② 刘长迪,陶金刚.全民阅读政策解读[J].河北科技图苑,2016,29(3):40-43.
③ 徐同亮.全民阅读法规政策体系建设探析[J].中国出版,2017(3):18-23.
④ 范成伟,明杏芬.建设法规[M].上海:同济大学出版社,2017:3.

（二）全民阅读发展规划

主要包括全国性和地方性的全民阅读中长期发展规划。2016年12月国家新闻出版广电总局印发我国首个国家级全民阅读规划《全民阅读"十三五"时期发展规划》，旨在推动全民阅读工作常态化、规范化。地方性全民阅读发展规划最早见于2015年12月东营市文化广电新闻出版局印发的《东营市全民阅读中长期发展规划》。为响应国家全民阅读"十三五"时期发展规划和更好地规划地方全民阅读工作的开展，2017年各地方纷纷发布本地区全民阅读发展规划，如《江苏省"十三五"全民阅读发展规划》《安徽省全民阅读"十三五"发展规划》等。

（三）工作及活动通知

主要包括中央、省级、市级的年度全民阅读工作通知以及开展某一具体的阅读活动的通知。中央级别的年度工作通知，自2006年中央宣传部等11个部门团体联合发出《关于开展全民阅读活动的倡议书》倡导开展全民阅读活动以来，国家新闻出版广电总局每年稳定发布全民阅读工作通知来部署全年的全民阅读工作。中央级别的某一具体阅读活动的通知的内容主要是为推动全民阅读，在全国范围内开展阅读活动，比如"书香中国""百社千校"等阅读活动。省级和市级的年度全民阅读通知和具体阅读活动通知，其内容主要是根据本省或市的实际情况进行的全民阅读工作部署和有特色的阅读活动，包括主题阅读活动、读书节、阅读季等。

二、政策文本样本的选取

（一）样本框的确定

政策文件搜集主要借助"北大法宝"法律数据库，它是目前国内成立时间最早、最成熟、专业、先进的法律信息全文检索系统。通过查找"北大法宝"，发现并没有专门针对民间读书会的政策。由于民间读书会属于阅读范畴，因此以"阅读"为检索词，选择标题检索，勾选"中央法规司法解释"和"地方法规规章"两类，检索时间截止到2019年6月30日，发现共293条结果，其中包括中央部门规章、军事法规规章、党内法规、团体规定、行业规定、地方性法规、地方政府规章、地方规范性文件、地方工作文件、行政许可批复这几类。经逐一阅读筛选，去掉和全民阅读不相关的数据，比如行政许可批复、阅读器、征文获奖通知等无关信息85条，有效数据208条。为追求数据的完整性，又通过百度搜索以"阅读规划""阅读发展纲要"等关键词进行检索，查漏补缺，共获得相关数据9条。以上，共获得有效数据217条①。

阅读政策可以分为阅读法规类文件、发展规划、工作及活动通知以及其他四类。其他主要指无法归入上述三类的政策，例如"全民阅读先进代表和团体"的评选安排、书香建设示范点等文件。样本中具体各类型数量见图5-1。阅读政策文本中，工作及活动通知类文本最多，法规类文件和发展规划类数量相对较少。

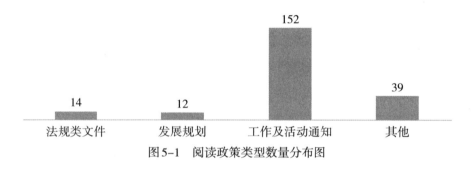

图5-1　阅读政策类型数量分布图

数据来源：笔者对217条政策统计所得。

（二）分析样本的确立

在确定了政策之后，需要对和民间读书会相关的政策文本进行分析。本项研究对上述217条政策进行逐一阅读，主要采取以下方式进行处理：

1. 确定包含"民间读书会"概念的政策

经过统计，发现在217条政策中，明确提到了读书会、书友会、读书俱乐部、阅读俱乐部、阅读社团、阅读组织等概念的，共43条，其中有9条政策在提及读书会时将读书会理解为活动，比如"举办主题读书会活动"，此类文本

①　本书在收集样本时努力确保其完整、权威和相关性，但是十多年来有的省市相关部门经过多次机构调整，行政区划也有一定的变化，再加上很多政策性文件标题中未涉及"阅读"等字样，但是文件中又包含读书会等民间阅读组织相关内容，因而很难进行准确无误的收集。另外不能保证"北大法宝"所收录信息的完整性，虽然通过百度搜索查漏补缺，但是所搜集到的政策样本仍不能避免有所遗漏的情况。因此此政策样本框并不等同于全部政策，但是从搜集到的政策的层级、发布部门的情况，基本能够满足此次研究的实际需要。

不符合本书对于民间读书会的界定，因此予以去掉，剩下的34条政策成为本项研究分析的重点。

2. 相关文本的提取和编码

确定34条政策后，将包含"民间读书会"类概念的文本进行抽取（包括上下文），采用人工标注的方式，记录其所属语境、关键概念、所属类别等情况。语境主要通过对该词出现段落的主旨进行判断，比如该段落第一句话"加强社会力量整合"则标注为"社会力量"。关键概念同样为人工提取，通过阅读核心语句，提取关键概念，比如"引导社会力量共同参与：培育壮大民间阅读推广机构。支持、鼓励各地建立读书会、阅读沙龙等民间阅读组织，培育一批在社会上具有广泛影响力的阅读推广机构"，则标注为"培育、民间阅读推广机构、支持、鼓励、建立、读书会、阅读沙龙、民间阅读组织"等8个关键词，对所有34条政策的关键词进行词频统计。在34份与读书会相关的政府文件中，其中泛泛地提到了鼓励、引导、指导、扶持读书会发展的共12份，提到读书会具体措施和内容的共13份，提到推动读书会发展的措施的共9份。对涉及推动读书会发展的措施内容进行编码，同样为人工提取，通过阅读具体措施内容，提取关键概念，例如"鼓励和支持社会力量开展公益性阅读推广活动，设立全民阅读公益基金，用于扶持公益性阅读组织"编码为"资金支持"，"成立全民阅读促进会，组建江苏省全民阅读志愿服务总队，引导阅读专家学者、阅读推广机构、民间阅读团体、基层读书会、读者俱乐部、虚拟阅读社区等共同参与全民阅读活动"编码为"建立专业引导机构"，"搭建民间阅读组织发展平台。建立促进民间读书会发展的奖励机制，对形成常态化机制、积极组织开展阅读活动的民间优秀阅读组织给予奖励。免费提供阅读活动场所，为民间阅读组织搭建宣传、推介与展示平台"编码为"搭建发展平台"等。

三、我国民间读书会相关政策的整体情况

（一）年代变化情况

从查考的政策文本来看，最早出现读书会这一概念的政策是2007年中宣部、中央文明办等17个部门联合发布的《关于开展以"同享知识，共建和谐"为主题的全民阅读活动的通知》，其在活动形式中提到读书会，"'世界读书日'前后，各地和各有关部门要集中组织开展多种形式的读书活动。如优秀出版物推

荐活动、读书征文活动、社区阅读活动和读书会、读书知识竞赛等，引导广大群众积极参与阅读，多读书、读好书，养成阅读习惯，提高阅读水平"。此条政策中的读书会指的是活动，不属于本项研究的范围。符合本项研究对于民间读书会界定的第一条相关政策是2009年广州市教育局发布的《广州市教育局关于印发2009年市教育系统"书香校园"全民阅读系列活动要点的通知》，其中提到读书会的文本为"在市教育局关工委的指导下，进一步加强'广州市青年教师读书会'的机构和制度建设"。课题组对34份提到民间读书会的阅读政策的发布年份进行统计分析（见图5-2），将关乎民间读书会的政策分为3个阶段。

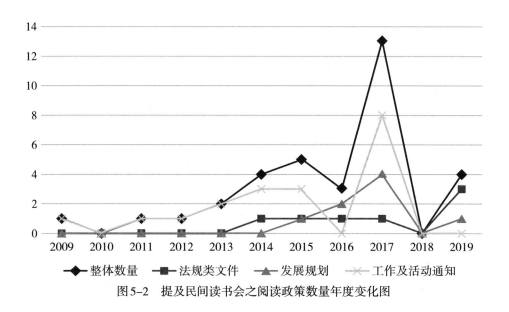

图5-2 提及民间读书会之阅读政策数量年度变化图

（1）萌芽阶段（2009—2012年）

根据图5-2可以看出，2009—2012年只有少量文件提到了民间读书会，可以称之为萌芽阶段。在这个阶段，相关政策只有3个，主要是教育部门下发的相关通知中提到了读书会，比如"书香校园"活动要举办教师读书会。法规类文件和发展规划这两类政策中没有提及读书会。政策内容也比较宽泛，缺乏一定的指导性。

（2）发展阶段（2013—2016年）

2013年以来，伴随着民间读书会的发展，关注民间读书会的阅读政策数量开始增加，本阶段相关政策文件共14份。和萌芽阶段相比，此阶段一个明显的变化是读书会的相关政策开始出现在法规类文件和全民阅读的中长期规划中。2014年12月湖北省人民政府发布的《湖北省全民阅读促进办法》提到要鼓励支持读书会等民间阅读组织的发展。2016年5月，内蒙古自治区发布《内蒙古自治区全民阅读中长期规划（2016—2025年）》，其中提及要引导民间读书会等共同参与全民阅读活动。2016年12月国家新闻出版广电总局印发我国制定的首个国家级全民阅读规划《全民阅读"十三五"时期发展规划》，旨在推动全民阅读工作常态化、规范化，为各地政府制定相关阅读政策提供方向指导，其中提及读书会的内容包括两处：一是培育阅读推广机构，充分发挥读书会等的重要作用；二是倡导在高校大学生和中青年人群中建立读书会，开展读书活动。

（3）密集阶段（2017年）

2016年12月我国首个国家级全民阅读规划颁布后，地方纷纷响应国家政策，制定当地全民阅读五年发展规划或中长期发展规划。在各地的发展规划中普遍关注民间读书会。安徽、福建、江苏、江西等地就在全民阅读发展规划中提及读书会的发展，其中包括"充分发挥读书会的重要作用""鼓励支持成立读书会"等内容。同时，在各个省市的工作文件和活动通知中也能看到对读书会等民间阅读组织发展的不同程度的支持。

（二）阅读政策对民间读书会的关注度分析

在了解阅读政策对民间读书会关注发展过程后，课题组进一步分析关注度。在217条阅读政策中，34条政策提到了民间读书会，占比16%，大部分政策中没有涉及民间读书会的相关内容，可以基本认为民间读书会在阅读政策中并未引起普遍关注和重视。那么不同类别的阅读政策对民间读书会的重视是否有所区别，为了回答这一问题，课题组分别统计了不同类型政策中民间读书会的比例，见表5-1。

表5-1 民间读书会阅读政策类型构成情况

政策类型	整体数量	提及民间读书会的政策数量	占该类比重
法规类文件	14	7	50%
发展规划	12	8	67%
工作及活动通知	152	19	13%

说明：由于在217条政策中，39条其他类政策没有提到民间读书会，因此在此表中没有计入整体数量中。

通过上表可以看出，在三类政策中，法规类政策和发展规划类政策对民间读书会关注度比较高，一半以上的相关政策中提到了民间读书会，但是在工作及活动通知类政策中，只有13%的政策提到了民间读书会，因此可以认为，目前民间读书会在战略规划性的阅读政策中得到了比较高的关注，也就是说民间读书会已经进入我国全民阅读发展战略和发展规划，但是在具体工作层面尚未得到充分体现。

四、相关政策文本内容分析

借助构建高频词，对政府文件中民间阅读组织相关政策的文本内容进行分析，包括语境分析、定位分析、措施分析。

（一）构建高频词

本节对34份相关政策文本进行精读分析，提炼关键词，借助词频统计软件ROST，对相关政策文本的关键词进行词频统计，最终从文本中得到出现频次排名前20名的高频词，具体如表5-2所示。

表5-2　高频词词汇表

词　汇	出现频次	词　汇	出现频次
读书会	34	民间读书会	7
阅读	28	参与	6
组织	14	支持	6
民间	13	虚拟阅读社区	6
建立	11	社会	6
社团	10	成立	6
俱乐部	9	大学生	5
读书	9	培育	5
引导	8	读者	5
社区	7	青年	5

（二）语境分析

语境分析是结合"读书会"出现的上下文，对其所处的语境进行分析。经过精读"读书会"相关政策文本内容，发现这一概念出现的语境可以分为如下三种情况。

1."社会力量"语境

通过统计发现，在"社会力量参与"语境中出现的读书会相关政策文本共11处，包括"加强社会力量整合""社会力量参与机制""引导社会力量共同参与""实施全民阅读参与工程"等关键词。具体内容包括"支持和引导专业阅读研究推广机构、阅读社团、民间读书会、读者俱乐部、虚拟阅读社区等社会阅读'自组织'健康发展"（江苏省《2015年全省全民阅读工作要点》）、"培育壮大民间阅读推广机构。支持、鼓励各地建立读书会、阅读沙龙等民间阅读组织，培育一批在社会上具有广泛影响力的阅读推广机构"（《黑龙江省全民阅读中长期规划（2019—2025年）》）、"引导专业阅读研究推广机构、社会阅读社团、民间读书会、读者俱乐部、虚拟阅读社区等共同参与全民阅读活动"（《内蒙古自治区全民阅读中长期规划（2016—2025年）》）等。总体来说，在"社会力量"语境之中，政府将民间读书会看作促进全民阅读的重要社会力量和推广机构，鼓励和支持民间读书会积极参与全民阅读。

2."品牌打造"语境

在"品牌打造"语境中出现的读书会相关政策文本共6处，包括"打造特色阅读品牌活动""培育阅读活动品牌""坚持品牌带动"等关键词。具体内容包括"提升'书香八闽'等全民阅读品牌效应和引领作用，进一步打造、培育具有浓厚地方特色的读书节、读者节、阅读会等重点阅读品牌"（《福建省全民阅读2017—2020年发展规划》）、"打造特色阅读品牌活动。动员各方力量，加强品牌建设，选树一批具有石家庄特色和广泛影响的全民阅读示范项目、活动品牌。办好春韵书市、青年公务员读书会、亲子阅读等品牌全民阅读活动"（《石家庄市人民政府关于促进全民阅读的实施意见》）等。总体来说，在"品牌打造"语境之中，政府将读书会看作打造特色品牌阅读项目的重要途径之一，着力打造、培育具有地方特色的阅读品牌，力图通过重点读书会的品牌效应和引领作用促进全民阅读的发展。

3."分众服务"语境

在"分众服务"语境中出现的读书会相关政策文本共14处，包括针对不同受众人群组织不同类型的读书会，如"教师读书会""青年读书会""老年读书会""农民读书会""职工读书会"等。在此语境中，将读书会作为保障不同人群阅读权益和丰富阅读活动的重要方式。

（三）政府态度分析

政府对民间读书会的态度是什么，为了回答这一问题，课题组对相关文本中"读书会"这一词前面的动词进行词频统计，具体词频见表5-3。

表5-3　定位词频统计

词　　汇	出现频次
引导	8
鼓励	7
支持	7
培育	6
倡导	3
指导	3
创建	2
领导	2

"鼓励""倡导""支持"属于政府对读书会等民间阅读组织的一种支持和鼓励的积极态度。这类政策文本中表达了颁布主体对读书会的支持态度，一般不涉及具体的措施。例如，"倡导在高校大学生和中青年人群中建立读书会，开展读书活动""支持、鼓励各地建立读书会、阅读沙龙等民间阅读组织""鼓励支持成立全民阅读促进会、读书会、书友会等群众性社团组织，共同参与全民阅读活动"等。

"培育"一词是政府将读书会等民间阅读组织看作阅读推广机构和阅读活动品牌，期望通过培育有影响力、有特色的读书会等民间阅读组织，来引领全民阅读活动的开展。例如，"充分发挥各类绘本馆、阅读空间、读书会等的重要作用，培育一批在社会上具有广泛影响力的阅读推广机构""培育具有浓厚地方特色的读书节、读者节、阅读会等重点阅读品牌，使之成为广大群众的文化节日"等。

"引导""指导""领导"属于政府对读书会等民间阅读组织的发展的有意帮助和引领。这类政策文本中颁布主体对读书会的建立和发展有更为明显的帮助和指导倾向，并希望成立专门的组织来引导民间阅读组织的发展。例如，"组建全民阅读促进会，引导专业阅读研究推广机构、社会阅读社团、民间读书会、读者俱乐部、虚拟阅读社区等共同参与全民阅读活动""加快推进各级成立全民阅读促进会、基金会，支持和引导专业阅读研究推广机构、阅读社团、民间读书会、读者俱乐部、虚拟阅读社区等社会阅读'自组织'健康发展""指导大学生、社区居民等各类人群建立读书会、阅读兴趣小组，开展群众性的阅读活动"等。

（四）措施分析

由于民间阅读组织"公益性""非营利性"的特征，为保证其一系列活动的有效实施，需要有政府政策措施的保障。在34份与读书会相关的政府文件中，其中泛泛地提到了鼓励、引导、指导、扶持读书会发展的共12份，提到读书会具体的组织措施和内容的共13份，提到推动读书会发展的措施的共9份。本部分主要分析的是政府为保障和推动读书会等民间阅读组织发展所制定的具体措施，通过对包含具体措施的政策文本内容进行分析发现，措施可以分为如下几类。

1. 财政支持

在法规类文件中有2条提到了推动读书会等民间阅读组织发展的具体措施，均提到了以政府财政补贴的方式扶持读书会等民间公益性阅读组织的发展，具体措施包括"各级人民政府可以通过政府购买、项目补贴、以奖代补等方式，鼓励和支持社会力量开展公益性阅读推广活动，提供公益性阅读推广服务。县级以上人民政府鼓励公民、法人和其他组织依法设立全民阅读公益基金，用于扶持公益性阅读组织、培育阅读推广人队伍、强化阅读服务等活动"（《广东省全民阅读促进条例》）和"县级以上人民政府采取政府购买、项目补贴、以奖代补、发放购书券等方式，鼓励和吸引社会力量参与全民阅读活动"（《湖北省全民阅读促进办法》）。尽管上述两条政策中的相关规定并不专门面向民间读书会，但是民间读书会属于政府提供财政支持的范畴。

2. 搭建展示交流平台，奖励优秀读书会

通过对相关文本分析发现，政府已经认识到需要将民间读书会进行整合，建立展示交流平台，例如"通过全民阅读平台整合书友会、读书会、网络读书组织等力量，建立健全民间阅读活动信息发布机制"（《东营市全民阅读中长期发展规划》）；也有政策在掌握民间读书会发展的基础上，提出应该对优秀的民间读书会进行奖励，"建立促进民间读书会发展的奖励机制，对形成常态化机制、积极组织开展阅读活动的民间优秀阅读组织给予奖励"（《银川市

2017年"书香银川·银川书香"全民阅读活动方案》)。

3. 纳入书香城市（社区）建设指标体系

为了推动民间读书会的发展，也有部分省市在制定的书香城市指标中，将民间阅读组织或者社会组织作为评选书香城市或者书香社区的指标，比如《张家港市"书香城市"建设指标体系》共有7项一级指标。其中，一级指标"阅读组织"下，有专家指导组织、民间阅读组织、阅读推广人3个二级指标，可见对民间阅读组织的重视，张家港市还据此衍生出了一系列的激励考评机制，特别是从资金、场地等方面对阅读沙龙、读书会、书友俱乐部、文学社等民间阅读组织给予了扶持。《武汉市全民阅读综合评价指标体系》中将阅读组织作为阅读设施评价的一部分，其中提到了阅读小组的数量，提出了一个特色指标——十佳读书会。将民间读书会纳入到书香城市评估指标体系，无疑将推动各基层政府加快民间读书会的培育，提升民间读书会的数量。

4. 成立专门机构或设立专门项目

部分政策中提到建立专门机构对民间读书会等社会力量进行引导，比如"在省市成立全民阅读促进会的基础上，推动成立县市区及基层全民阅读促进组织，引导专业阅读研究推广机构、社会阅读组织、民间读书会、读者俱乐部、虚拟阅读社区等共同参与全民阅读活动和书香江苏建设"（《江苏省"十三五"全民阅读发展规划》）等。银川相关政策规定"各级公共图书馆作为培育民间阅读组织的骨干力量，要充分利用其在场地、设备、人员等方面的资源优势，对民间阅读读书会及亲子阅读推广团体等进行推介展示"（《银川市2017年"书香银川·银川书香"全民阅读活动方案》）。也有部分省市设立专门发展读书会的项目，在这方面，上海做得比较突出。上海市2016年发布的《上海市青少年发展"十三五"规划》中明确指出"推进'悦读青春'上海青少年深阅读推广计划，培育、联系和服务各级各类读书会组织，打造读书会服务平台，引导更多青少年增加每周深阅读时间和书籍数量"[1]。《关于进一步推进"悦读青春"上海青少年深阅读计划的通知》将孵化培育青少年读书会作为

---

① 上海市人民政府.市政府关于印发《上海市青少年发展"十三五"规划》的通知[EB/OL].（2016-08-17）[2018-05-12]. http://www.shanghai.gov.cn/nw2/nw2314/nw2319/nw12344/u26aw48479.html.

重要工作，并制定了一系列措施，下面截取部分内容进行介绍①：

1. 广泛开展青少年读书会的孵化培育工作

为深入推进深阅读计划，主办方于每年世界读书日期间，面向全市青年发布"五四青年荐书榜单"，并推出如阅读马拉松、阅读戏剧和读书分享会等形式多样的阅读主题活动。每年上海书展期间，开展"'爱阅读　乐分享'上海青年读书会同城对话"系列活动，搭建上海青少年读书会分享经验、交流互动的平台。

请各基层团组织进一步梳理排摸本单位、本系统、本地区内青少年自发或由组织建立的读书会，做好申报登记工作，填写《上海市青少年读书会登记汇总表》（见附件1），有计划有意愿成立的读书会也可一并申报。所有申报的读书会将统一纳入深阅读计划，逐步建立健全日常联系、服务支持、协调管理的常态化工作机制，在全市统一的读书会管理服务体系中实现组织共建、活动共联、资源共享。

2. 努力搭建青少年读书资源共享平台

为切实服务各基层团组织开展青少年阅读活动，支持青少年读书会健康有序发展，主办方将进一步搭建全市青少年读书资源共享平台，与有相关活动需求的各基层团组织、青年中心进行对接，分享有品质、有特色的读书活动。每年为优秀青少年读书会和读书活动提供一定师资、场地、资金或内容方面的指导与支持。

作为《上海市青少年发展"十三五"规划》的重要项目，孵化培育青少年读书会组织是重中之重，各级团组织要加大对青少年读书会或读书组织的扶持指导力度，其中，地区系统和对口团工委每个市属团组织联系不少于20家青少年读书会；学校系统每个团组织联系5—10家青年读书会；宣传系统每个团组织联系1—3家青年读书会，并填写《上海市青少年读书会登记汇总表》。

---

① 共青团上海市委员会. 关于进一步推进"悦读青春"上海青少年深阅读计划的通知[EB/OL]. （2018-08-16）[2018-09-12]. http://www.shyouth.net/html/defaultsite/root_index_zxgg/2018-08-16/detail_2166318.htm.

通过上海发展青少年读书会的具体条款可以看出，上海在推动青少年读书会发展方面，有明确的责任主体，具体由共青团上海市委负责；在工作内容方面，涉及统计本区域青少年读书会基本情况、为读书会提供指导与支持，并且规定了对口联系青少年读书会的数量，能够切实推进青少年读书会的发展。

五、民间读书会对政府支持的态度

上文主要通过对政策文本的内容分析，探讨了政府对民间读书会的态度和策略，那么民间读书会如何看待和政府的关系？一般来说，草根组织对于政府以"迎合与合作为主流"[①]，也有研究发现"合作并非总是草根组织优先选择的行动策略，为了避免不必要的风险，不合作可能是边缘草根组织经常选择的策略"[②]。对于民间读书会，笔者通过对访谈文本的分析发现，目前民间读书会在处理与政府关系方面看法和做法不一。以小规模讨论为主的读书会由于资源需求相对较少，因此对政府提供资源支持方面的诉求并不多。沧州读书会的负责人说："我们和政府没有什么直接的联系，图书馆帮助我们解决场地和书籍问题，觉得不需要政府提供什么帮助。"此类读书会大多采取的是"不强求、不排斥"的方式，政府如果愿意资助，那也不错，但是不会特别积极寻求政府支持。一个最主要的考虑是对于独立性的担心，浙江某读书会发起人表示："我们不希望与政府部门牵扯很多，所以我们也并不打算每次都把活动安排在图书馆，而更喜欢自己找地方办活动。我们的读书沙龙活动可以和政府或图书馆合作，但绝不会依附政府部门受他们支配。"另外一个因素是管理成本的增加，北京某读书会负责人在访谈中提到："有一次开会，宣传部和出版管理局领导直接说，政府要重点帮助、重点支持。我当时说我们不希求，不是因为政府要帮助我们才做，如果没有政府支持我们还是要做。所以这个没有太大关系。今年就有一个例子，因为政府确实是特别想支持我们。他们就告诉我说，你把每次读书会报上来，我们给你们每一次补贴。到后来报材料的时候就发现

---

① 玉苗. 草根公益组织发展的研究综述[J]. 学会,2014（3）:14-23.

② 何艳玲,周晓锋,张鹏举. 边缘草根组织的行动策略及其解释[J]. 公共管理学报,2009,6（1）:48-54.

不合格，比如说每次的签到表不合格，每个人没有电话号码，有时候人员没有照相，结果一看没几千块钱，对我们全年来说可以忽略不计。政府是有钱，也会支持，但是从我们民间本身来说，从来不应该把政府支持放到一个最重要的因素。"通过这位负责人的话语，可以看出民间读书会不排斥政府的资金支持，但是如果政府的资金支持带来运行成本、管理成本的大幅增加，那么民间读书会会考虑放弃政府的资金支持。

相较于讨论型读书会，开展大型活动的民间读书会则更希望得到政府的支持，嘤鸣读书会会长赵健表示："很多时候，一个社会组织的发展需要借助政府的力量，嘤鸣并没有刻意去亲近政府，但很多时候需要得到政府的支持。嘤鸣中志同道合的朋友中，也有很多在政府机关任职。"[①]从2013年开始，后院读书会举办的活动基本由深圳南山区政府支持。比如换书大会、阅读接力等，每场活动经费约两三万元。后院读书会负责人认为这些经费基本够活动成本开销，总比自己找资金好[②]。某读书会提到希望政府在资金方面提供支持，"希望政府对我们的工作人员、志愿者，对他们提供资金的扶持，因为真要做好必须得专职人员，可是这些专职人员我们常年以来都是靠志愿者，他们的酬劳从何而来，我觉得应该由政府来给这些专职人员支持报酬的，包括我们每次邀请的一些专家，我们也需要给酬劳，这部分费用我希望政府来给我们资助"[③]。前文提到，多条政策已经明确了政府财政支持的基本形式，包括政府采购、项目补贴、以奖代补等，政府在进行资金支持时会采用项目的形式，如果想让政府支持民间读书会的日常开支，比如人员工资，则难度较大。

六、我国民间读书会相关政策的发展方向

通过对读书会相关政策文本进行分析，笔者发现政府对民间读书会建立和发展持支持和鼓励的态度，并且已经有部分政策文本制定了支持民间读书会发展的具体措施。但整体而言，涉及具体措施的政策文本还是比较少，大部分对于读书会的相关政策都是泛泛地提出要"培育""建立""鼓励""引导"民间

---

① 许金晶.领读中国[M].南京：江苏人民出版社，2017：167.

② 民间读书会：生存还需扶一把[EB/OL].[2018-12-20]. http://roll.sohu.com/20140708/n401917139.shtml.

③ 来自本课题组成员对读书会负责人的访谈。

读书会，上海、北京、南京等城市在促进读书会发展举措方面的经验值得借鉴。笔者认为对民间读书会的发展的大方向保持不变，那就是鼓励、提倡、扶助。在具体实施层面应该采用分类发展的思路，对不同类型的民间读书会采取不同的措施。

讨论型民间读书会对政府支持采取谨慎合作的基本立场，不强求、不排斥是其基本态度，这类读书会关注的重点并不在于资金支持，而在于场地的支持以及精神奖励。由于近年来图书馆、咖啡馆等都欢迎读书会做活动，场地已经基本不成问题，那么对于此类读书会，政府可以考虑采用精神激励的方式，通过评选"十佳读书会"等奖项，对此类民间读书会给予认可。前文提到，此类读书会面临的问题是民间创办人或组织者的热情永续问题，因此政府（政策）可以通过奖励优秀读书会的组织者，给予诸如"领读榜样"之类的称号，在一定程度上激励读书会组织者的热情。

对于以开展大型阅读交流活动为主的民间读书会来说，他们对政府支持表现出更为积极的立场。对于这类读书会，政府可以采用政府采购、补贴等方式进行支持，支持的时候应该重点考虑以下几个问题：①对民间读书会的非营利性进行考察。同其他类型的社会组织类似，民间读书会中也存在假借非营利之名，实为营利机构的情况，如果在资金支持中不能将此类机构筛选出来，会影响其他纯粹非营利机构的热情，从而影响民间读书会的整体生态。②确定重点支持的领域或范围。民间读书会类型多样，政府应该确定重点支持的类型。前文提及，我国民间读书会发挥的一个重要功能就是弥补政府在社会公共服务方面的不足，那么政府确定支持重点可以此为重要标准，公共服务主要强调公民的基本权益，特别是市场（企业）目前不会或不能提供的部分。从这个角度出发，政府在支持民间读书会时可以考虑将市场上不能提供作为一个标准，对那些与营利性读书会的业务范围有明显区隔的读书会进行重点支持；如果说此标准不容易操作，那么可以按照面向人群进行划分，以服务弱势群体的民间读书会作为支持的重点，比如专门面向农民工群体、孤独症儿童、城中村儿童等人群的读书会进行重点支持，从而提升全民阅读保障水平。

第二节　我国民间读书会的媒体环境

民间组织的发展需要社会的关注，引起社会关注的最重要力量是大众媒体的宣传报道。本节主要探讨媒体对于民间读书会的关注程度和报道情况，考虑到研究的可行性，课题组主要从报纸报道的角度入手，通过内容分析法，对报纸报道的非主题特征和主题特征进行编码，研究的重点在于考察报纸报道的特征，从而探查报纸报道民间读书会的情况。

一、数据来源

本研究的数据来源为2011—2017年"中国知网"的报纸上刊载的关于读书会的报道内容。即数据库选择"中国知网"，时间为2011—2017年，文献类型为"报纸"，主题为"读书会"，共检索到608条检索结果。其中通过对文献进行逐一阅读，多为政府部门举办的政治类型的学习读书会，此类型读书会并不在本次研究范围之内，去除之后，关于民间读书会的报道共有113条，本次研究在这113条数据基础上展开。

（一）编码体系

1. 非主题特征编码

其中对于非主题特征的报道题目、刊载报纸、报道版面、报道地区、报道时间均照实录入。而报道篇幅则长短不一，所以设定标准为取整，对不足整页的篇幅长度进行四舍五入取整。而有的报纸报道并没有提及所涉及的地区，则录为"空"，且报道地区均统一录为省级行政单位。而报道时间则只录入出版年份。

2. 主题特征编码

主题特征项包括报道主题和报道态度两个子项。其中报道主题划分为：案例报道、综合报道。报道态度为：肯定、中立、否定。

（二）有效性检验

上述编码体系由一个课题组成员完成，为了确保编码体系的有效性，另外两名课题组成员从中随机选择10篇报道进行编码，根据Holsti公式计算交互信度为94.45%。由此可见，编码体系具有较高的信度。

二、报纸报道的发展过程分析

随着民间读书会的蓬勃兴起，报纸关于读书会的报道也越来越多，如图5-3所示，尤其2014年之后，民间读书会快速发展，关于民间读书会的报道数量也开始增加。

图5-3 报纸报道数量逐年变化图

数据来源：根据对113条报纸报道统计而来。

三、报纸报道的非主题特征分析

非主题特征指的是非内容层面特征，主要包括报纸在报道过程中的显性属性。通过非主题特征分析，如报纸报道的篇幅以及版面分析，可以了解报纸对读书会报道的重视程度以及相关特征。

（一）篇幅分析

浏览不同报纸关于读书会的报道，其报道的篇幅长短不一，其中两页篇幅长度的报道最为常见，其次为篇幅长度为一页的报道。而最长篇幅的报道为六页，数量也最少，仅1篇（见图5-4）。篇幅较长的报道大多是关于读书会的活动纪要，通过记录活动中参与者的观点，一方面使读者能够了解读书会活动，另一方面传播文化思想，试图以读书会的主题内容吸引读者。而篇幅较短的读书会报道则较为短小精练，往往是直接介绍和宣传读书会，以便让更多的人能够直观地了解读书会。

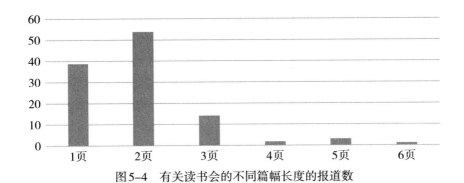

图5-4　有关读书会的不同篇幅长度的报道数

（二）版面分析

版面反映了报纸对内容的重视程度，刊载在头版的报道往往是重要信息，意味着报纸对其的重视。因此读书会报道刊载在报纸的不同版面上可以体现出不同报纸对读书会的重视程度。通过表5-4所示，可以发现报纸的001版是刊载读书会报道最多的版面，由此可见，报纸关于读书会的报道较为重视。此外，通过对第001版刊载的读书会报道数随年份的变化情况（表5-5）分析，可知随着年份的变化，在001版刊载的报道数越来越多，也可反映出近年来报纸对读书会报道越来越重视。

表5-4　报纸刊载报道数最多的前5位版面

版面	报道数
第001版	14
第007版	12
第008版	12
第002版	11
第003版	10

表5-5　第001版刊载的报道数随年份的变化情况

年份	第001版刊载的报道数
2011年	2
2012年	1
2013年	1

续表

年份	第001版刊载的报道数
2014年	0
2015年	1
2016年	5
2017年	4

四、报纸报道的主题特征分析

主题特征主要指的是报道的内容特征，主要包括报纸在报道过程中的内容属性。通过主题特征研究，可以了解报纸关于读书会报道的侧重点以及态度。

（一）内容分析

读书会报道主要包括案例报道和综合报道，其中案例报道主要指的是对典型读书会、典型代表人物或者典型活动的报道；而综合报道指的是通过对目前读书会的了解，较为概括地介绍读书会整体情况。经过统计发现，综合报道所占比例较少，多数报道为案例报道，占75.2%。

对读书会案例报道的文章，多为关于典型读书会的报道，占案例报道的62.4%，可见报纸关于单个读书会的介绍较多，主要介绍典型读书会的创办理念、活动主题、参与形式、运营模式，除此以外，还对读书会产生的活动效果进行进一步报道。其次为关于读书会活动记录的报道，占36.5%，记录主讲人的观点以及现场的交流情况，或介绍读书会举办的读书公益活动。而关于典型代表人物的报道则较为少见，只有一篇报道中提及，其内容为该代表人物是如何把读书会搬进朋友圈的[①]。而关于读书会的综合报道中，除对目前读书会的泛泛介绍外，还对读书会加以分类，如按照读书会的主导机构划分[②]。

---

① 李月红.把读书会搬进朋友圈[N].浙江日报,2017-03-19（7）.
② 韩烨.读书会,给读书人一个幸福的空间[N].新华书目报,2014-04-18（A11）.

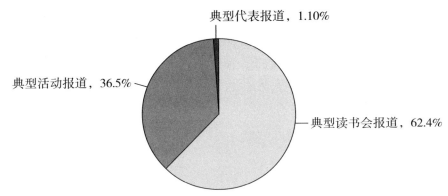

图5-5 有关读书会案例报道中的主题分布情况

阅读报纸关于读书会的报道内容，分析报道中使用的单元词，便可知晓报纸报道中对读书会的态度。报纸报道中持肯定态度的报道数最多，认为读书会具有较大的价值和作用，有报道提到参与读书会不仅是一种快乐、有效的读书方法，也是一种健康、惬意的生活方式[①]。可见媒体报道对民间读书会整体持肯定态度，充分肯定读书会在全民阅读学习型社会构建中的作用。近两年，一些媒体记者根据对民间读书会的长期观察，也提出了当前发展中的一些问题，特别是2019年的几篇报道，比较尖锐地指出了民间读书会发展中的问题，《"读书会"别成"赶场会"》《读书会需适当与热点和畅销书保持距离》《读书会别变成图书推销会》等指出了目前读书会发展中的误区，对民间读书会的发展有警醒作用。"时下，各种各样的读书会趋热，线上线下活动不少。但有些读书会摇身一变，成为商业味十足的图书推销会。'阅读'这个核心要素被闹腾的'活动'包装架空了，阅读行为本身或多或少被遮蔽。与此同时，也有不少读者落入彀中、舍本逐末，提问、签名一个不少，忙忙碌碌闹腾了一阵子，到头来依然是头脑空空。"[②]尽管这几篇文章主要针对的是出版发行机构组织的读书会，但是对广大民间读书会也有借鉴意义。

（二）媒体报道对民间读书会的误读

媒体报道倾向于客观描述民间读书会，但是通过对报道文本的深入分析，发现部分媒体报道中的用语可能引起民众对民间读书会的误读，经过笔者梳

① 汤欢.何不参加读书会[N].人民日报,2015-08-18（24）.
② 周慧虹.读书会别变成图书推销会[N].中国新闻出版广电报,2019-07-18（1）.

理，发现可能的误导主要包括以下3个方面：

1. 运行民间读书会需要大量资金投入

比如《新闻晨报》曾以《民间读书会普遍缺钱》为题进行报道，笔者随机采访了五位朋友[1]看到这个标题后的第一反应，他们的反映包括：

"没有钱办不了民间读书会"；

"办民间读书会估计得花不少钱"；

"看来办民间读书会不容易"；

"营利模式不对才导致缺钱吗？"；

"民间读书会都没钱"。

而上述五种反应都属于报道带来的对民间读书会的误导。第一种和第二种认为办读书会要花很多钱，但实际上如果只是小规模的讨论，解决了场地问题之后，成本应该说比较少，基本就是书籍购买费用和茶水费用，可以AA制解决。第三种和第一、二种类似，可能就会导致读者认为运行读书会不容易，从而打消了读者创建读书会的积极性。第四种反映则把民间读书会看作一种不成功的营利机构。第五种反映就是字面上的意思，但是关注点是在钱上，会导致大家认为钱是影响读书会最重要的一个因素。

2. 民间读书会不应该是小规模团体

从目前报纸对民间读书会的报道文本看，更多报道希望民间读书会承担阅读推广的责任，比如《读书会别拘泥于小圈子》报道中有如下行文："反观全国各地其他一些读书会，似乎不难看出这些读书会的美中不足。这些读书会的组织者、参与者尽管不乏热情，可往往满足于'自给自足'，最终不过是'躲进小楼成一统'，读书会成为了这些人小范围内的自娱自乐。"[2]从此篇报道可以看出，该报道的作者对小范围小规模的读书会持一定的批驳立场，希望民间读书会可以向广大读者推广阅读，但是这其中有一个问题：读书会的核心是小范围的阅读交流，尽管一些读书会承担阅读推广的社会职能，但是并不意味着所有的民间读书会都需承担公益型的阅读推广职能。读书会的发展是多元的，

---

① 从事过读书会相关工作的人可能已经对读书会有所了解，有先入为主的印象在里面，因此笔者随机采访的五位朋友均是图书馆或者读书会行业之外的成年人，这样能够比较客观地评价此标题带给读者的第一印象。

② 周慧虹. 读书会别拘泥于小圈子[N]. 中华读书报, 2017-07-19（8）.

大规模、小规模都是民间读书会的发展形态，大规模不是唯一选择。

3. 民间读书会不收费

《大河报》曾经以《好久没读书？到读书会熏陶一下》为题对郑州民间读书会发展情况进行介绍，其中提到"读书会不设门槛，不收费，郑州至少有上百家这样的读书会"①，后来被一些网络媒体转载时标题改为《郑州百余家读书会不收费》，重点放在了不收费上面。将民间读书会等同于不收费也是一种误读，民间读书会不论是正式注册的社会组织，还是未注册的草根组织，都会有一定的成本在，那么收取一定的费用，不管是以会费方式收取，还是以 AA 制形式均摊活动费用，都是合理的。媒体将不收费作为报道的焦点，给民间读书会打上了一个不准确的标签，并不利于民间读书会的发展。如果在报道中采用"尽管民间读书会可以收取一定费用，但是大多民间读书会采取了不收费的处理方式，由创建人垫资或争取企业政府支持解决资金问题"类似行文，可能会减少人们对民间读书会的误读。

报纸在进行报道时有自身的角度和诉求，也可能是整合了所采访的几家民间读书会的说法，加之一些网络媒体为了吸引眼球，对发表在报纸上的标题进行修改，然后转载，但是这种修改转载可能会带来传播内容的改变，从而造成误导，传递对民间读书会的错误理念，可能会影响到民间读书会的发展，因此媒体需要在媒体诉求、民间读书会采访文本的基础上，对民间读书会进行更进一步的了解，从而尽可能向公众传递正确的理念。

上述内容分析了媒体对民间读书会的报道情况，从中可以看出媒体对民间读书会比较关注，起到了宣传作用，同时也在一定程度上起到了监督作用，但是在这个过程中也存在对民间读书会的误读。那么民间读书会对于媒体的态度是什么，通过课题组对民间读书会相关人员的访谈，发现当前大部分民间读书会在寻求媒体关注方面比较积极，有的还和当地媒体建立了良好的合作关系，比如保定的"王叔叔讲故事"，通过和媒体良好的互动，在《保定日报》、保定电视台和广播电台多次宣传，为王叔叔营造了良好的社会形象，在争取社会资助方面积累了一定资本。也有一些民间读书会，不希望引起媒体过多关注，在

---

① 好久没读书？请到读书会熏陶一下 [EB/OL].（2014-04-25）[2018-12-05]. http://news. ifeng.com/a/20140425/40031752_0.shtml.

接受媒体采访方面比较谨慎。某读书会的创始人曾经提到在读书会发展初期不希望引起媒体过多关注，认为这会影响读书会成员的心态和发展计划的执行。笔者在这里不准备对这两种方式进行比较，但有一点可以明确，适度的媒体关注可以传播民间读书会的整体形象，有助于提高公众对民间读书会的了解和关注，从而扩大民间读书会的整体数量，并进而塑造民间读书会的整体生态。

第三节　我国民间读书会的需求环境

自愿性是民间读书会的核心特征之一，公众的参与意愿是民间读书会得以发展的基础，只有拥有比较庞大的具备参与意愿的公众，民间读书会才有可能快速发展。为了了解我国当前大众对民间读书会的参与意愿，本项研究进行了问卷调查，本节主要对问卷调查情况进行分析。

一、数据收集

（一）问卷设计

本研究采用问卷调查方法进行数据搜集。为保证问卷内容的有效性，在初始问卷形成后，本研究首先邀请5位测试者对问卷进行回答，根据他们的反馈意见完善问卷。该问卷涉及单选题、多选题，还采用了克特五级量表（Likert scale）进行测试，其中"1"表示"非常不同意"，3表示"中立"，"5"表示"非常同意"。

（二）问卷收集

本研究主要通过自填式问卷调查的方式来收集数据。问卷主要采用问卷星平台进行发放，借助人际关系向亲朋好友分享问卷的方式进行滚雪球式发放，在发放的过程中，尽量做到针对不同省份、不同年龄群体的覆盖。线上问卷的回答中，会根据受调查者参与读书会的具体情况，跳至相关题目或者自动结束问卷填写。正式调查于2019年1月19日进行，一周内完成了问卷的回收工作。本次问卷总共回收1040份。根据逻辑差错，剔除无效问卷18份（选择问卷中的互斥选项或者回答问卷时间小于30秒），有效问卷1022份，问卷有效率为98.26%。

（三）样本基本情况

1.样本的人口统计学特征分析

表5-6显示了有效样本的人口统计学特征。从表5-6来看，被调查者的男

女比例基本为 1∶2，女性填写问卷的人数较多。年龄方面，每个年龄段的人群都有涉及。21—30 岁区间的群体最多，占 52.94%，20 岁及以下的群体、31—40 岁区间的群体、41—50 岁区间的群体回答问卷的人数相差不大，51 岁及以上的群体相对回答问卷的人数较少。在居住地级别方面，被调查者居住地涵盖了省会城市、地级市、县城和农村，且人群分布相差不大。分布最多的在省会城市，有 371 人，占 36.3%，其余地级市、县城、农村的分布人群也相差不多，分别占到 25.93%、19.18%、18.59%。在受教育水平方面，本科人数最多，占到了 56.65%，其次是硕士（25.64%）和本科以下（15.46%），人数最少的是博士（2.25%），但各个阶段的人群都有涉及。工作方面，从事各种工作的人群也都有被调查到，其中学生群体最多，占 41.1%，其次是事业单位人员（20.94%）和企业职员（19.08%），政府人员（3.13%）、自由职业者（6.16%）和其他职业者（9.59%）相对较少，但也都有相关反馈。

表5-6　有效样本人口统计学特征分布情况

性　　别	人　　数	比　　例
男	325	31.8%
女	697	68.2%
年　　龄	人　　数	比　　例
20岁及以下	173	16.93%
21—30岁	541	52.94%
31—40岁	168	16.44%
41—50岁	120	11.74%
51—60岁	18	1.76%
61岁及以上	2	0.2%
居住地级别	人　　数	比　　例
省会城市	371	36.3%
地级市	265	25.93%
县城	196	19.18%
农村	190	18.59%
受教育水平	人　　数	比　　例
本科以下	158	15.46%

续表

受教育水平	人　数	比　例
本科	579	56.65%
硕士	262	25.64%
博士	23	2.25%
工　作	**人　数**	**比　例**
政府人员	32	3.13%
事业单位人员	214	20.94%
企业职员	195	19.08%
学生	420	41.1%
自由职业者	63	6.16%
其他	98	9.59%

来源：问卷星平台自动生成的样本统计图。

2. 样本地区分布

图5-6显示了有效样本人口的省份特征。从图5-6来看，全国34个省级行政区域除澳门外都有被调查者填写问卷。受研究者所在区域原因，河北省所占比重偏大，可能会对研究结论的准确性带来一定影响，但是因为有效问卷基本涵盖全国各省，应该能够在一定程度上描述我国各地民众对读书会的认知与参与情况。

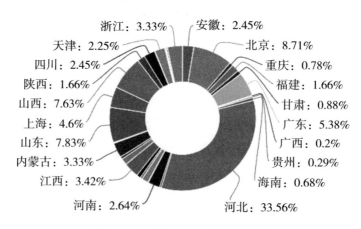

浙江：3.33%　安徽：2.45%
天津：2.25%　北京：8.71%
四川：2.45%　重庆：0.78%
陕西：1.66%　福建：1.66%
山西：7.63%　甘肃：0.88%
上海：4.6%　广东：5.38%
山东：7.83%　广西：0.2%
内蒙古：3.33%　贵州：0.29%
江西：3.42%　海南：0.68%
河南：2.64%　河北：33.56%

图5-6　有效样本人口的省份分布

说明：部分省市样本数量过少，就没有体现在此图中，比如香港、西藏分别只有1人填写。

二、公众对民间读书会参与意愿分析

（一）阅读交流认知

对民间读书会的参与和个体化阅读不同，需要对阅读感受进行交流，因此本课题组在此次调查中调查了人们的阅读交流意愿。在描述个人阅读状况时，495人选择填写了愿意或不愿意在阅读后和别人交流的选项，其中393人表示想和别人交流，约占79.3%；102人表示不想和别人交流，约占20.7%。总体来看，绝大部分公众阅读后倾向和别人交流，但是专门针对"阅读后很想和别人交流"的群体进行进一步调查发现，这部分群体100%听说过读书会，但是75.89%从未加入过读书会。

（二）是否听说过读书会以及获知途径

1022位被调查者中，有70.25%的人听说过读书会，29.75%的人没有听说过读书会，可见读书会在很大程度上已经被人们了解[①]。公众获知读书会的途径多种多样，有将近一半的人是通过微信朋友圈、公众号获知读书会消息，其次读书会的活动宣传、亲朋好友的人际网络关系宣传也是公众获取读书会信息的重要途径，除此之外与自身工作相关、微博、电视、报纸等途径也发挥一定的传播作用。

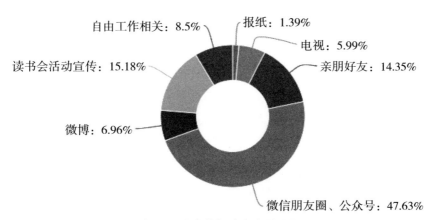

图5-7　公众获知读书会的途径

①　因研究者的领域为图书馆学，通过朋友圈发放的问卷，图书馆人填写的问卷占了相当比重，图书馆领域对于读书会的了解略高于其他人员，因此民众对读书会的了解情况会比此次问卷调查得出的数据略低。

在对"与自身工作相关"这一选项进一步调查后发现，其中有45.9%的人在图书馆工作，说明在图书馆行业的工作人员有更多的机会获得读书会的消息，也从侧面反映了图书馆与读书会之间的联系紧密。除此之外，在高校、出版社工作的人员也有可能获得读书会的消息。

（三）公众加入读书会的情况

公众加入读书会情况主要从两个方面进行调查，一方面从被调查者自身加入情况入手进行调查，另一方面从被调查者亲朋好友的加入情况入手进行调查，二者结合可以更全面地揭示公众加入读书会的现状。

1. 调查对象自身加入读书会情况

对1022位被调查者询问"是否加入过读书会？"，86.11%的被调查者从未加入过读书会，9.98%的被调查者以前加入过，但现在退出了，只有3.91%的被调查者加入读书会并坚持到现在（见图5-8）。9.98%的被调查者在加入读书会以后又选择退出，导致这种行为的最大原因是"工作太忙，没有时间参加读书会"，其次是一部分人"相比群体阅读，更喜欢自己读书"，其他原因还有"读书会主题不符合我的阅读兴趣""读书会规定主题，分享读书感悟，没有就深层的思考进行互动交流""读书会活动体验差""读书会不能帮助我学习到想要的内容"，等等。

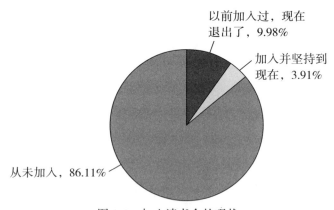

图5-8　加入读书会的现状

只有3.91%的被调查者加入读书会并坚持到现在，选择的读书会类型大多为"不收取任何费用的读书会""以阅读+互动交流为主的读书会"，而关于读书会是线上还是线下，选择相差不大。

2. 被调查者亲友加入读书会情况

被调查者亲朋好友加入读书会的人数相对较少，且以不收取任何费用、阅读＋互动交流为主的读书会最受欢迎。在对1022位被调查者询问"您周围有没有亲朋好友加入过读书会？"时，64.87%的被调查者回答"没有"，35.13%的被调查者的亲朋好友加入过读书会。在对亲朋好友加入的读书会类型进行进一步调查获知，对读书会的选择，人们更倾向于不收取任何费用、以阅读＋互动交流为主的读书会，对于读书会是线上进行还是线下进行，人们的选择没有出现太大差异。

（四）参与意愿

对880个"从未加入过读书会"的被调查者进一步询问"如果您身边有读书会，您想加入吗"，69.32%的被调查者明确表达了想加入读书会的意愿，30.68%的被调查者则不想加入读书会。相比较来说，更多的人倾向于加入读书会，并且"读书会的活动形式""读书会的阅读书目""加入读书会的费用""读书会的参与群体"成为这些人优先考虑的因素（见图5-9）。同样"不收取任何费用的读书会""以阅读＋互动交流为主的读书会"成为这些人更倾向的读书会类型。

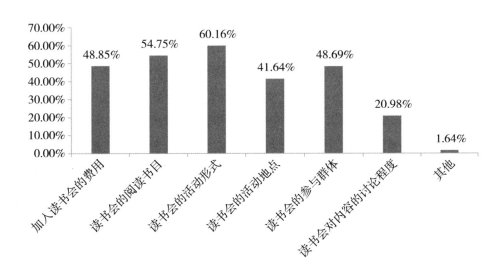

图5-9　加入读书会会考虑的因素

针对270个"不想加入读书会"的被调查者，细究其理由发现，有65.56%

（177人）的被调查者选择了"相比群体阅读，更喜欢自己读书"，40.37%（109人）的被调查者选择了"工作太忙，没有时间"，其次还有一部分被调查者选择"读书会阅读书目不符合自己的阅读兴趣""加入读书会费用太高""读书会不能帮助自己"，等等（见图5-10）。

综合被调查者亲朋好友以及自身加入读书会的情况来看，尽管绝大部分人听说过读书会，但实际加入读书会的人还是占少数。在我国，参加读书会尚未像英国、瑞典等国家成为民众的生活方式。加入读书会的人，对读书会的选择更倾向于不收取任何费用、以阅读＋互动交流为主的读书会，对于读书会是线上进行还是线下进行，人们的选择没有出现太大差异，以及对亲子阅读类型的读书会和成人阅读的读书会的选择也相差不大。

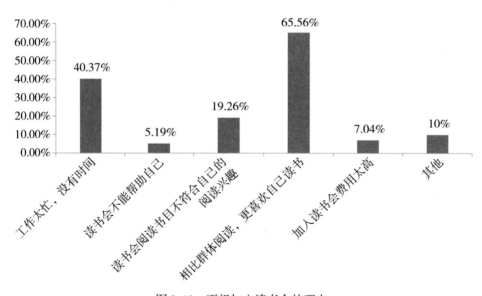

图5-10　不想加入读书会的理由

三、提升公众认知与参与意愿的策略

针对目前公众对读书会的认知与参与情况，笔者认为可以从以下两个方面入手，提高公众对读书会的认知与参与意愿。

（一）从行业协会角度

中国图书馆学会阅读推广委员会、全国读书会联合会可以合作拍摄关于读书会的宣传短片，向公众介绍宣传民间读书会的运作模式、民间读书会能够为民众带来什么等基本问题，让民众了解民间读书会。还应对民间读书会的相关信息进行整合揭示，让民众了解参与民间读书会的途径。

（二）从民间读书会自身角度

1. 明确公众需求，提高公众参与意识

互联网时代，民间读书会不再局限于线下开展活动，线上读书会的开展也积累了很多成功经验，诸如"十点读书""慈怀读书会""南都读书俱乐部"。将线下线上读书会同步进行、两个或多个读书会同步进行，结合线下影响和线上互联网强大的力量，推动线下线上优势互补，既能满足有参与线下读书会活动需求的读者，又能积累和发展网上用户。参与线下的成员可以面对面地分享，零距离感受现场气氛，线上的粉丝、网友也可以同步了解读书会的情况，随时参与线下读书活动。民间读书会应充分利用互联网，把互联网工具作为城市读书会之间、读书会与繁忙读者之间互动的纽带，吸引更多的人参与阅读活动。

2. 明确读者定位，提高读者黏性和活跃度

民间读书会在组织和发展时要对读者有精准、清晰的定位，针对不同的读者要采取不同的宣传渠道，使读书会的信息更广泛地传播。同时，读书会作为一种自发性的阅读组织，主要凭借组织者及参与人的热情而存在，成立容易，难在保持读者的长久参与。因此，为了保证读者的长期参与，并发挥读书会深度阅读、独立思考的功效，有必要在读书会成立之初，成员间共同商议制定内部规则，明确易于实行的宗旨、目标，根据成员的实际状况确定聚会的时间和频次、成员间工作任务的分配、财务收支的规定、阅读材料的选择原则等，以增强读书会成员间的凝聚力。并通过内部规则的制定和实施，形成分工合作、共同遵守的良好关系，从而有效促进读书会的持续发展。

3. 创新活动形式，发展多元化读书会

多元化的民间读书会，可以满足不同层次读者的阅读需求，进一步发挥整体良性效应。因此，民间读书会的发展应形成多元化格局，根据不同群体、不同职业的需要，以多样化的主题与形式吸引各类特定人群，促进读书会持续开展。除了阅读及讨论外，也可以开展户外参观、郊游登山、影片欣赏等新颖的学习活动，以丰富会员的社会阅历。如"后院读书会"组织会员前往外地游历，形成类似走读形式的活动。在开展面对面交流活动时，也可以通过 QQ、微信等方式构建在线读书会，便于会员之间及时交流和讨论。

本章小结： 本章主要对我国民间读书会发展环境进行分析。通过对政策环境的分析发现我国政府对民间读书会持鼓励、提倡、帮扶的态度，并且出台了一些具体措施，我国民间读书会发展的政策环境非常有利，今后相关政策可以从分类发展的思路进行完善，对讨论型读书会应该以鼓励读书会组织者和创办者的投入热情为主，从而在一定程度上保证读书会的持续运行；对于以开展大型活动为主的读书会，政府应该重点支持以服务弱势群体为主的读书会以及和营利性读书会有明显区别的读书会。我国民间读书会引起了媒体关注，媒体报道起到了宣传和监督作用，但是部分报道可能会引起公众对民间读书会的误读。通过对公众的调查发现，大多公众听说过读书会，但是参与过读书会的比例较低，加入读书会目前尚未成为我国民众的基本生活方式，但是大多数公众有加入读书会的意愿，大量的阅读交流需求没有被满足，民间读书会有比较大的需求空间。

第六章　我国图书馆发展民间读书会的策略

本书主要从图书馆学的角度考察民间读书会的发展，因此需考虑图书馆应该如何推动民间读书会发展。笔者认为要回答此问题，一方面需要借鉴历史经验和国外经验，同时需立足我国民间读书会发展的现实情况，结合我国图书馆发展特点，提出我国图书馆界发展民间读书会的策略和规划。

第一节　我国图书馆发展读书会的历史经验

纵观我国读书会发展历史，民国时期和新中国成立初期，图书馆均发挥了重要作用，因此本节着重分析民国时期和新中国成立初期图书馆发展读书会的经验。

一、民国时期图书馆发展读书会的经验借鉴

民国时期图书馆学史和图书馆事业史的研究是近年来我国图书馆学研究热点之一，部分学者在研究民众教育馆、民众图书馆等内容时零星提到了"图书馆读书会"，比如吴长玲的《民众教育馆图书部探析》、杨晓阳的硕士学位论文《1912—1937安徽省立图书馆社会教育职能研究》、张本一的硕士学位论文《河南省立民众教育馆研究（1928—1937）》、毛文君的硕士学位论文《近代中国（1911—1937）城市民众教育馆述论》，上述论文均提到了读书会，但因读书会不是研究重点，并没有对读书会深入研究和挖掘。随着全民阅读的深入开展和民间读书会的蓬勃发展，读书会开始进入学者的研究视野，部分学者开始关注民国时期的读书会，苏全有和李伊波的《民国时期读书会述论》、杨云舒和姜晓的《民国时期儿童读书会发展研究》，对民国时期的读书会或者某一特定类型读书会的发展情况进行了有益的探索，但是上述论文并没有站在图书馆的角

度，对民国时期图书馆发展读书会情况没有涉及或着墨不多。本书希望在上述研究的基础上对民国时期图书馆如何发展读书会进行深入分析，着重探查民国时期图书馆界对读书会功能作用的认知，以及当时图书馆如何发展读书会，在发展读书会过程中的主要角色定位和策略。

这项研究需要收集关于民国时期图书馆发展读书会的史料和文献。笔者主要对晚清民国数据库（全国报刊索引）、大成老旧刊全文数据库和《申报》全文数据库进行检索，限定检索时限为1911—1949年。同时以李钟履先生编写的《图书馆学论文索引第一辑（清末至1949年9月）》中关于读书会的相关论文作为补充。民国时期除了图书馆，民众教育馆的图书部或图书股也实际履行图书馆的职能，因此本书的图书馆也包括民众教育馆的图书部和图书股（后文为行文方便，统一写作"图书馆"）。对于读书会这一概念面，经过笔者初步查阅相关文献，发现除了读书会这一提法，类似提法还有"读书社""读书互助会""读书研究会""阅书会"。检索文献时对上述提法都进行了检索，发现文献169条，年代分布见图5-1。专门介绍图书馆读书会的文章始见于1926年，1930年之前相关文章很少，1930年之后增长迅速，1937年之后逐步减少。

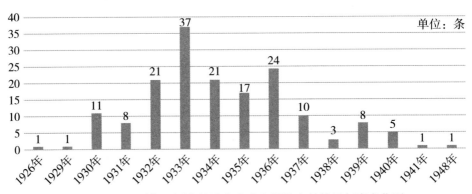

图6-1 民国时期以图书馆读书会为主题的文献数量年度变化图

来源：此图为笔者根据民国图书馆读书会的文章统计而来。

上述169条文献构成此项研究的主要史料，主要包括三类：一是图书馆读书会的实践报道性文献，主要发表在各民教馆或图书馆的馆刊上，比如安徽省图书馆的馆刊《学风》，这些报道性文献一般以报道读书会成立情况、发展变化情况为主，间或有读书会会员的来函、习作以及会员照片等，计122篇。二是民国时期图书馆读书会章程，通过对章程中的宗旨、目的、会员管理等进行内容分析可以一窥民国时期读书会管理情况，笔者收集到章程58份，其中包括附在实践报道性文献后的24份章程和专门介绍章程的文献34份。三是图书馆读书会的理论探讨性文献，民国时期和图书馆读书会相关的期刊论文并不多，计13篇，主要发表在图书馆领域和民众教育领域的刊物上。除了上述文献，笔者还查考了民国时期图书馆学著作，并未发现民国时期图书馆人撰写的关于读书会的专著，但是有学者指出"民国时期图书馆人论图书馆的著作，多数会提到图书馆的读书会，概述性质的论著更是将此项作为图书馆联系社会的重要一环"[①]。经过笔者初步查考，徐旭、杜定友等学者在著作中对读书会论述较多，于是对他们的著作进行研读分析。上述文献构成本书的史料基础，辅之以民国时期图书馆的组织大纲等历史资料。

（一）民国时期图书馆界对读书会功能的认知分析

综上可知，民国时期图书馆对读书会工作普遍比较重视，为什么会重视读书会，民国时期图书馆界如何认识读书会的功能？笔者通过对民国时期学者论著和业界相关读书会章程的分析，发现图书馆界主要从社会教育的角度理解读书会的功能，认为读书会是阅读指导的重要方式。

民国时期图书馆学者纷纷倡导自由、平等、对外开放的图书馆社会教育理念。1931年徐旭提出"图书馆是民众教育有力的中心事业"[②]。1932年杜定友在《新中华图书管理学》中提到"图书馆对于阅者读书习惯的养成、好学心的培植，实较重于其他各种教育，故图书馆事业为社会上最重要的教育事业"[③]。基于中国当时国情，加之受美国图书馆学界20世纪20—30年代成人教育潮流的影响，图书馆界努力开展各种阅读指导活动以实现社会教育职能，而读书会则是图书馆进行阅读指导的重要方式。徐旭曾提出阅读指导的四个层次：识字班、阅读辅导班、读书会和研究会[④]，并进而提出"读书会是民众图书馆的中心活动，是民众图书馆教育上的一个最良善和最适当的教学方法"[⑤]。濮秉钧曾

---

① 余训培.民国时期的图书馆与社会阅读[M].北京:清华大学出版社,2013:99.
② 徐旭.图书馆阅览指导法[J].教育与民众,1931,2（7）:1-5.
③ 杜定友.新中华图书管理学[M].上海:新国民图书社,1932.
④ 徐旭.图书馆与民众教育[M].上海:商务印书馆,1941:56.
⑤ 徐旭.图书馆与民众教育[M].上海:商务印书馆,1941:63.

指出"民众图书馆所以要成立读书会，也就是要使一般民众，不受时间和金钱的限制，利用图书馆的图书来研究知识，充实生活，增进智识"①。聂光甫则从阅读指导效率角度出发强调读书会对图书馆阅读指导工作的重要。如果只针对个人进行指导，"馆员惟非疲于奔命，且无从着手，故图书馆欲谋指导得宜，惟有成立各种读书会为便也"②，通过读书会来进行阅读指导，能够有针对性地进行指导，提升指导效率。

图书馆学界在认识读书会时重视教育职能，强调阅读指导，这一认知在业界实践中也得以体现。笔者对58份读书会章程中关于宗旨目标的表述进行分析，发现20份提到了"引起、增进儿童或成人的读书兴趣"；15份提到了"增进民众常识、增进民众生活之智识"；14份提到了"为民众提供学术研究、研究读书方法的机会，养成研究精神"；13份提到了"养成民众读书习惯、自修习惯"；6份提到了"增加民众读书之机会"；4份提到"养成团体精神"。从这些表述中可以看出民国时期图书馆界对读书会教育职能的重视。

（二）民国时期图书馆读书会活动内容分析：阅读+写作+研究

学界与业界普遍认为读书会是进行阅读指导以实现图书馆社会教育职能的重要方式。图书馆组织的读书会的活动内容也围绕教育目的展开，以"阅读+写作+研究"为中心，辅之以其他活动（见表6-1）。"读书会，顾名思义，当然讨论读书问题了"③。因此阅读活动是读书会的核心活动，大多读书会都会规定每月需阅读图书之数量，如"每月至少三册"④；同时规定"要撰写读书报告，将各书大意做成笔记"⑤；并且需在讨论会上进行分享讨论。除了阅读，作文和研究也是各读书会的常备要项，大多章程中规定"每月至少作文一篇，材料可取自生活记事，阅书心得，时事感想、本馆征文等"⑥，每月选定研究题目

---

① 濮秉钧.民众图书馆中的读书会[J].教育与民众,1932,3（9/10）:1748.

② 聂光甫.图书馆读书会之研究[J].山西省立民众教育馆月刊,1936,2（9/10）:5-12.

③ 徐旭.图书馆与民众教育[M].上海:商务印书馆,1937.

④ 江苏省立徐州民众教育馆.灌云县第一民众教育馆基本施教区民众读书会简章[J].教育新路,1934（51/52）:29.

⑤ 浙江省立图书馆.浙江省立民教馆组织儿童读书会[J].浙江省立图书馆馆刊,1934,3（1）:4.

⑥ 天津市市立通俗图书馆.天津市立第五通俗图书馆青年读书会成立[J].天津市市立通俗图书馆月刊,1934（3）:9-12.

进行研究。

表6-1　民国时期部分图书馆读书会的活动内容

名　　称	会员主要活动内容
浙江省立民教馆儿童读书会	每月读书4部，撰写读书报告2篇，演说、讨论、讲故事
灌云县第一民众教育馆基本施教区民众读书会	每月读书三册，撰写读书心得或大意，读书竞赛会、研究
上海县公共图书馆成人读书会	每日在馆阅书一小时，会员报告、演讲、研究问题、余兴
江苏省立教育学院实验民众图书馆读书会	每月阅书三册，作文一篇，研究会议、成果展览
宜兴县立公共图书馆读书会	读书报告、演讲、讨论及研究问题
广西省立民众教育馆民众读书会	读完指定书籍，笔记报告，每月至少作文两篇，诗歌或故事
上海市立民众教育馆儿童读书会	读书竞赛，读书测验，读物供给及介绍，报告读书心得，讨论读书方法
安徽省第三图书馆儿童读书会	史地问答，国耻、爱国读物之报告，读书竞赛，常识问答

注：此表由笔者根据民国时期部分读书会章程整理所得。

在这三项活动之外，不同图书馆还规定有演讲、辩论等活动以及讲笑话等余兴节目。比如安徽省立图书馆儿童读书会安排有"演说：导师指导会员练习演说"和"辩论：拟定题目，分别正负组，依照辩论方法，练习辩论"[1]。儿童读书会则经常举办读书竞赛，还有一些图书馆举办有会员读书成果展览、会员刊物等。除此之外还有家事指导、礼仪指导、卫生指导、家事指导等内容[2]。

（三）图书馆对读书会的阅读指导

综上可知，民国时期图书馆界在组织发展读书会中以教育为重点，发展普遍，那么图书馆在读书会发展中承担着什么角色？如何发展读书会？经过笔者

---

① 安徽省立图书馆.本馆之儿童读书会[J].学风[安庆],1931,1（4）:17-18.

② 湖南省立第二民众教育馆.湖南省立第二民众教育馆民众图书馆妇女读书会简章[J].民教之友,1939（2）:14-15.

研究分析，发现民国时期的图书馆主要承担着阅读指导者和服务者的角色。

民国时期组织读书会的主体类型众多，除了图书馆，部分书店、报社、学校、公司也办有读书会。当时有学者提出图书馆的读书会和其他读书会的区别就在于指导。"普通的读书会，只是几个对于读书研究有兴趣的同志，集合在一起，互相研读而已，受不到外来的指导，因此各会员进步较慢，得益较少。民众图书馆中的读书会，不只是会员间能够互相策励研读，同时还可以得到民众图书馆的指导……不致有摸黑路的危险，进步较快，得益较多"①。在具体实践中，图书馆也通过设置指导员对会员的阅读进行指导，施行指导者的角色。

1.指导员设置情况分析

为了对读书会会员进行辅导，除了在章程中明确规定会员阅读过程中遇到困难与馆员一起讨论，一些图书馆采取专门设置指导员的做法。通过对58份章程中指导员设置情况进行分析，发现33份章程提到了设置指导员，约占60%，设置比较普遍。这其中儿童读书会和成人读书会设置指导员情况略有差别。儿童读书会一般设置有指导员，成人读书会是否设置指导员，学者看法不一，大部分学者认为成人阅读需要指导，"每一个读书会都应当推派力能胜任的管理员一位参加指导，讲解读书方法，领导讨论问题并介绍到馆的新书"②。但也有学者认为读书会"是平等的，大家的能力程度都差不多……没有什么委员和会长，也没有什么导师"③。因此在成人读书会中，有部分图书馆（部）采用了不设置指导员的做法。从指导员的来源看，馆员担任为主，从外聘请学者为辅。"读书会内之指导员多由馆员担任，间有聘请馆外人员担任者，究属少数"④。笔者通过对读书会章程的分析，发现约有三分之二的图书馆以图书馆馆员担任指导为主，三分之一的图书馆采取馆员+馆外学者的方式。宜兴县立图书馆规定"本会分指导部与干事两部，指导部设指导员若干人，除由本馆职员兼任外，得由本馆请本地热心社会之学者担任之"⑤。

---

①　濮秉钧.民众图书馆中的读书会[J].教育与民众,1932,3(9/10):1748.
②　蒋复璁.图书室管理法[M].上海:正中书局,1941:38.
③　陈东原,朱立余.读书会之理论与目的[J].学风[安庆],1933,3(3):2-75.
④　聂光甫.图书馆读书会之研究[J].山西省立民众教育馆月刊,1936,2(9/10):5-12.
⑤　宜兴县立公共图书馆.宜兴县立公共图书馆读书会简章[J].宜兴民众,1930(36):3.

2. 指导内容分析

前文提及图书馆读书会的活动主要包括阅读、写作和研究，与此相适应，图书馆对读书会会员的指导也主要围绕这三个方面展开。在阅读方面，主要包括阅读书目和阅读方法的指导。在阅读书目指导方面，不同的图书馆做法会有些微不同，比如：有的图书馆指定阅读书目；有的可以由会员选择，但是进行阅读之前必须获得指导员的同意。受当时的书籍净化运动[①]的影响，图书馆读书会章程中多对小说阅读进行限定，约有70%的读书会规定每月最多只读一本小说，1935年天津市立第五通俗图书馆青年读书会简章中规定"读书每月至少三种，其中小说只限一种，此外可自行选择，或由本馆介绍"[②]。类似规定也再次说明图书馆对自身阅读指导者的定位。关于指导写作和研究方面的记载不似阅读丰富，但是也能看出指导的主要框架，写作方面主要指导会员怎样定作文题目、文章结构，怎样将读书所得应用于作文；研究方面指导会员应该研究什么问题，怎样去研究，怎样去找参考书目。

3. 指导理念分析

（1）分众指导

徐旭曾经指出应该根据民众的程度、根据民众的需要、根据民众的年龄、根据民众的时间、根据时事地的差异来进行阅读指导[③]。图书馆在发展读书会时也深受上述分众指导理念影响，主要体现在读书会分组方面。从实践层面，图书馆一般会有儿童组、妇女组、成人组三种类型读书会。比如青岛市社会教育中心区附设民众读书会，读书会的会员被分为成人组、妇女组、儿童组三个组[④]；同理还有崇德民教馆读书会，分为成人组和青年组[⑤]。蒋复璁指出"儿童、成人、妇女因为年龄，嗜好不同，应该分别组织。成人人数众多时可按职业划

---

① 书籍净化运动：20世纪20年代，由图书馆发起的旨在对社会阅读进行纠偏的运动，主要针对小说阅读，图书馆普遍持有以下几种态度：一是限制小说借阅，二是清除馆中小说部分，三是不接受小说进入馆藏。

② 天津市市立通俗图书馆. 天津市立第五通俗图书馆青年读书会成立[J]. 天津市市立通俗图书馆月刊,1934（3）:9-12.

③ 徐旭. 民众图书馆学[M].上海:世界书局,1935:226.

④ 青岛市教育局. 青岛市社会教育中心区附设民众读书会简则[J]. 青岛教育,1936,3（11）:6-7.

⑤ 中国出版月刊社.崇德民教馆组织读书会[J]. 中国出版月刊,1932（1）:84.

分，如学生们的读书会、商店店员读书会等"[①]，说明"分众指导"理念得到学者的认可。另外，按会员程度情况进行分组的理念也得到了相关主管部门的认可。1935年，沧县民众教育馆拟组织读书会，呈报给河北省教育厅，河北省教育厅的批复意见指出"会员分组除按区域划分为，应再就其程度分为若干组以便指导"[②]。随着读书会工作的开展，图书馆对读书会分组更为具体，除了年龄之外，学科和职业是主要分组依据。江西省立图书馆1935年成立民众读书会，在其章程中明确规定读书会分十个科，包括图书馆学科、国学科、外国文科、史地科、教育科、数学科、理化科、博物科、医学科、工学科，各科需设指导员若干人[③]。昆华民教馆的读书会按学科领域下设七个组，妇女问题组、自然科学组、社会科学组、党义组、新闻学组、教育组和文学组。会员至少选定一门学科，同一学科的会员编为一个小组，用学科名来对小组进行命名，如文学组、教育组等[④]。安徽省立图书馆成人读书会拟成立"教学读书会、文学读书会、历史地理读书会和社会学读书会"[⑤]。上述三个图书馆均是按学科分组进行指导的典型例子。按照职业分组做得比较具体的例子是天津市第五通俗图书馆的读书十人团，将读书会会员细分为成年工人、成年商人、成年农人、成年自由职业、军警、大中学生、男童、女童等类别，每一类会员只能加入相应类别的读书团，比如"成年工人均入工人读书十人团，成年商人入商人读书十人团"[⑥]。尽管未发现关于读书十人团运行情况的记载，但是这种按职业分组的做法是分众指导理念在实践中的又一尝试和应用。

（2）系统阅读指导

按照会员程度、职业等进行分组后，面临的下一个问题是对各组如何进行

---

① 蒋复璁.图书室管理法[M].上海:正中书局,1941:38.

② 河北省教育厅.河北省教育厅指令第五二一一号[J].河北教育公报,1935,8(17/18):26.

③ 江西省立图书馆.第十四次馆务会议:创设读书会办理情形[J].江西省立图书馆馆刊,1935(2):170-175.

④ 龚自知.昆华读书会简章[J].云南教育,1934,2(12):17-20.

⑤ 安徽省政府教育厅秘书处.省立图书馆成人读书会组织简章[J].安徽教育行政旬刊,1933,1(11):17-18.

⑥ 天津市市立通俗图书馆.天津市立第五通俗图书馆青年读书会成立[J].天津市市立通俗图书馆月刊,1934(3):9-12.

指导。系统的阅读和学习是教育的基础，因此图书馆的阅读指导特别强调支持读者的系统阅读。美国公共图书馆早期的阅读指导活动主要为个人和团体读者的系统阅读提供服务①，徐旭先生曾关注翻译过美国关于阅读指导的文章，并进而提出"我们应该为会员编制一套各种学问都包含的、由浅入深、由简而繁，依次阅读的课程，使会员得到有系统而实用的知识"②。聂光甫也曾提出"读书会阅者可以就性之所近，终身研究，由浅入深，循序渐进，得一系统之知识也"③。学者的观点是否在实践中得到应用？就笔者所掌握的文献，并没有发现关于此方面实践的详细记载，只有南京民教馆对于图书分级的简单记载，南京民教馆将书分为四级，第一级为普通小说如水浒、七侠五义等；第二级为通俗丛书、史地丛书；第三级为百科小丛书、世界书局 ABC 丛书；第四级为党义书籍④。严格来说这是一个比较粗泛的指导，和同时期阅读服务发展较好的国家有一定差距，比如美国公共图书馆协会1925年开始编印指导系统阅读的系列手册——《有目的地阅读》(*Reading with a Purpose*)，涵盖67个主题领域，每个主题领域包括关于该领域的简单介绍，以及从简入深的书目8—12种，以期读者达到对该主题的系统了解。民国时期图书馆界学者已经认识到指导会员系统阅读的重要性，但当时指导系统阅读的实践并不成熟，处于萌芽阶段。

（3）注重督促考核

对会员进行指导除了帮助会员解决读什么、怎么读的问题，还要帮助会员解决惰性问题，激励会员持续阅读，负责对读书会会员进行监督检查。尽管有个别图书馆在章程中没有明确图书馆的指导角色，但是却无一不规定会员必须参加每周或每月之集会，每月需完成读书报告。图书馆在会员证的后面印有十二个月份，对懈怠的会员，图书馆通常进行警告督促，若会员无故不到会的次数过多，则停止其权利或令其出会。会员完成读书会规定后，就在每月里写下"通过"二字。"本会会员每月需完成读书研究工作，送交本馆

---

① FLEXNER J M，EDGE S A. A readers' advisory service[M]. New York：American Association for Adult Education，1934.

② 徐旭.民众图书馆学[M].上海：世界书局，1935:237.

③ 聂光甫.图书馆读书会之研究[J].山西省立民众教育馆月刊，1936，2（9/10）：5-12.

④ 江苏省立民众教育馆.本馆三年来工作概况[J].民众教育，1930，2（11/12）：1-12.

查考，认为及格者，于会证上给与通过字样"①。这种关注阅读效果，注重对会员的督促和评估的做法推动了读书会的良性发展，是很多图书馆读书会得以长期运行的关键。

（四）图书馆对读书会的其他服务

民国时期的图书馆不仅是读书会的阅读指导者，经过笔者文献调研发现，图书馆界还做了大量的资源提供、会务服务等工作，笔者将其总结为服务者角色。

1. 提供图书场地等资源

读书会的运行需要阅读的书籍、讨论的场所。在民国时期，图书的提供至关重要，因此在读书会章程中都将提供图书作为必备要项，还有图书馆酌情考虑会员需求进行购书。《江西省立图书馆民众读书会章程》中规定会员的权利包括"欲阅览之图书得贡献本馆酌量购备，本馆出版刊物得按期赠阅"②。除了图书之提供，有图书馆提供讨论所需其他资源，比如安徽省立图书馆对成人读书会"充分辅助之义务、供给图书之参考及开会时必需之灯火茶水文具等"③。

2. 提供会务方面的服务

图书馆组织读书会有两种方式：一种是由图书馆规划妥当，完成一系列组织发起工作；另一种是由馆内的阅读指导员启发几个常来馆内读书看报的读者，使之发起组织读书会，图书馆给予辅导。不管是哪种方式，图书馆都需提供会务方面的服务。比如拟定读书会章程方面，徐旭曾指出"要叫阅书的人自己来拟会章，这是不可能的，所以馆中指导员应当将会章先拟好"④。因此各图书馆制定的读书会章程实际上为读书会和各小组的管理和运作提供参考，比如会员数量多少为宜是读书会成立时一个颇为重要的问题，一些图书馆在制定读书会章程中对成员数量进行控制和限定。"每种读书会集合会员达

① 江苏省立徐州民众教育馆. 灌云县第一民众教育馆基本施教区民众读书会简章[J]. 教育新路, 1934(51/52):29.

② 江西省立图书馆. 第十四次馆务会议:创设读书会办理情形[J]. 江西省立图书馆馆刊, 1935(2):170-175.

③ 安徽省政府教育厅秘书处. 省立图书馆成人读书会组织简章[J]. 安徽教育行政旬刊, 1933,1(11):17-18.

④ 徐旭. 图书馆与民众教育[M]. 上海:商务印书馆, 1937:58.

十五人时即可成立，不可超过五十人。各读书会之会期，由各馆自定之，惟至多不超过一星期一次"[①]。"每个读书十人团的数量以十人为限，凑足十人即为一团，每种超过十人即组第二团，记为'妇女读书会第一十人团'"[②]等。除了制定读书会章程以供各读书会参考之外，图书馆也在读书会实际运作环节提供帮助和服务。上海儿童读书会第一次理监事联席会议记录中曾记载了会议上各种提案及会上所形成的决议，比如"会证拟如何制定，决议：请馆方负责筹办；本会证章拟如何制定，决议：请馆方设计办理"[③]。可以看出，民国时期图书馆界努力为所设读书会提供会务方面的辅助和服务。一般由图书馆员工和会员一起担任读书会的干事或会长，一方面加强和会员的联络，一方面强化服务的管理保障。

3. 交流平台角色认知的萌芽

如前文所述，民国时期图书馆对读书会多有分组，如何促进读书会或各组之间的交流已经进入图书馆工作日程。天津市民众教育馆实验区曾经召开一个面向区内所有儿童读书会的观摩会，实际是面向所有儿童读书会会员的阅读竞赛，分为个人赛和团体赛，团体赛中以读书会为单位，各单位推选代表若干人，讲述心得或书中大意。这个观摩会尽管是以比赛形式开展，但是在准备期间要"定期召集各读书会指导员会议，讨论观摩办法"，会后要"召集读书会指导员会议讨论扩充以及改善办法"[④]，通过观摩比赛的方式为各个儿童读书会搭建了交流的平台。尽管笔者在查找资料的过程中仅发现这一个案例，表明当时图书馆界并没有充分认识到读书会交流平台这一角色，但是也能够说明图书馆可作为读书会交流平台这一认知在民国时期已经萌芽。

---

① 安徽省政府教育厅秘书处. 省立图书馆成人读书会组织简章[J]. 安徽教育行政旬刊,1933,1(11):17-18.

② 天津市市立通俗图书馆. 图书馆界:市立第五通俗图书馆读书十人团成立[J]. 天津市市立通俗图书馆月刊,1936,2(3/4):16-18.

③ 上海市市立民众教育馆. 本馆消息:儿童读书会第一次理监事联席会议纪录[J]. 上海民众,1937(4):40.

④ 天津市市立通俗图书馆. 天津市民众教育馆实验区读书会各项章则[J]. 天津市市立通俗图书馆月刊,1936,2(3/4):29-30.

☞江苏省立教育学院民众图书馆读书会章[①]

本馆于今年六月间，曾有读书会之组织，因其时聚集者，多数为商界青年，由彼等自动要求，定位商余读书会，非商界青年，遂未得参与，今特拟定章程，扩大会之范围，确定读书研究工作，并嘱会员对于此后会务之进行，须完全负责。已商得前商余读书会会员之同意，将该会解散，各会员重行登记，同时征求新会员，如有欲读书求上进，谋生活智识之增长，而为时间经济所限者，加入该会颇称适宜，本次征求会员，以十二月十日为截止期。兹将读书会会章录后：

一、定名　本会定名为江苏省立教育学院实验民众图书馆读书会。

二、宗旨　本会宗旨在使一般民众，得不受经济时间之限制，而有读书研究之机会，借以增进生活智识。

三、目标

甲、养成读书习惯

乙、研究读书方法

丙、讨论书籍内容

丁、训练写作能力

四、会员　凡识字民众，其品性纯洁，且有浓厚之读书兴趣，不论职业性别，年在十六岁以上、经本会会员之介绍，及本馆馆务会议之审查，认为合格者，均得为本会会员。

五、入会　凡新会员入会时，须缴纳入会费大洋两角，本会给予会证一纸即为正式会员。

六、职员　本会设总干事，常务，书记各一人，由大会推选之，任期半年，连举得连任，遇必要时，得由总干事请定临时总干事若干人。

七、集会　本会每月举行研究一次，每半年开始时，举行会员大会一次，终结时，举行会员读书成绩展览会一次，在大会闭幕期间，由三职员会同本馆执行一切会务。

八、分部　本会得设妇女、商人等研究分部

---

① 本馆新读书会会章[J].民友月报，1930（3）:17-19.

九、规约　本会会员应切实遵行"会员须知"。

十、奖惩　凡会员之热心会务，并读书成绩优良者，本馆得嘉奖之；若有怀抱其他作用，行为不良，毁坏本会名誉，阻碍会务进行，或屡次无故违反"会员须知"者，本馆得取消其会员资格。

十一、会址　无锡江阴巷本馆。

十二、附则　本章程如有未尽善处，得由本馆修改之。

会员须知

一、工作　本会会员每月须完成左列之读书研究工作，送交本馆查考，认为及格者，于会证上给以"通过"字样；惟有特别情形经本馆允可者，亦得暂停此项工作。

甲、阅书　每月最少三册，惟小说只限一册，此外可自行选择，或由本馆介绍，阅后宜将各书大意作成笔记，交本馆考查。

乙、作文　每月至少作文一篇，材料可取自生活记事，阅书心得，事实感想，本馆征文等，作成后交本馆考查。

丙、研究　出席研究会议，并提出研究问题。

二、权利　本会得享左列各种权利。

甲、选举及被选举权。

乙、享受本馆出版品权。

丙、预约借书权。

丁、请求购书权。

戊、会务建议权。

三、义务　本会会员应尽左列各项义务。

甲、劝导亲友来馆阅书并加入本会。

乙、出席本会之各种集会。

丙、切实遵行本会章。

通过对民国时期图书馆发展读书会情况的考察，发现民国时期图书馆界将读书会看作进行阅读指导以及社会教育的重要方式，读书会的活动主要围绕阅读、写作和研究展开。图书馆在发展读书会的过程中主要承担指导者和服务者的角色，通过设置指导员，以分众指导、系统阅读、注重评估考核等理念指导会员的阅读发展。同时承担服务者的角色，为读书会的运行提供图书、场地、会务服务并促进读书会之间的交流。尽管部分理念和实践并不成熟，比如支持会员的系统阅读，促进读书会或读书小组之间的交流，但民国时期图书馆发展读书会的思路在今天仍颇有思考和讨论的价值。

二、新中国成立初期图书馆发展读书会经验借鉴

通过第二章对我国读书会发展历史的回顾可以看出，新中国成立初期的读书会主要在图书馆（也包括文化宫）的推动下发展。我国当前对于新中国成立初期图书馆事业研究比较少，笔者在大量收集文献的基础上对新中国成立初期图书馆发展读书会的经验进行分析。

（一）新中国成立初期图书馆界对读书会的认知分析

新中国成立初期的图书馆为什么要组织读书会，他们如何认识读书会的作用？为了回答这一问题，笔者分析了各图书馆关于组织读书会动机和效果的文本，同时对相关章程或组织办法中关于宗旨的描述文本进行分析。研究发现新中国成立初期图书馆界对读书会的认识主要包括以下两个方面。

1. 读书会是一种重要的馆外借阅和推广方式

新中国成立初期图书馆工作的一个重点是将书送到读者手中。由于当时图书馆数量比较少，图书流动站的建立需要时间，因此读书会或读书小组就成为比较便利的推广方式。"目前向馆外推广阅读，读书小组是一种最有效最便利的组织形式。因为在现有形式下，图书馆的人力物力均感不足，而人民对新文化的要求又很迫切，普遍的设立阅览室既不可能，即便设立多的阅览室也解决不了广大人民的学习要求。因此组织起来向馆外借阅，不但便利了群众，而且也节省了人力物力"①。图书馆在提到读书会所发挥作用时，也会重点强调对馆藏流通的作用。"通过读书组，由学校里吸引了好些新的读者，书籍的流通也随之扩大，架上的书经常有二分之一在读者手里"②。在这种认识下，图书馆重视读书小组的数量，很多图书馆的读书小组数量以千计，由于强调流通推广作

---

① 我们的读书小组是怎样组织和发展的[J]. 文物参考资料,1953(8):122-131.

② 青岛市立人民图书馆一九五〇年工作报告[J]. 文物参考资料,1951(7):186-191.

用，追求读书小组数量，导致对读书小组辅导不够，读书小组更多是借书小组的作用。

2. 读书会是一种有效的阅读辅导方式

新中国成立初期强调对读者进行辅导。"对读者服务中，辅导工作又是基本的工作，每一省、市图书馆要培养一批辅导人员，担负这个任务。辅导员必须很好的接近读者，经常了解读者的读书能力、兴趣、思想状况，注意其读书倾向，主动的进行辅导，帮助解决读书中的疑难"①。部分图书馆成立读书会的主要目的就是对读者的阅读进行辅导，江西省图书馆组织秋白读书会的目的是为了"帮助他们（读者——引者注）提高阅读新文学书籍的水平"②；上海人民图书馆为了帮助克服存在于一般读者中的无计划、无系统、少选择、少批判的读书倾向③，组织读书小组。

随着工作的开展，图书馆对读书小组的认识也在深入，开始明确读书小组和借书小组的区别。比如广西图书馆就认识到"读书小组和借书小组是有区别的，读书小组以进行有计划有共同内容的集体学习为原则，而借书小组则不如此，我馆以往的读书小组，事实上绝大多数是借书小组的性质。只要我们能不断地进行启发诱导的工作，是可能使得一些借书小组自觉转变为读书小组的。一年以来，那些开始单纯为着想借书而组织起来的小组，已经有一小部分逐渐走上有计划的集体学习的道路了"④。山东莒南县图书馆也认识到需要在借书小组的基础上发展读书小组，"首先在距馆较近、条件较好的乡村、互助组里组织了一批借书小组，后来，随着互助合作的发展，开始重点在互助组和农业社组织阅读小组，逐步使阅读组织与生产结合起来"⑤。在1956年的一次图书馆员业务知识培训中，对读书小组进行了比较明确的界定，"读书小组的建立方法和借书小组大致是相似的，只是在读者的文化条件更高一些，读书小组的成员，必须是文化水

---

①　把公共图书馆的工作向前推进一步——东北区文化部文物处王修处长一九五一年四月十日在东北区公共图书馆工作会议上的报告[J]. 文物参考资料,1951（9）:12-18.

②　我们举办读书会的经过和点滴经验[J]. 文物参考资料,1954（8）:114-116.

③　上海市人民图书馆读者服务组. 人民图书馆的读书小组[N].文汇报,1953-07-31（8）.

④　蔡述传.广西省第一图书馆的辅导阅览工作[J]. 文物参考资料,1954（4）:66-72.

⑤　山东省文化干部训练班. 山东莒南县图书馆是怎样在农村扩大图书流通和加强阅读辅导的[J].图书馆工作,1956（1）:24-28.

平和阅读兴趣相同。他们在图书馆的领导下，订有统一的阅读目的、内容和计划"①。通过这个界定可以看出，图书馆开始强调小组成员集体的统一学习。

（二）新中国成立初期图书馆发动组织读书会的策略

新中国成立初期图书馆在读书会的发动组织方面，以学生和工人为重点人群，兼顾其他群体。比如山东省立图书馆有重点地发展读书小组，首先是面向工人，其次是面向学生着手组织馆外读书小组，然后进一步发展到私营工厂、小手工业作坊。到1952年底，一共有1541个读书小组，其中工人所占比率为39.9%，学生占34.5%②。再如合肥市图书馆的读书小组成员中，工人占三分之二，其他为失学失业知识分子、商人、职员③。在发动组织过程中，注意和相关机构或单位合作，获得单位支持，同时注意发挥读者积极分子的作用。

1. 与学校合作

学生读书会或读书小组的组织难度相对较小，因此新中国成立初期图书馆在组织读书会时，多从学生读书会开始组织。比如西安市人民图书馆报道中曾经提到，"图书馆干部对于读书会及读报组业务上颇觉生疏，联系工商市民组织阅读颇为不易。因此以业余学校学生为桥梁组织读书会读报组"④。在组织的过程中，图书馆充分和学校合作，比如泸州市图书馆开展儿童读书小组时，最先把儿童十二个人编为一组，指定组长，但因儿童来自各处，不易认识，无法掌握。后来，采用了固定编组的方式，先与各校取得联系，在各班主任的帮助下，把校内儿童都组织起来⑤。

2. 与工厂合作

工人是新中国成立初期图书馆的重要服务对象，在组织面向工人的读书小组时，图书馆一般会和工厂的工会组织取得联系，取得他们的支持，然后发展会员。比如青岛市图书馆组织读书小组时，首先是与青年团工会联系，先在文化设备不完备的私营工厂内展开，普遍地宣传动员，以工会青年团员为骨干，

---

① 万希芬,孙冰炎. 图书馆员基本业务知识讲话之第五讲图书馆的图书流通工作[J]. 图书馆工作,1956(6):53–64.

② 我们的读者小组是怎样组织和发展的[J]. 文物参考资料,1953(8):122–131.

③ 皖北区图书馆事业概况[J]. 文物参考资料,1951(8):49–50.

④ 西安人民图书馆概况[J]. 文物参考资料,1951(10):27–40.

⑤ 张济民. 我们是怎样辅导儿童阅读图书的[J]. 图书馆工作,1956(3):13–17.

然后调查每组的文化程度与要求，配备适当的书籍。鞍山市图书馆在鞍钢发展读书小组时由图书馆与厂间工会双方拟定一个全面计划，"经过上级行政以及厂间的党委、行政、团委研究批准后……抓住车间的积极分子做骨干，根据工人原有的车间为组成单位，一般以一个车间为一组，不受人数限制，以车间文教干事任组长"①。

3. 充分发挥读者积极分子的作用

新中国成立初期的图书馆重视发挥读者积极分子的作用，认为积极读者是开展图书馆工作的助手。在读书会的组织中，图书馆除了与相关机构合作，取得机构支持，自上而下推动读书会的建立，同时注意发挥读者积极分子的作用。比如上海人民图书馆，主要通过读者中的积极分子，在他们原来的学习和工作单位中结合爱好阅读的同志建立组织小组；再比如旅大文化宫通过读者中的积极分子自愿结组。

除了和相关机构密切合作，以及充分发挥读者积极分子的作用，部分图书馆还在媒体上大力宣传，比如山东省图书馆为了让公众了解图书馆读书会的做法，在报纸上发布山东省图书馆组织读书小组的办法。新中国成立初期的图书馆在发动组织读书会方面充分借助社会力量，也起到了比较好的效果，从表2-4各个图书馆读书小组的数量就可见一斑，读书小组基本都在几十个，甚至几百个，有效地将读者组织起来。

（三）新中国成立初期图书馆对读书会的管理

从目前掌握的资料来看，笔者仅发现了山东省图书馆、苏北图书馆、江西省图书馆制定有相关管理规程或办法，因此可以得出结论，新中国成立初期大多数图书馆对读书会或读书小组的管理并不规范。从相关报道进行分析发现，尽管没有明确的管理章程或办法，新中国成立初期的图书馆对读书会或读书小组有一定的管理方法，主要围绕以下几个方面进行。

1. 根据读者程度进行分组

作为一种集体学习团体，如果成员程度差别较大，学习交流效果会大打折扣，因此部分图书馆会了解读者的程度和兴趣，在此基础上对读者进行分组，读者自行结组的情况图书馆也会建议读者考虑阅读程度和兴趣。江西省图书馆

---

① 辅导工人阅读工作[J]. 文物参考资料,1953（11）:20-24.

秋白读书会充分了解读者情况，采用面谈的方式了解读者情况，同时根据会员发言情况和文化程度调整小组[①]。苏北图书馆在设计的《苏北图书馆读书会登记表》中，需要读者填写的项目包括学历、经历、特长、平时爱好什么读物、想加入哪一个小组等项目[②]。

☞ 苏北图书馆读书会简章[③]

一、名称　本会定名为苏北图书馆读书会。

二、宗旨　为团结读者，加强彼此间联系，并利用业余时间阅读书报交流知识，展开集体学习，以发挥保卫世界和平力量为宗旨。

三、组织　本会会长一人，由苏北图书馆馆长兼任。副会长二人，一由苏北图书馆主任中推选兼任，一由会员中选举之。其下设各科研究组，暂设时政、文艺、新闻三组，必要时得增设。每组设立正副组长各一名，由组员中选举之。

四、会员　凡在本馆借书及经常来馆阅书报读者、失学、失业、在职青年、店员、学生、家庭妇女，均得报名参加本会会员。（儿童读书会另组织）

五、入会手续　凡欲参加本会者，可在本馆借书处或阅览室领取表格，依据志愿分别填写，办理入会手续。

六、学习用品　本会各组学习用品，除书报杂志及各组必要用品由苏北图书馆酌情借用或发给外。其余均由会员自备。

七、权利义务

A　失学失业青年会员如学习积极，确系成绩优良者，由苏北图书馆酌情介绍于苏北文教处听候指示，优待办法。

B　会员中如有优良作品或发明，得由苏北图书馆介绍于文教处酌量送登各报章或杂志。

---

①　江西省图书馆辅导部. 我们举办读书会的经过和点滴经验[J]. 文物参考资料,1954（8）:114-116.

②　金天游. 图书馆基本工作简本[M].增订版. 杭州:浙江省立图书馆,1951:60.

③　刘子亚.图书馆推广工作的展开[M].杭州:浙江省立图书馆,1951:137-139.

C　苏北图书馆中如有重大活动或需求时，得指定会员酌情参加或义务协助之。

八、本简章如有未尽事宜得随时修改之。

苏北图书馆读书会会员登记表　　　　年　　月　　日

姓名		性别		年龄		住址		职业	
						籍贯			
履历	学历			平时爱好什么读物					
	经历			特长					
愿参加哪一组学习									
对本馆有什么意见要求									
备注									

苏北图书馆流动组制

图书馆大多对小组成员数量进行限定，比如《山东省立图书馆读书小组组织办法》中规定："读者如能自动联系热心读书的三四人或五六人，根据自愿组成读书小组选出小组长。"江西省图书馆秋白读书会规定每组人数20人左右；旅大文化宫读书会每组10人；广西省图书馆的读书会每组6—15人。

2. 依托小组长进行管理

由于新中国成立初期大多图书馆的读书小组数量庞大，图书馆对读书小组的管理主要是依托小组长来进行。"小组能否搞得好，与组长之能否善尽职责有重大的关系。因此，我们必须抓紧各小组长，使他们在各组员与我馆之间能够很好的起到一种桥梁作用。同时我们必须对各小组长加以培养，使他们成为能够起带头作用的积极骨干分子。"[1]对小组长的培养和管理主要通过定期召开组长会议来实现，比如中南图书馆每星期至少召开一次组长会议，讨论工作中

---

[1]　蔡述传. 广西省第一图书馆的辅导阅览工作[J]. 文物参考资料, 1954（4）:66-72.

的优缺点，研究改进方法，以及组长间相互帮助，提意见和表扬成绩①。广西省第一图书馆每星期轮流召开小组长会议一次，每次以三十人左右为度，各组轮流召开②。通过召开小组长会议，一方面促进小组长对读书小组工作的积极性，另外也为各个读书小组提供了交流平台。

3. 对各小组进行评估奖励

为了促进各小组的可持续发展，有图书馆采取评优奖励的方式，在这方面，山东省图书馆制定有明确的评定标准，主要从三方面进行评估：①借书日期长，次数多，爱护书籍有成绩者；②学习积极能影响他人者；③响应本馆各种号召者。按照此三条标准评估了640个读书组，并把优秀读书小组学习成绩分别通知它们所在的机关、团体、工厂或学校负责人，并在图书馆布告栏中提出表扬。

（四）新中国成立初期图书馆对读书会的阅读指导

整体而言，新中国成立初期图书馆认识到对读书小组进行阅读指导的重要性，但是普遍认为阅读指导工作开展不充分。在39家开展读书会工作的图书馆中，有10家分析了读书会工作的不足，其中7家提到阅读指导或辅导工作需要加强。青岛市图书馆提出"读书组已经发展了一年，没有明确的组织章则，而在读书指导上也做得不够"③。浙江省图书馆总结读书小组工作时认为"未能对读者进行有系统的阅读辅导工作"④。具体到每个图书馆，在对读书会的阅读指导方面力度有所不同，工作内容也有所不同，总体可以归纳为以下几个方面。

1. 阅读方面的问题解答

新中国成立初期图书馆比较重视帮助读者解决阅读中的问题，比如山东省立图书馆在《读者小组组织办法》中明确规定"读者参加小组以后，在阅读中发现疑难问题时，我们尽可能帮助解决，或开讨论会解决"⑤。后来又进一步提出，"小组读者有任何问题，都可随时向图书馆提出，要求解答。解答的方式有口头解答；书面解答或在布告板上公布或专函回复；召开会议请专人解

① 中南区图书馆概况[J]. 文物参考资料,1951(12):16-20.
② 蔡述传. 广西省第一图书馆的辅导阅览工作[J]. 文物参考资料,1954(4):66-72.
③ 青岛市立人民图书馆一九五〇年工作报告[J]. 文物参考资料,1951(7):186-191.
④ 推广工作概况[J]. 浙江图书馆馆刊,1954(2):83-93.
⑤ 山东省立图书馆工作经验[J]. 文物参考资料,1951(7):168-171.

答"①。图书馆注重吸纳社会力量为读者解答阅读中的问题，比如广西省第一图书馆就指出："我馆工作人员的学识有限，对于读者所提的问题，有些是我们无力答复的，遇有这种情形，我们便把问题转到有关方面或学术机构代为解答。如中共桂林市委、广西大学、广西医学院、桂林高级中学等单位及一些具有专门学术研究的读者，我们都曾请他们代为解答过读者的问题，而使读者感到很满意"②。鞍山市图书馆组成工人阅读顾问团帮助工人读者解决实际阅读中的问题，"接近和团结了大部分工程师、技术员，以劳技结合为号召，争取他们作顾问，主要是随时解答工人阅读上的具体问题。在权利方面，顾问团可以借阅本馆的书籍"③。新中国成立初期的图书馆充分借助图书馆之外的力量，一方面能够弥补图书馆人力的不足，另一方面能扩大图书馆的影响。

2. 图书推荐

图书推荐是图书馆为读书会或读书小组进行阅读指导的基本工作内容。山东省图书馆"择要选印《新书介绍》，随时送给某些积极读书小组，以作借阅参考。编印大众书目或参考书目分送给小组读者，如《工农文库书目》、《马列主义参考书目》"④。在进行图书推荐时图书馆会考虑组员的情况，比如徐州市立人民图书馆主要负责"根据组员的不同嗜好介绍好书"⑤。另外也有图书馆根据小组整体情况为小组荐书，比如鞍山市图书馆结合工人的工种为读书小组荐书，"广大的工人分别在不同的工种里进行生产，自然地造成了阅读上的专门性。因而在辅导上必须根据他们不同的工种不同的喜好配备合适的书籍。最初我们请小组长到书库亲自挑选，由辅导员从旁介绍内容。结果他们都很愉快地选出了适合的图书"⑥。

3. 要求小组制定阅读计划或学习计划

是否要求读书小组制定阅读计划或学习计划，各个图书馆做法不一，比如山东省图书馆认为只有小组成员程度比较一致时，才可以制定阅读计划，但并不要求必须制定小组阅读计划，因此山东省图书馆的读书小组中，除了必须制定学习计划的学生假期读书会，制定阅读计划的读书小组并不多见。上海市人

---

①④　我们的读者小组是怎样组织和发展的[J]. 文物参考资料,1953(8):122-131.

②　蔡述传. 广西省第一图书馆的辅导阅览工作[J]. 文物参考资料,1954(4):66-72.

③⑥　辅导工人阅读工作[J]. 文物参考资料,1953(11):20-24.

⑤　徐州市立人民图书馆概况[J]. 文物参考资料,1951(7):192-197.

民图书馆、江西省图书馆、广西省第一图书馆等则明确表示各组要制定读书计划。广西省第一图书馆要求各组拟定集体学习计划和学习公约，计划中要有共同学习中心内容，并且要按月做出学习小结，送该馆查阅[①]。上海人民图书馆要求各小组按照水平和需要各自订立读书计划。旅大文化宫要求各小组制定小组学习计划，并交给图书室。笔者掌握的文献并没有关于图书馆如何帮助读书会制定阅读计划的详细记载，仅发现有关阅读计划难以制定和执行的相关文本。比如江西省图书馆的秋白读书会"订立了一个读书计划，计划共分四个步骤。第一步准备首先在三个月时间选读鲁迅先生几篇代表作品，如《故乡》《狂人日记》《阿Q正传》《革命时代的文学》等；第二步阅读中国古典文学作品，如《水浒》《三国演义》《红楼梦》《儒林外史》等；第三步阅读中国近代文学作品，选读茅盾、郭沫若、沙汀、丁玲、周立波、徐光耀等作家作品；第四步选读外国文学名著。这个计划虽订得较有系统，但因为不甚切合实际，执行起来都有困难，首先感到困难的是阅读材料供应不足，阅读范围太窄，不能为一般会员普遍的接受，而读书会会员的流动性又很大，对这种有系统有计划而需要较长时期的学习，也是不大适合的"[②]。因此笔者认为新中国成立初期的图书馆要求小组制定阅读计划有助于小组成员系统学习，但是未能提供足够的支持帮助小组制定科学的阅读计划。

4.组织阅读讨论

新中国成立初期的图书馆一般会要求读书小组每周集体学习讨论一次，由小组自行组织，比如广西省第一图书馆要求各小组"在自学的基础上，每星期至少能集会讨论一次。……地点以馆外为主"[③]。也有图书馆采取图书馆员组织阅读讨论的方式，比如浙江图书馆负责读书小组的馆员"首先自己把将要讨论的书籍精读，再参阅报刊所发表的各种有关本书的评论，掌握作品的主题思想和主要人物的性格，拟出讨论提纲和读者共同讨论"[④]。这两种方式反映了图书馆在读书小组工作中定位的区别，浙江图书馆定位为读书会的运作者，书目的选择、讨论提纲等均由图书馆负责；广西省第一图书馆尽管在读书小组数量较

---

①③ 蔡述传.广西省第一图书馆的辅导阅览工作[J].文物参考资料,1954（4）:66-72.

② 江西省图书馆辅导部.我们举办读书会的经过和点滴经验[J].文物参考资料,1954（8）:114-116.

④ 推广工作概况[J].浙江图书馆馆刊,1954（2）:83-93.

少时馆员会经常参加读书小组的讨论，但是图书馆的定位更多是发展管理读书小组。由于定位不同，图书馆在阅读讨论的角色也有所区别。

研究发现新中国成立初期图书馆界认为读书会是馆外借阅推广和阅读辅导的重要方式。组织读书会的过程中，以工人和学生为重点，兼顾其他群体，注意和工厂学校等单位合作，注重发挥读者积极分子的作用。尽管新中国成立初期的图书馆对读书会的管理不规范，但能够结合读者情况进行分组，并对读书小组进行考核评优。在对读书会的阅读指导方面，包括提供推荐图书、提供阅读咨询、要求小组制定阅读计划、组织阅读讨论等，但阅读指导工作开展不充分。新中国成立初期图书馆发展读书会的思路和理念在今天仍有讨论和思考的价值。新中国成立初期图书馆注重发展读书小组的数量，希望读书小组能遍地开花，尽管当时更多是馆外借阅的需求，但是这种思路今天仍有借鉴意义，图书馆在发展读书会时，需要考虑如何建立培育更多的读书会。

第二节 国外图书馆发展读书会的经验借鉴

除了了解我国的历史经验，还应该了解国外图书馆发展读书会的经验。国外的图书馆较早开始关注读书会，阮冈纳赞在其经典著作《图书馆学五定律》中提到成立读书小组非常符合第三条定律（每本书有其读者），并提出："图书馆可以把不同目的、不同兴趣的读者按特定的主题聚集在一起，组成一个读书小组，每个小组2—5人，选出一名负责人。图书馆可以在图书、期刊、聚会地点等方面为这样的小组提供特殊便利。为此，图书馆应该有适当的小房间作为研讨室"[①]。前文提及美国读书会的发展得益于美国公共图书馆的支持，在20世纪20年代，美国公共图书馆就开始为学习小组提供帮助和服务，据文献记载，美国纽约公共图书馆1933—1939年间曾经为500多个学习小组提供支持[②]。今天国外的图书馆对读书会仍旧比较重视，因资料语种的制约，本节选取美国和英国图书馆界发展读书会的经验进行分析。

---

① 阮冈纳赞.图书馆学五定律[M].夏云,等,译.北京:书目文献出版社,1988:266.

② FLEXNER J M，HOPKINS B. Readers' advisers at work：a survey of development in the New York Public Library[M]. New York：American Association for Adult Education，1941：18.

一、美国图书馆界发展读书会的经验

在美国，主要是公共图书馆推动读书会工作，读书会作为美国公共图书馆的阅读推广工作之一，成为公共图书馆工作的重要组成部分，几乎每一所公共图书馆中都有读书会的相关信息。此部分主要选取30个公共图书馆对美国做法进行分析和总结，同时对美国图书馆协会的做法进行介绍。

（一）美国公共图书馆读书会工作的调查

笔者选取美国30家公共图书馆，通过在图书馆网页搜索"reading group"，查找相关信息，记录该图书馆主要的工作内容。比如梅萨公共图书馆每月一般有8个读书会开展阅读活动，读者点击读书会可显示读书会的详细信息，包括读书会类型、适宜人群、开始时间与结束时间、读书会简介、阅读类型、所在图书馆、具体活动室、联系人、带领人等。

通过对30家公共图书馆的调查发现，读书会一般是由公共图书馆将自己的可利用空间和时间进行划分，再根据成人、青少年和儿童的年龄或兴趣分组，形成不同类型和名称的读书会。同时，美国公共图书馆在读书会场地支持、资源提供、信息咨询、时间安排等方面提供了很多帮助。在30家公共图书馆中，大多数公共图书馆支持读书会的开展并且都会在中心馆或分馆中设有读书会联系人，9家图书馆为读书会提供阅读书籍或者供其复印资料。13家图书馆对读书会进行辅导和培训，训练、培养带领人，组织读书会提前上传书单、给读书会提供更多的讨论主题，帮助读书会制订讨论问题等。笔者将其总结为辅导培训、资源支持和信息平台三个方面（见表6-2）。

表6-2　美国公共图书馆对读书会的服务情况

美国公共图书馆	辅导、培训	资源支持		信息平台
		场地	图书资料	
西雅图公共图书馆	√	√	√	√
纽约公共图书馆	√	√		√
堪萨斯市公共图书馆	√	√		√
普林斯顿公共图书馆		√		√
迪卡尔布县公共图书馆	√	√	√	

续表

美国公共图书馆	辅导、培训	资源支持		信息平台
		场地	图书资料	
梅萨公共图书馆	√	√		√
尚佩恩公共图书馆		√		
丹佛公共图书馆		√		√
圣塔蒙尼卡公共图书馆	√		√	√
阿灵顿公共图书馆	√	√		√
达拉斯公共图书馆		√		√
斯科基公共图书馆	√	√	√	√
哥伦比亚公共图书馆		√		
犹利斯公共图书馆		√		
得克萨斯公共图书馆		√		√
奥马哈公共图书馆		√		√
温哥华公共图书馆	√	√	√	√
查尔斯顿公共图书馆		√		√
哥伦布公共图书馆	√	√		√
休斯顿公共图书馆	√	√	√	√
盐湖城公共图书馆		√		
圣马科斯公共图书馆	√	√	√	√
波士顿公共图书馆		√		√
芝加哥公共图书馆	√			√
里贾纳公共图书馆	√	√	√	√
奥斯汀公共图书馆	√			√
布鲁克林公共图书馆		√	√	√

来源：笔者根据各图书馆网站信息统计而成。

1. 提供面向读书会的辅导、培训

很多读书会的组织者并不了解如何运作一个读书会，因此美国公共图书馆大多在网站上提供读书会指南，指南的内容涉及如何选择要讨论的书籍、如何为讨论做准备、如何引导讨论等方面的内容。

☞ 西雅图公共图书馆读书会指南①

第一部分：如何开始？

在第一次聚会之前或第一次聚会时，讨论以下问题：

（1）读书会聚会的时间、地点和频率；

（2）每次聚会活动持续多长时间；

（3）读书会是否提供食物和饮料；

（4）读书会带领人的作用和角色（或者是不是需要固定的带领人）；

（5）谁负责设计讨论题目；

（6）读书会共读和讨论什么类型的图书。

第二部分：如何选择要讨论的读物？

（1）寻找那些角色复杂的图书，特别是那些需要在艰难处境下进行抉择的角色；

（2）那些把什么事情都叙述得很清楚的书，一般讨论空间比较小，比如推理小说、西部小说、爱情小说和科幻小说；

（3）可以尝试选择以下类型书籍：1）结局不明确的图书，2）能找到其他同主题作为比较阅读的图书，3）可以引发多个讨论议题的图书。

第三部分：如何为讨论做阅读准备？

与休闲阅读有所不同，为讨论而阅读需要在阅读过程中问自己一些问题，认真思考，将自己代入到所需讨论的图书中，并且要思考该书的风格和结构。

（1）阅读时需要做笔记，并记录下重要内容的页码。尽管这有可能降低你的阅读速度，但是会节省你之后查找关键内容的时间。

（2）根据书中的内容，问一些困难的问题。

（3）分析该书的主旨。思考作者到底想表达什么？

（4）深入地理解书中的角色。思考他们的错误，他们的动机，想象一下如果认识这些角色会是什么场景？

---

① 笔者翻译自西雅图公共图书馆网站。网址为：https://www.spl.org/programs-and-services/authors-and-books/book-groups/book-group-how-tos。

（5）注意全书的结构。章节是以引用名言开始的吗？有多少个人在讲述故事？是采用倒叙的方式叙述故事吗？这种讲述的方式是否比较合适你？

（6）与其他作品和作者进行比较。同样一个主题可能会出现在一个作者的多个作品中。将一个作者的作品同其他作品进行比较能够帮助你更好地理解图书。

第四部分：如何引导讨论

（1）准备10—15个不能只用"是"或"否"回答的开放式问题；

（2）让每个成员准备1个讨论题目。每个人所关注的重点不同，这样会让整个群体有更多的视角；

（3）让讨论自然进行；

（4）尽可能地让成员不要只是简单地说"我就是不喜欢"。要让他们描述"为什么不喜欢这本书"。那些引起强烈情感的书——不管是肯定的还是否定的，常常会引起最热烈的讨论。

（5）讨论中要掌握好表达个人看法和对书本内容进行反映之间的平衡，那些将大量时间用于追忆过去或分享个人感受方面的读书会则失去了读书会的本质。

除了提供指南性资料之外，图书馆帮助读书会明确特色，表明读书会的形式与风格。如芝加哥公共图书馆、纽约公共图书馆、梅萨公共图书馆、阿灵顿公共图书馆中都规定读书会对自身的特色做出简要的描述。此类要求能够帮助读书会进一步思考自身定位。

2. 资源支持

（1）场地支持。通过调查发现，大多数公共图书馆都会对读书会提供场地支持（30家中，有24家提供场地支持，约占80%）。

（2）阅读资料的支持。调查的样本图书馆中，有9家提供阅读资料的支持。以"读书会资源包"（reading group pack/kit）的形式为读书会提供读物及相关资料，有力地保障了读书会阅读活动的顺利进行。读书会资源包一般包括足够数量的读物副本，考虑到读书会规模，副本数量一般控制在8—12册，除了读物，资源包里还提供能够帮助读书会成员进行讨论的讨论提纲、作者介绍、写作背景等资料，帮助读者更好地理解读物。如佐治亚州迪卡尔布县图书馆为读书会提供的每个资源包含有10—12本图书，还包括一些关于作者、写作背景的资料以及引导读书会如何讨论该书的指南。亚利桑那州梅萨图书馆的每个资源包上均标有所含书籍数量，以方便不同人数的读书会选择。有的图书馆专门制定了面向读书会的馆藏发展政策。

☞诺瓦克公共图书馆（Norwalk Public Library）面向读书会的馆藏发展政策

> 1.所申请的图书应该符合图书馆的馆藏选择政策。
>
> 2.会优先考虑那些以诺瓦克为基础的读书会，特别是在图书馆举行活动的读书会。
>
> 3.仅购买平装版本。
>
> 4.会优先选择面向读者群广泛的图书。
>
> 5.读书会馆藏也会根据图书馆的剔旧政策按需剔除。
>
> 6.申请应该在图书讨论60天之前提交。
>
> 7.图书只借给读书会的会员个人，不打包外借。[①]

（3）信息平台

图书馆需要掌握每个读书会的信息，包括读书会的规模、读书会面向的群体、读书会的活动及周期、读书会的阅读读物侧重等，将这些信息进行整合揭示并提供给读者，方便有兴趣参加读书会的人群选择适合自己的读书会。通过对美国公共图书馆的调查，发现大部分图书馆都在网上公布每年该馆各读书会的时间安排、讨论书目及活动地点，参与者可以与联系人取得联系，获得更详细的信息。这就需要图书馆在前期要收集读书会的相关信息，比如读书会的名称、活动日期与讨论书籍等。

---

① Norwalk Public Library. Adult Services General Materials Selection and Collection Development Policy [EB/OL]. [2019-10-30]. http://ct-norwalklibrary.civicplus.com/DocumentCenter/View/12/Materials-Selection-Policy?bidId=.

☞ **阿特尔伯勒公共图书馆（Attleboro Public Library）收集整合读书会信息**

我们欢迎所有阿特尔伯勒地区的读书会在阿特尔伯勒公共图书馆建立一个读书会账号。读书会不一定必须在图书馆举行活动。

所有的读书会需要提供：

（1）读书会的名称；

（2）一个联系人和联系方式；

（3）读书会活动日期安排和讨论书籍安排；

（4）如果需要讨论的书籍不能提供，备选的书籍名称；

（5）所需要的副本量。

图书馆参考咨询部会：

（1）为每一个读书会建立一个账号；

（2）为每个读书会的专用资源箱提供标识。[①]

二、英国图书馆发展读书会的策略

为了了解英国公共图书馆读书会及其发展现状，本项研究主要通过以下方式收集相关资料。

（1）政府层面：查找英国政府网站（https://www.gov.uk）以 "reading group""reading club""book group""book club" 为关键词进行检索。经过研读发现，以下几份政府文件中提到了读书会。2010 年的《公共图书馆现代化综述》（*Modernisation Review of Public Libraries：A Policy Statement*）为公共图书馆绘制了发展蓝图，建议图书馆通过阅读小组和阅读活动将图书馆用户相互联系起来，打造阅读社会；2016年的《英格兰2016—2021公共图书馆发展愿景》（*Ambition for Public Libraries in England 2016—2021*）提到阅读活动和读书会可以成为公共活动的出发点。

（2）行业层面：从英国阅读推广专业机构阅读社（The Reading Agency）

---

① Attleboro Public Library. Book groups [EB/OL]. [2019-10-30]. https://attleborolibra ry.org/book-groups/.

的网站上进行检索，其中最全面的战略文件是《英国公共图书馆的读书会发展计划》（*A National Public Library Development Program For Reading Groups*）和关于具体读书会项目"图书絮语"（Chatterbooks）的《图书絮语读书会会议建议大纲》（*Chatterbooks Reading Club Suggested Session Outline*）。

（3）英国公共图书馆网站。据英国政府网站上的英国公共图书馆：基本数据集（Corporate Report : Public Libraries in England : Basic Dataset）给出的Excel表格中的数据，英国一共有151个图书馆管理当局，有3034个图书馆，并给出了部分图书馆的网站网址信息，通过给出的网站信息可以找到具体公共图书馆读书会的指导性文件。本课题选取6个图书馆读书会支持服务案例，其中多赛特图书馆、谢菲尔德图书馆、里士满图书馆有关读书会运营的文件来自其图书馆官方网站的信息包；另外，埃塞克斯图书馆、林肯郡图书馆、贝德福德图书馆的读书会运营案例来自《英国公共图书馆的读书会发展计划》。

（一）《英国公共图书馆读书会发展计划》

《英国公共图书馆的读书会发展计划》[①]是英国公共图书馆发展读书会的国家级战略规划，从国家整体角度设计了如何发展读书会，是最有借鉴意义的英国公共图书馆读书会发展政策。

该计划明确了公共图书馆在读书会发展中的核心作用。该报告的目的是：建立一个国家框架，帮助图书馆发展当地的读书会；支持发展一个全国性的读书会（信息库），确保全英的读者都能获得读书会的相关信息，获得更广泛和更令人满意的阅读体验；确定读书会对公共图书馆的重要作用，读书会是公共图书馆为读者发展、建立伙伴关系、用户咨询以及实现国家和地方政府优先事项（如学习和社会包容）的重要工具。

该报告主要分为以下三个部分：第一部分是计划的简介、目标和方法论；第二部分包括公共图书馆和读书会的关系介绍、公共图书馆读书会发展的国家方案、国家公共图书馆读书会发展计划、质量框架进程、三年计划；第三部分的主要内容是组织案例，包括埃塞克斯图书馆、林肯郡图书馆和贝德福德图书馆如何发展读书会。

---

① Reading Agency. A national public library development programme for reading groups[R/OL]. [2018-03-10]. http://readingagency.org.uk/about/Programme_for_reading_groups.pdf.

该报告对于发展读书会的战略建议包括七条：①提供适宜本地的读书会基础支持和服务，并辅以质量框架促其进步，报告中提出了图书馆应该如何发展读书会、服务读书会的三种层次，即基础服务、中等服务和增强服务，见表6-3；②提供在线机会或资源以及基于信息通信技术的阅读服务来支撑读书会及其拓展活动；③建立国家和地方合作伙伴关系来发展读书会活动，增加读者覆盖范围，扩大图书馆的用户数量；④发展相关部门工作人员的技能和专长以支持读书会的发展；⑤将资源和服务开发与读书会发展联系在一起；⑥制定有效评估读书会影响的方案；⑦建立一个研究数据库，以加强公共图书馆在读者中的工作价值，并利用这些数据支持图书馆的宣传工作。

表6-3　英国公共图书馆读书会发展战略质量框架

基础服务	中等服务	增强服务
（1）图书馆应该向用户提供获取读书会信息的入口。比如引导读者发现本地读书会或网络读书会活动的相关信息。 （2）图书馆应该提供可下载的信息包：包括关于如何发起读书会的相关信息、支持材料和图书馆资源。	（1）图书馆自身运营读书会。 （2）图书馆为读书会提供服务：提供读书会借阅、为读书会提供书目推荐、建立读书会之间的联系等。 （3）提供咨询：为读书会提供如何设计活动方面的咨询。	（1）建立读书会网络。对满足不同类型读者的各类读书会进行管理。 （2）设计线上活动。 （3）目标设定：按照所需服务的人口比例制定本地发展目标。 （4）核心能力：支持当前读书会的可持续发展并催生新的需求。 （5）协商。 （6）合作网络。 （7）评估：对读书会的活动进行评估；宣传读书会的价值，将其和众多政策目标相结合；推广图书馆服务和读者工作。

来源：王波.中外图书馆阅读推广活动研究[M].北京：海洋出版社，2017：53.

说明：笔者在参考上述文献的基础上，结合英文原文进行了微调。

（二）对英国公共图书馆的案例调查

阅读社曾经对英国公共图书馆的读书会工作进行调查[①]，发现图书馆提供了

---

① Reading Agency. A national public library development programme for reading groups[R/OL]. [2018-03-10]. http://readingagency.org.uk/about/Programme_for_reading_groups. pdf.

比较广泛的服务。其中68%的公共图书馆为读书会提供图书借阅，38%的图书馆提供免费预留图书，16%的公共图书馆提供读书会简报，特别需要一提的是75%的公共图书馆为读书会的运营提供辅助人员。另外还有30%的图书馆提供免费的空间、作者到访、网络支持等服务。为了更深入地了解英国公共图书馆发展读书会的情况，笔者对6家发展得比较好的公共图书馆进行分析，分别是谢菲尔德图书馆、多赛特公共图书馆、林肯郡图书馆、里士满图书馆、埃塞克斯图书馆、贝德福德图书馆。通过分析发现，英国公共图书馆在发展读书会方面所做的工作基本一致，提供资源支持、提供培训指导等，但也有各自的特点。

1. 培训、指导读书会的建立

同美国类似，英国的公共图书馆在网站上提供读书会运营指南类资料的做法比较普遍。谢菲尔德图书馆有超过250个注册读书会，为支持读书会的发展，谢菲尔德图书馆给出了读书会运营的流程建议以及可以为读书会提供的服务。

（1）读书会参与的人群类型：比如住在附近或一起工作的已经认识的人，也可以是出于结交新朋友的目的而聚在一起的生活背景不同的人。

（2）如何宣传读书会：可以在布告栏上留下海报或在网上做广告。也可以询问认识的人是否有兴趣加入读书会，或者可以询问已满员的读书会是否有等待列表，等待列表中的人是否有兴趣加入其他读书会，还可以向当地图书馆询问是否有人有兴趣加入读书会。

（3）读书会的人数规划：理想的读书会小组有六到十名成员，太少会导致讨论有限，特别是如果小组成员不能每次出席；太多的成员可能意味着没有足够的时间和空间让每个人表达自己的意见，并且很难创造一种团体氛围。

（4）读书会交流会举行时间和频率：大多数读书会每月见面一次，每次约两小时。

（5）读书会举办地点：读书会可以在图书馆、咖啡馆或酒吧里见面。也可以尝试在一个人的家里、书店、工作场所或礼拜场所见面。

（6）交流书籍的选择：书可以专注于某一特定类型的书籍，如犯罪或历史。也可以每个月阅读不同类型的书。提前计划，以保证最终会读到最令人满意的书。

（7）读书会第一次会议需要进行的事项：第一次会议可以讨论将如何运营读书会和想阅读什么样的书籍。为读书会起一个名字，这样就可以得到一张图书馆证。获取每位成员的联系方式，并鼓励成员将日程簿带到第一次会议，以便确定下几次会议的日期。可以任命一位领导，或成员轮流协调读书会的讨论和书籍选择。第一次会议要互相认识和了解。谈谈成员们的兴趣爱好和生活背景，分享最喜欢的书籍或电影。谈论阅读习惯和阅读方式。读书会会议上可以准备一些甜点。[①]

除了提供可资参考的读书会运行指南，一些图书馆对读书会进行更为切实的帮助，比如埃塞克斯图书馆开发了培训课程，由负责读者发展（reader development，与我国语境下的"阅读推广"含义基本一致）的图书馆员在全郡开展，培训内容涵盖了读书会运行的各个环节，包括书籍的选择等内容。为了帮助读书会能够顺利运转，图书馆派馆员对刚建立的读书会进行帮助和辅导，一旦读书会顺利运转，图书馆员则不再干预读书会的运行，只是偶尔与读书会进行接触并提供其他服务。

2. 读书会信息的聚合和交流

埃塞克斯图书馆为读者建立一个可搜索的读书会数据库，方便读者对读书会进行查找。林肯郡图书馆建立一个名为"TeaZeal"的网站，各个读书会成员在这个网站上可以进行交流、发布评论和相互联系。

3. 注重线上读书会的发展

贝德福德郡图书馆建立在线读书会，使读者能够加入在线读书会与其他读者讨论交流。林肯郡图书馆建立线上读书会"Booklinc"，面向那些不愿见面交谈或无法到图书馆的读者。

4. 注重支持特定类型的读书会

埃塞克斯图书馆读书会发展的一个重点就是支持特定的读者群体和特定类型的读书会。例如，在向基础技能学习者宣传阅读的工作中，已经发展出五个面向新兴读者的读书会。埃塞克斯图书馆与农村社区委员会合作，以移动图书

---

① Sheffield Public Library. Reading Group Pack[EB/OL].（2016-01）[2019-02-11]. https://www.sheffield.gov.uk/content/sheffield/home/libraries-archives/reading-groups.html.

馆的方式向农村阅读群体提供读书会相关服务。

5. 注重与大众传媒合作

林肯郡图书馆与英国广播公司林肯郡电台合作开展"每月一书"栏目。图书馆工作人员选择图书，在图书馆和电台上宣传，月底在电台直播中讨论该书。BBC邀请当地读书会成员参与讨论。

通过对英美图书馆推动读书会发展的经验进行分析，发现英美公共图书馆主要服务读书会，提供专门面向读书会的资源包。关于场地支持，图书馆采取不同的处理方法，由于部分图书馆的读书会数量非常多，多达几百个，没有那么多场地，因此部分图书馆鼓励读书会在图书馆之外的场所开展阅读讨论活动。也有的读书会只对在图书馆进行阅读讨论活动的读书会进行支持。因此是否提供场地支持取决于图书馆场地情况和读书会的情况。除了提供读书会工具包和场地，图书馆一般都会在网站提供面向读书会组织者的指导资料，指导读书会的运营，也有图书馆员在读书会建立初期介入读书会运营中，帮助读书会顺利发展。另外一个角色就是信息整合者角色，图书馆将各读书会的信息整合到一起，一方面方便民众查找读书会信息，另一方面对读书会来说，也能起到集中宣传的作用。

第三节　我国图书馆界推动民间读书会发展的应然角色

本节主要是在总结分析前文研究结论的基础上，提出图书馆推动民间读书会发展的角色框架。

一、图书馆角色框架提出的依据

（一）历史经验

1. 图书馆应该自己运行读书会

民国时期图书馆运行读书会有很多经验可以借鉴，包括制定比较完善的规章制度，按照读者的不同情况，将读者进行细分，划分为不同的科目或者小组。新中国成立初期尽管图书馆运行读书会不是主流，但是也有江西图书馆、浙江图书馆等图书馆自身运行读书会的例子，由馆员选择讨论书目、设计讨论题目并组织讨论。

2.图书馆应该为读书会提供服务

民国时期的图书馆主要为读书会提供场地、书籍、茶水等支持，同时非常注重对读书会提供指导，包括设置指导员、对会员阅读的系统性进行指导、对会员进行监督考核等。新中国成立初期的图书馆也关注对读书会进行指导，主要包括提供书目推荐、提供阅读问题解答与咨询、要求小组制定学习计划、对优秀读书会进行奖励等。

3.图书馆需注重发展读书会的数量

新中国成立初期的一个非常重要的经验就是图书馆的首要任务是扩大读书会的数量，很多图书馆所发展的读书会数以百计，甚至以千计。尽管不是所有的读书会都能持续开展读书交流活动，但是因为规模比较大，所以即便是只有小部分读书会能够坚持进行阅读交流活动，数据也相当可观。新中国成立初期图书馆在发展读书会时主要是与各个学校、工厂密切合作，并且积极发挥小组长的作用，重点对小组长（可以理解为读书会会长）进行培养，并定期召开小组长会议。

（二）国外经验

1.图书馆重点服务民间读书会

不管是英国还是美国的经验，都把重点放在为读书会提供服务，并且发展出比较成熟的服务模式和方法，包括为读书会提供资源包，制定有专门面向读书会的馆藏发展政策等，同时提供读书会运营方面的资料支持。

2.对民间读书会进行整合

国外图书馆对读书会的整合主要是为读书会提供一个统一的信息平台，在此平台上，一方面读者可以找到读书会的相关信息，以便于查找，从而加入适合自己的读书会；另一方面各读书会可将阅读书目、阅读讨论等进行展示，扩大读书会的影响。

（三）民间读书会发展中的问题所引起的诉求

1.民间读书会整体规模小，还需要培育更多的民间读书会

前文提到我国民间读书会近几年发展比较迅速，但是与发展比较好的国家相比，整体规模还非常小。比如上海，据最乐观的统计，有读书会3万多家，按照每个读书会20个人计算，意味着上海有60万人参加了各类读书会，而上海人口

2018年为2400万，40个人中仅有1个人参加读书会，这个比例远远低于美国、英国、瑞典等国家的比例。上海还是我国民间读书会发展比较快的地区，如果分析全国情况，比例可能更低。因此图书馆界需要加大对民间读书会的扶持力度。

2. 民间读书会的运作过度依赖发起人，需要有相应机制保证发起人的热情

我国民间读书会在治理上属于典型的创始人治理为主的模式，发起人的热情决定了民间读书会的可持续性。一方面可以通过宣传和普及读书会运作方法，提高会员对读书会运作的参与；另外一方面需对创始人进行适度的认同和奖励。

3. 民间读书会缺乏专业人员

通过对各类数据进行分析发现，民间读书会在分析自身发展存在的困境时，提的最多的是缺乏专业人员。此困境的本质是很多民间读书会并不了解读书会的运作，因此需要对民间读书会的创始人或者召集人进行培训。

4. 部分民间读书会面临资金困境

通过前文分析发现，不是所有的民间读书会都有资金问题，以大型阅读推广活动为主的民间读书会面临资金困境，对于此类读书会，图书馆可以考虑以政府购买服务或者其他方式对民间读书会所进行的某些特定类型的阅读推广活动进行补贴。

5. 民间读书会普遍需要场地支持

以互益型小组讨论为主的读书会需要能容纳20人左右的讨论空间，以公益型阅读推广为主的民间读书会则需要开展大型活动，能容纳百人左右甚至百人以上的空间。场地一直是民间读书会最大的成本支出，尽管现在有书店以及一些新型阅读空间对读书会开放，但并不意味着图书馆可以漠视读书会的空间需求，图书馆应该成为民间读书会最稳定的场地提供者。

二、图书馆的角色框架

笔者认为应该对民间读书会进行分类推动。根据前文研究已知，我国的民间读书会按照是否注册可以分为注册读书会和未注册读书会；按照公益程度可以分为互益型和公益型两大类型；按照活动类型分为讨论型、讲座型等类型；按照面向人群，可以分为亲子读书会、女性读书会等。考虑到可操作性，笔者认为按照是否注册比较容易识别，因此笔者提出的角色框架也是按照是否注册进行分别定位。具体见图6-2。

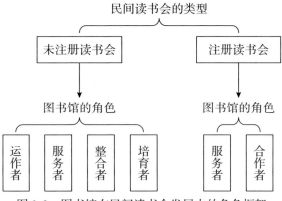

图6-2　图书馆在民间读书会发展中的角色框架

（一）运作者

图书馆自身需运作一个或多个读书会。图书馆员通过运作读书会可以具体了解读书会的运作，为服务和整合其他读书会奠定基础。如果图书馆了解读书会的运作，则可为其他读书会提供一个可参照的模板。在访谈过程中笔者发现，一些会员参加读书会之后，了解了读书会带给自身的成长和益处，但因工作变动等原因无法参加原有读书会，就自己成立了一个读书会。因此图书馆通过运作读书会也可以成为培养读书会种子的平台。

（二）服务者

图书馆应该立足于服务已有的民间读书会，为民间读书会的发展提供必要的支持，包括场地、书籍等硬件的支持，同时提供运营指导等方面的支持，从而促进民间读书会的良性发展。服务好民间读书会的基础是了解民间读书会，因此需要图书馆对本地区或者本校民间读书会的发展情况进行摸底，建立本地民间读书会情况的数据库或一览表，了解各个读书会的定位、面向的主要读者群、活动周期等。

（三）整合者

在服务民间读书会的基础上，图书馆需要承担整合者的角色，将民间读书会的力量整合起来，将本地或者本校的民间读书会纳入图书馆推进全民阅读的统一规划中，统筹各个民间读书会的力量，形成行业合力，更好地推进全民阅读的发展。

（四）培育者

除了为已有的民间读书会提供各种服务并进行整合，图书馆还有一项非常重要的职责，就是催生更多的民间读书会，笔者将其概括为培育者的角色。对于图书馆来说，需要将培育民间读书会作为工作重点，让民间读书会遍地开花，达到民间读书会的规模效应。

（五）合作者

对于正式注册的民间读书会，图书馆应该以重点合作者的角度切入。注册的民间读书会一般是以阅读推广作为重点，尽管相当一部分正式注册的民间读书会也有小团体精读讨论和阅读分享，但是更多是开展比较大型的阅读推广活动，比如图书漂流、阅读马拉松、换书大集、大型朗诵活动等。图书馆在举行阅读推广活动时可以与这些注册的民间读书会进行合作，联合策划开展阅读推广活动。

第四节　我国图书馆推动民间读书会发展的实然调查

上一节回答了在民间读书会发展中图书馆应该承担什么样的角色，提出图书馆应该承担多维角色，包括运作者、服务者、整合者、培育者和合作者的角色。那么，当前我国图书馆的实践情况如何，是本节需要回答的问题，本节的分析以上节提出的理论应然框架为基础，对实然现状进行分析。

一、数据收集

为了避免单一数据来源的片面性，本项研究主要从四个方面收集数据。

（1）"全民阅读示范基地"图书馆的网站调查。我国图书馆数量众多，一一调查不现实，因此选取了2008年至2017年间[①]获得"全民阅读示范基地"称号的图书馆进行调查，尽管"全民阅读示范基地"都是在阅读推广方面做得比较好的图书馆，选择这些样本作为全国图书馆的代表可能有一定偏差，但是考虑到研究的可操作性，加之有其他数据进行补充，因此可以作为数据来源之一。通过查找中国图书馆学会官方网站，发现2008—2017年全

---

① 2017年全民阅读示范基地是2018年12月份评选出的。

民阅读示范基地中一共有197家图书馆，对这197家图书馆的网站进行查找，了解每一个图书馆读书会情况。

（2）"书友会"优秀案例申报材料[①]。2014年中国图书馆学会阅读推广委员会图书馆与社会阅读专业委员会在全国图书馆的范围内开展"书友会"优秀案例征集活动，笔者详细分析了获一等奖、二等奖、三等奖的读书会与所属图书馆一共43家读书会的申报材料，包括读书会的建立过程、管理模式、活动内容、活动亮点、活动效果及社会影响，了解图书馆针对发展读书会都做了哪些工作，以及读书会具体运营的过程。

（3）微信平台搜索"图书馆读书会"的相关信息。考虑到微信公众号已经成为图书馆发布传播信息的一个最重要的渠道，因此通过在微信平台搜索"图书馆读书会"，对前500条进行筛选，一共统计72家图书馆[②]关于读书会工作的报道，对报道中涉及的图书馆的角色、活动内容形式等多种信息进行记录。

（4）面向图书馆馆员的问卷调查和访谈。采取了网络问卷的形式发放与收集，调查了图书馆读书会的相关工作。问卷在问卷星中编辑，在朋友圈和专业群进行发放，共回收了114份，有效问卷90份。此外，选取10位图书馆员进行访谈，了解现今图书馆的读书会工作状况和存在的问题。

二、我国图书馆开展读书会相关工作的整体情况

（一）开展比较普遍

通过对全民阅读示范基地图书馆的网站调查，发现在197家图书馆中，有114家图书馆开展了和读书会相关的工作，约占58%。90份有效问卷中，74家图书馆开展了和读书会相关的工作，约占84%。因此可以认为整体开展比较普遍。

---

①　中国图书馆学会阅读推广委员会提供了各案例的原始申报材料。

②　由于部分图书馆对每期的读书会活动进行系列报道，比如诏安图书馆、东明县图书馆、菏泽图书馆，检索结果中都不仅仅是一条，包括十几条报道。因此此处的图书馆数量远远小于记录条数。

表6-4 "全民阅读示范基地"图书馆网站调查数据

图书馆类型	样本数量	开展读书会工作的样本数量	所占比例
公共图书馆	144	90	62%
高校图书馆	51	24	47%
其他类型	2	0	0
总计	197	114	58%

说明：全民阅读示范基地共197家，其中有两家既不属于高校图书馆，也不属于公共图书馆的范畴，具体来说一家为科学院系统图书馆，一家为党校系统图书馆。

表6-5 问卷调查基本情况

图书馆类型	样本数量	开展读书会工作的样本数量	所占比例
公共图书馆	49	42	85%
高校图书馆	39	32	82%
学校图书馆	2	1	50%
总计	90	75	83%

公共图书馆网站调查数据为62%，问卷调查的数据为85%，高校图书馆网站调查的数据为47%，问卷调查的数据为82%，相比较而言，公共图书馆开展读书会相关工作更为普遍。

（二）图书馆以运作和服务读书会为主，其他角色开始萌芽

结合上一节笔者提出的图书馆在读书会发展中的角色框架，通过对多种数据源的分析（见表6-6），笔者发现图书馆比较重视与民间读书会的合作，目前图书馆在进行读书会相关工作时主要以运作者和服务者为主，整合工作已逐步开展起来，但在培育读书会方面着力不够。下面进行具体分析。

表6-6 不同数据来源图书馆角色类型情况表

角色类型	示范基地图书馆网站（197）	问卷（90）	书友会案例（43）	微信数据（72）
运营	93（47%）	33（37%）	29（67%）	40（56%）

续表

角色类型	示范基地图书馆网站（197）	问卷（90）	书友会案例（43）	微信数据（72）
服务	43（22%）	45（50%）	9（22%）	20（28%）
培育	15（8%）	16（18%）	1（2%）	6（8%）
整合	20（10%）	6（7%）	1（2%）	8（11%）
合作	36（18%）	40（44%）	2	18（25%）
无法判断	8（3%）	0（0%）	3（7%）	3（4%）

来源：笔者根据多种数据来源统计绘制而成。因部分图书馆承担的角色不止一个，因此各列数值的百分比为此类角色占图书馆数量之和的比重，比重之和会大于1，特此说明。

三、我国图书馆运作读书会的情况

图书馆运作读书会，是指图书馆牵头组建或者发起建立的读书会，有专门的馆员负责运营读书会。例如成都图书馆根据自身的综合优势，成立并运作"阳光读友会"，目的是做成一个集读书交流、文化学习、信息沟通和人际交往等功能于一体的平台，读友会由图书馆的一名馆员担任指导老师，负责读友会的管理并指导馆内活动的开展。通过问卷调查发现，在回答"下面哪种陈述符合贵馆目前的情况"这一问题中，"图书馆自己运行读书会"所占比例最高，约占37%。

（一）图书馆读书会的主要活动内容分析

运营读书会的主要活动内容有：开展朗读会或者诵读会、进行阅读讨论、开展文化讲座或学术报告、策划组织主题书展、编辑会刊等。笔者进行的调查问卷显示，运作有读书会的图书馆中，94%的公共图书馆开展阅读讨论的活动，89%的公共图书馆开展朗读会或诵读会，68%的公共图书馆开展文化讲座或者学术报告；高校图书馆100%开展阅读讨论活动，94%的高校图书馆开展诵读会或朗读会，65%的高校图书馆会开展文化讲座或学术报告。编辑会刊这一项活动无论是高校图书馆还是公共图书馆都开展得比较少，基本都在5%左右。

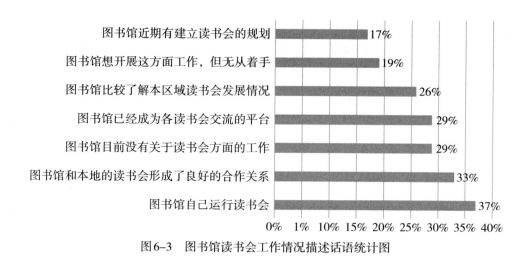

图6-3　图书馆读书会工作情况描述话语统计图

来源：此图为笔者根据问卷调查数据绘制。

（二）存在的问题

1. 图书馆对读书会的理解存在误区

本书在第一章将民间读书会理解为进行阅读交流的民间团体，在调查中笔者却发现很多图书馆对读书会存在认知误区，这里并不是强调图书馆界的理解必须和笔者理解一致，而是部分图书馆在运作读书会的过程中背离了读书会的初衷。第一类是对读书会的定位存在误区。主要是高校图书馆，有的图书馆将学生组织称为读书会，虽然是图书馆领导的学生组织，但是负责的工作却是辅助图书馆进行服务的志愿组织，在其介绍中也明确表示读书会会员的工作内容是辅助同学规范使用图书、为同学提供图书咨询服务等，偏离了读书会以阅读交流讨论促进学习的基本面。第二类是活动形式存在误区，有的读书会仅仅以讲座为活动形式，没有讨论的环节。鄂丽君的研究也发现了这一点，她指出"多数高校图书馆在读书会的举办形式上青睐于专家讲书、书友之间分享自己阅读过的书等形式，将读书过程变成听书。讲书者将自己的体会分享给参与者，虽然这种形式在一定程度上能让参与者对所讲图书有一定的了解，或者能激发参与者在读书会后阅读所交流图书，但是，并不能引起思想的交流与碰撞"①。还有的图书馆举办的活动多种多样，演讲比赛、文艺作品展、新生入馆培训等都

---

① 鄂丽君.高校图书馆读书会调查与分析[J].图书馆理论与实践,2016（4）:21-24.

被列入读书会的活动范畴，将读书会的概念无限扩大，尽管采取多种形式可以吸引读者，但是目的应该是吸引读者进行阅读，否则有舍本逐末之嫌。

2. 缺乏对读书会运作比较了解的馆员

在对图书馆进行的问卷调查中，无论是高校图书馆，还是公共图书馆，都把"缺乏有相关经验的馆员"看作是运营读书会的最大困难。64%的高校图书馆和89%的公共图书馆选择了"缺乏有经验的馆员"，远远高于其他问题〔其他问题包括参与者少（52%，44%），公众对图书馆不了解（7%，38%）等〕。而在对"贵馆没有运营读书会规划的原因"这一问题的回答中，"缺乏相关工作经验的馆员"又占到了第二高。从这两个问题都可以得出结论：具有相关工作经验的馆员是图书馆运营读书会的一大问题。

3. 部分高校图书馆不重视读书会工作

部分高校图书馆不重视阅读推广工作，认为那不是高校图书馆的工作重点，这一点也反映到读书会工作中。在笔者访谈的负责读书会的馆员中，有两位高校图书馆馆员提到了这一问题。

> 我就和一位老师搭档以读书会的方式和预科生做起了一次次的交流，分享大概一周一次，我们这个小组织叫以书会友，这一做就是三四年……后来主管教学的校长知道此事非常支持！可是两年前换了馆长，我们这位主管馆长是理工男，在他这里永远不会得到任何支持与认可……所以阅读工作做得异常艰难……这是一个非常私人的问题！我想听听您的看法，我是不是应该坚强地坚持下去！（来自对一位高校馆员的访谈）。

> 换馆长后停滞了一学期，我们这学期又开始开展活动，三个月组织了三次主题读书交流会，两次会中交流会，还有为期四周20天的经典晨读。（来自对另一位高校馆员的访谈）

上述访谈主要反映的是馆长不重视。在问卷调查中，还反映出一个问题，就是馆员对读书会工作的不重视。在对"贵馆没有运营读书会规划的原因"这一问题的回答中，高校馆中有50%选择了"没有这方面的想法"，而在公共图书馆中，这一比例仅为4%。由此可见，相较于公共图书馆，高校图书馆对于读书会相关工作的重视程度略显不足。

四、我国图书馆服务读书会的情况

为服务好民间读书会，图书馆可以为民间读书会提供场地、书籍等资源，同时也可以提供读书会运营方面的指导等。

（一）对民间读书会的了解

为民间读书会提供服务的前提是了解当地或者高校范围内民间读书会的基本情况，通过问卷调查发现，只有24%的图书馆比较了解本地大约有多少家读书会。而在访谈的10家图书馆中，有4家不知道本地大约有多少家民间读书会。实际上这个问题并不是很严格，并没有问及图书馆是否掌握民间读书会的具体数量，只是询问的大概数据，即使这样一个并不严格的问题，也有相当一部分图书馆并不知晓。因此，整体而言，图书馆并没有将民间读书会纳入服务范畴，一方面是因为图书馆界在服务用户时，更多的是面向个人读者，对于团体读者无论是研究还是报道都比较少。另外，我国图书馆界对读书会的关注更多放在了自身运行读书会，对各个民间读书会提供服务关注较少。

（二）具体服务措施

1. 场地提供

为民间读书会提供场地支持是最常见的做法。苏州独墅湖图书馆、天津泰达图书馆、沧州市图书馆、邢台市图书馆等多个图书馆均为一个或多个民间读书会提供场地。场地支持也是民间读书会对图书馆的最大诉求。上海的"思南读书会""魔法童书会""书虫部落"等读书会一直与公共图书馆合作开展活动，图书馆为读书会的活动提供场地。

2. 书籍提供

书籍借阅是图书馆的基本服务项目，图书馆为读书会成员提供书籍也是基本服务项目。但通过前文对于读书会界定以及经验介绍，图书馆还应该针对民间读书会这一讨论交流群体提供书籍，国外通常以读书会工具包的形式呈现，包括8—12个副本以及相关的阅读支持资料。但是从目前掌握的资料看，我国尚未见有图书馆开展此类服务，并没有开发专门针对读书会的工具包服务。

3. 提供读书会运营方面的支持

目前很多民间读书会属于摸着石头过河，迫切需要了解读书会运营方面的知识。图书馆应该提供此方面的资源支持或具体指导。但是从目前掌握的数据看，很少有图书馆在网站或者微信公众号中提供关于如何运营读书会方面的信息。

整体而言，目前我国图书馆对民间读书会的服务主要停留在提供场地这一层面，阅读书籍及讨论题目等服务尚未开展，对读书会提供运作支持的图书馆也比较少，仅发现有佛山图书馆等少数图书馆对民间读书会成员进行培训。对于民间读书会的深层次服务，比如开列系统阅读推荐书目等则未开展。

五、我国图书馆培育读书会的情况

（一）高校图书馆的探索

在培育民间读书会方面，我国图书馆界所做工作相对较少。从目前的情况来看，高校图书馆在培育读书会方面开展了一些工作，特别是台湾地区形成了比较成熟的培育机制。

1. 台湾地区的读书会培育举措

台湾高校读书会的发展有赖于高校的推动。2008年，台湾制定"第二期奖励大学教学卓越计划"，提出"鼓励学生借由社团、读书会等方式进行主动学习"，台湾地区的很多高校都制定了推动读书会发展的计划，曹桂平曾经统计了18所高校的读书会推广计划，包括《玄奘大学学生读书会设立要点》《台湾师范大学教学发展中心补助学生办理读书会要点》等文件，这些文件对读书会的目的、实施对象、实施方式、补助方式、奖励方式和注意事项等做了细致的规定，对培育读书会起到了很大的推动作用。

尽管台湾地区推动大学生读书会发展过程中，图书馆在其中并不是最主要的角色，但是其在读书会发展过程中积累的培育经验也可以为其他地区图书馆培育民间读书会提供借鉴，主要措施包括提供经费补助并进行严格的审查和考核。比如台湾清华大学规定对读书会的补助包括："书籍、印刷、影音记录等材料费；小组召集人工读费；活动导读人补助；3项总经费最高补助10000元。"[①]这些措施推动了读书会的成立。

2. 大陆高校图书馆的探索

大陆高校图书馆近年来开始尝试培育读书会，其中，北京农学院图书馆、

---

① 曹桂平.台湾地区高校读书会的推广与运作[J].图书情报工作,2014,58（23）:102-109.

重庆大学图书馆的做法有一定的代表性。

（1）北京农学院图书馆的读书小组招募

北京农学院图书馆2016年曾经在读者中招募读书会小组，并对读书会小组提出了明确的要求。

一、读书会小组要求：

1. 组长：1名。

2. 固定核心会员：至少5名。

3. 可以根据兴趣或专业选择适合的图书。

4. 每场读书会时间不低于90分钟。

5. 到2016年11月底，至少组织三场读书会。

6. 每场读书会后提交照片、记录和报道。

7. 图书馆可协助发布读书会通知。[①]

通过上述招募说明可以看出，北京农学院对读书会的理解是小团体的读书讨论，在培育中不依赖学生会或者其他相关职能部门，主要依靠学生的自主报名。此种模式的优点是不受其他职能部门的掣肘，但同时也带来了一些问题，那就是学生的读书会纳入评优评奖体系的难度比较大，对学生的激励不足。

（2）重庆大学图书馆线上读书会的自动生成

为提高阅读推广能力和效率以及覆盖面，开发互动性较强的阅读交流平台，重庆大学图书馆在2016年研发、启用了"悦读会"系统。"悦读会"系统以重庆大学图书馆馆藏图书阅读为核心，将相同兴趣的书友组织起来[②]。"悦读会"分为两种类型，一种为普通悦读会，当一本书被借次数达到一定次数后，系统会自动将借阅此书的读者联系起来，形成以此书命名的悦读会，即一个小的群组讨论交流空间；另一种为图书馆推荐的专题悦读会，即馆员根据当前社

① 北京农学院图书馆. 2016年读书会小组招募[EB/OL]. (2016-06-12) [2018-02-06]. https://library.bua.edu.cn/html/library/library_5/20160612103541731121019/20160612103541731121019.html.

② 谷诗卉,杨新涯,许天才. 读书会网络化服务模式与实践研究——以重庆大学图书馆"悦读会"系统为例[J]. 图书情报工作,2017,61(5):73-78.

会热门话题或教育科研热门话题，主动推荐一批书，创建群组空间，读者需要申请才能加入讨论。

"悦读会"系统中的普通悦读会可以认为是图书馆培育线上读书会的有效途径。图书馆培育读书会的一个有利条件就是图书馆对读者借阅图书情况的了解，通过借阅数据的分析，可以将阅读兴趣相同或相近的人组织在一起，这也是民间读书会形成的一个要件，即志同道合、阅读兴趣相近的读者团体。图书馆在这方面有比较天然的优势，通过对借阅数据的深度挖掘和分析，将读者自动组织成各种不同的阅读兴趣小组，此种方法结合了图书馆自身的特点，同时节省了与外部机构进行沟通的成本。

（二）公共图书馆在培育读书会方面的探索

公共图书馆在培育民间读书会方面，原来一直比较依赖单位或者体系，比如新中国成立初期的图书馆主要依靠和学校、工厂等合作，以各单位为据点，广泛建立读书小组。20世纪80年代的读书会则主要是依托工会系统建立起来。今天随着业缘关系在人们休闲社交中的减弱，如何寻找一种更合适的方式培育民间读书会成为公共图书馆面临的一个重要问题。

1. 通过阅读推广人培训培养民间读书会带领人

前文已经提及民间读书会属于典型的创始人治理模式，或者说创始人是民间读书会的灵魂。图书馆在培育读书会的过程中，首先就需要找到一批可以堪当读书会带领人或者组织者的人群。深圳市在这方面积累了一些经验，通过阅读推广人培训，将培训合格的阅读推广人作为读书会的种子。深圳市光明新区图书馆通过"光明领读者"培育计划，建立阅读推广专业人才体系，推出诸多举措，其中包括读书会带领人培训，"面向新区读书会团体、文艺团体、企业、工会、妇联、团委、义工联等机构主要活动执行人，开展读书会带领人培训"[①]，推动读书会发展。

2. 通过奖励进行培育

部分图书馆通过设计丰富的奖励机制，培育孵化民间读书会。例如，台湾高雄图书馆建立了一套制度，支持建立和奖励优秀的读书会，并根据读书会的

---

① 王凌宇. 阅读推广联盟机制研究——以深圳市光明新区图书馆为例[J]. 图书馆界，2017（4）：70-73.

效果公开表扬优秀的读书会，给予其现金奖励；读书会的会员还可以参与到图书馆的讲故事活动、图书导读等活动中。

（三）存在问题

笔者通过问卷调查，发现部分公共图书馆有培育读书会的想法，在"读书会发展规划"一题中，有64.29%的图书馆选择了"推动本地读书会的发展，数量达到一定规模"，有42.86%的图书馆选择了"对读书会带领人进行培训"，但是笔者在进行调查统计时却发现图书馆在这其中所做的工作比较少。应该说培育读书会并没有成为图书馆的重要工作，很多图书馆没有形成明确的培育或者孵化读书会的方案。

六、我国图书馆整合民间读书会的情况

随着民间读书会数量的增加，无论是政府相关部门，还是图书馆，抑或是民间读书会自身都意识到整合民间读书力量的需求，因此出现了各种阅读联盟。经过检索发现，图书馆发起成立的联盟有15家，基本情况见表6-7。

表6-7　图书馆发起的阅读（推广）联盟基本情况表

联盟名称	成立时间	发起机构	主要参与机构
青浦阅读推广联盟	2014年	上海市青浦区图书馆	民间读书会、巴士公司
太原市全民阅读推广联盟	2016年	太原市图书馆	书店书吧、民间读书组织
佛山阅读联盟	2016年	佛山图书馆	各类阅读组织或机构
宁波阅读联盟	2016年	宁波市图书馆	社会阅读团体、绘本馆、书店和图书馆
温州读书会联盟	2017年	温州市图书馆	各类读书会
广州阅读联盟	2017年	广州图书馆	各类阅读组织
阳泉市全民阅读推广联盟	2017年	阳泉市图书馆	各类阅读组织
西宁市阅读推广人联盟	2017年	西宁市图书馆	社会读书社团
东莞阅读联盟	2018年	东莞市图书馆	各类组织（含读书会）
"文化鹤岗"阅读推广联盟	2018年	鹤岗市图书馆	社会各界读书会
"泉书坊"阅读推广联盟	2018年	济南市图书馆	读书会以及其他各类机构
深圳阅读联盟	2019年	深圳市图书馆	正式注册的组织或机构

来源：笔者根据检索资料情况绘制。

上述图书馆发起的阅读联盟中，有的是专门面向读书会的，比如温州读书会联盟、西宁市阅读推广人联盟、文化鹤岗阅读推广联盟。有的联盟动员的机构涵盖面比较广，包括书店、绘本馆、政府部门等。有的联盟在运作中以扶持的形式支持民间读书会开展阅读交流活动，有的联盟则开始尝试探索读书会的联合互动。下面结合具体案例进行分析。

（一）以补贴奖励为主的运作——东莞、佛山

东莞阅读联盟和佛山阅读联盟采取的方法比较类似，通过招募读书会，以项目的形式为读书会的活动进行补贴或奖励。

> 东莞图书馆中的业务部作为职能部门，主要负责东莞阅读联盟的招募、经费管理与使用、协调、监督等工作，并与各读书会签订协议，有效期为一年。东莞图书馆以工作项目的形式，由馆内员工对接各个读书会，进行联系、沟通，并负责审核各个读书活动的内容，收集、整理各读书会活动资料。各读书会自行组织读书活动，但每次活动的主题要申报给东莞图书馆，并经审核通过后方可开展。东莞图书馆给每个读书会每年5000元经费支持，每个读书会至少要开展10场读书活动，每次在10人以上。每年招募主题读书会：2018年东莞图书馆启动"东莞阅读联盟"工作，东莞阅读联盟首批成员招募了4家主题读书会；2019年，将招募第二批4家主题读书会，目前正在进行中。（东莞阅读联盟负责人的访谈）

> 当时以民间读书会作为重点，主要是因为妇联等系统的社会力量，图书馆没有那个力量进行整合，而民间力量则相对容易。我们采取招募主题读书会的方式，我们图书馆主要派一个馆员跟一个读书会，不参与读书会的策划，但是需要对这个读书会的情况进行了解，每个读书会要求他们开展10场活动，之前需要签一个协议，对活动次数以及不能从事违法等行为进行约定。如果是在馆内开展活动，需要填写申请。（佛山阅读联盟负责人的访谈）

通过对上述两位负责人的访谈可以看出，图书馆采取以项目支持的方式，一方面吸纳社会上已有的读书会参与到阅读联盟中来，同时也扶持了一批读书会。两位负责人谈到，有的读者或者公民看到阅读联盟招募主题读书会的通知

后，就成立一个读书会并组织开展活动。因此这种形式同时起到了培育读书会的作用。

（二）读书会联合行动的探索——温州读书会联盟

温州读书会联盟由温州市图书馆发起成立，各单位读书会、民间读书会自愿参加，是主要面向读书会的联盟。经过两年的发展，已经发展读书会100多家，在读书会联盟运作方面积累了一定经验。

1. 入会条件

温州读书会联盟对入会条件有一定要求，包括：

1. 单位读书会、民间读书会均可申请加入联盟。

2. 读书会的会员人数达到30人以上，年龄在18周岁以上。

3. 读书会定期开展活动（每周一次或每月一次）。

4. 读书会具有共享精神、公益精神。

2. 资源整合

联盟一共设计了五大基本活动，包括读书会常规活动、读书会邀请活动、读书会联合互动、领读人学习会和读书会走进阅读场所[①]。

（1）读书会常规活动：联盟明确提出读书会的常规活动是基础，百家读书会每周、每半个月、每一个月针对内部会员开展线上或者线下读书活动。温州市图书馆起着总领和总管的职能作用，不介入读书会常规活动，而是不定期地参与到读书会中，深入了解读书会阅读内容、活动流程、会友交流等情况，起到参与、督导的作用，并且鼓励百家读书会自主发展，形成各自的阅读风格。

（2）读书会邀请活动：邀请活动主要目的是吸引广大市民参与到各个读书会，除了部分单位读书会有固定的阅读书房，大部分读书会还不具备固定场所。在开展常规活动的基础上，读书会可以申请温州市图书馆场地资源，面向市民开放"读书会客厅"，邀请非会员的市民也参与读书会活动。如此既解决了多家读书会缺乏场地的困难，也让温州市图书馆公共阅读空间得以充分利

---

① 周仲亚."读书会联盟"阅读活动探究——以温州读书会联盟为例[J].图书馆建设，2018（5）:59-63.

用，吸纳爱阅读人群交流、分享，提高了公共阅读的社会化价值。

（3）读书会联合互动：百家读书会虽然各自独立，阅读风格迥异，但是更多时候也采取联合互动，融汇共享，突出"主题读书会"，充分整合资源，让读书会效益最大化。因此读书会联盟设计了由不同读书会合作开展的主题读书会。比如"百年·百家·百场"系列活动——书籍照亮人生活动由鸿滨读书会、日日页页读书会、鹿纪悦读会等10家成员读书会共同开展。《第二性》《爱的艺术》阅读分享会由博畅阅读、清月读书会共同开展。

（4）领读人学习会：温州读书会联盟以"联结阅读力量，提升阅读品位"为主题，开展"领读人学习会"。读书会联盟开展专题讲座与座谈会，分享如何选择阅读书目和策划活动方案，以及如何管理和发展会员等方法和经验，为读书会输送科学、系统的阅读推广方法。

（5）读书会走进阅读场所。百家读书会每个月可以申请温州市图书馆活动场地、城市书房、文化驿站等，利用图书馆现有的公共空间资源，以读书会进驻的方式吸引更多读者驻足，服务好公共阅读。同时在联盟引导下，读书会相继走进党群服务中心、城市书房、文化驿站、实体书店，依托公共阅读空间，开展沙龙、朗读、讲座等文化活动。

除此之外，温州读书会联盟建立联盟微信群，激发社员交流读书活动策划与开展心得；完善"温州读书会联盟"微信公众号运营，提供活动预告与活动回顾平台①，实时展示读书会活动资讯与阅读风采，促进读书会对外交流，增强读书会凝聚力。

（三）深圳阅读联盟——面向注册组织

"深圳阅读联盟"是由深圳图书馆发起、深圳市各类崇尚和热爱阅读、有意愿推广阅读的政府机构、企事业单位、社会团体、民间阅读组织共同参与，致力于推动全民阅读的公益性阅读联合体。

深圳阅读联盟主要面向正式注册的组织，其成员不限于民间阅读组织，还包括各类政府机构、企事业单位、社会团体，是一个涵盖比较广泛的阅读联盟。尽管该联盟并不专门面向民间读书会，但的确也为民间读书会的发展提供行业整合的机会。通过"深圳阅读联盟"的成员招募公告可以看出，加入该联

---

① 来自于"温州读书会联盟"微信公众号。

盟后，民间读书会可以获得开展活动所需的场地、文献、资金、嘉宾等资源。由于该联盟尚未正式成立，因此笔者这里并不能对联盟运行效果进行研究，但是该联盟的重点是正式注册的机构和组织，为以后整合民间读书会力量提供了另外一种思路，即按照民间读书会类型的不同，分别进行整合。

☞"深圳阅读联盟"成员招募公告① （节选）

......

（二）申请条件

1. 资源合作型联盟成员

（1）深圳市行政区域范围内正式注册的机构或组织；

（2）可以免费提供举办公益性阅读推广活动所需的场地、文献、资金、嘉宾等资源，以及创意策划等；

（3）遵守《深圳阅读联盟管理办法》要求。

2. 项目合作型联盟成员

（1）深圳市行政区域范围内正式注册的机构或组织；

（2）具有2年以上阅读推广活动组织经验；

（3）每年开展阅读推广活动10场以上；

（4）从事阅读推广工作人员不少于3人；

（5）遵守《深圳阅读联盟管理办法》要求。

四、联盟成员权利与义务

（一）权利

1. 图书馆提供专业的阅读推广指导；

2. 优秀项目优先使用图书馆公益场地开展活动；

3. 优秀项目经评审后提供适量经费资助；

4. 优先通过图书馆宣传平台，扩大活动项目及成员单位影响力；

---

① 深圳市图书馆."深圳阅读联盟"成员招募公告［EB/OL］.（2019-05-26）［2019-08-01］. https://szlib.org.cn/article/view/id-34143.html.

5. 优先参与图书馆在世界读书日、暑期缤纷季、深圳读书月期间举办的大型阅读推广活动，如粤港澳"共读半小时"、"阅在深秋"公共读书活动等；

6. 优秀联盟成员、优秀项目优先被推荐参加相关奖项申报，优秀的阅读推广人优先被推荐参加阅读推广等专业培训；

7. 为拥有优质资源（场地、嘉宾、技术、资金等）的成员单位，提供优质阅读项目，如讲座、展览、艺苑、培训等。

（二）义务

1. 遵守《深圳阅读联盟管理办法》，接受相关阅读推广指导、监督、考核与评估，根据反馈意见与建议及时调整修正。

2. 按照签订的《深圳阅读联盟成员协议》，开展一定场次数量的阅读推广活动，参与活动人次需达标。

3. 以"深圳阅读联盟"的名义开展的阅读推广活动，须使用联盟VI标识，并将"深圳图书馆"列为主办单位。

4. 指定一名联络员负责阅读推广活动联络工作，联络员的具体职责包括：

a. 活动日常沟通与联络；

b. 活动协调、组织、宣传与实施；

c. 提交年度活动计划和具体活动方案；

d. 按时提交活动资料，包括但不限于活动总结、照片、音视频、宣传报道等；

e. 其他工作。

（四）存在的问题

图书馆发起成立的阅读联盟在整合民间读书会力量方面开始发挥作用，但是整体而言，图书馆对读书会的资源进行整合尚未成为全国性的普遍行为，仅有12家公共图书馆开展。已经有部分图书馆认识到整合民间读书会资源的重要性，但是迫于人员、精力等各方面的限制，而没有进行。

之前考虑过可以由图书馆组织一个全市的或区域范围内的一个绘本故

事大会。由所有的亲子读书会通过图书馆这个平台来进行比赛表演。但目前还没有精力来做。关于对读书会进行规划管理的问题，现阶段还没有做到，但是其实图书馆本身是可以做这样的整合的。但由于图书馆自身还有其他的职能，阅读推广只是图书馆自身工作的一部分，所以限于精力问题，没有把所有的精力都放到这一项活动中。所以现在只做图书馆的活动，管好自己的一亩三分地。如果以后能发展得更好，再来考虑资源整合。这个问题是需要再进行探讨的。（×市公共图书馆馆长在访谈时说）

已进行读书会资源整合的图书馆也遇到了一些问题，主要是没有进行分类整合。一位负责人曾经提到："社会力量加入联盟的目的不同，有些人来这里可能就是寻求项目的，有些人来这里可能是做公益的，或者做慈善的，但是这些加入者从来没想过参加公共文化服务，可能对公共文化服务的概念都不知道。社会各个主体之间，动机不一样、发展程度、参与意愿以及自身的管理、运营能力也不一样。"因此如何根据民间读书会的情况进行分类管理和整合是面临的一个问题。

七、我国图书馆和民间读书会合作情况

按照笔者上一节提出的角色框架，图书馆主要面向注册民间读书会进行合作。在实际调查中发现，我国的图书馆在谈到合作时并不区分是否注册，高校图书馆因为主要面对的是师生自发组织的读书会，这类读书会几乎不进行正式注册。我国公共图书馆在谈到与民间读书会合作时，也并不关注该读书会是否注册，对注册读书会或未注册读书会并没有采取不同的方式。

部分图书馆在缺少专业人才的限制条件下，选择购买外部读书会的阅读项目，这样可以达到阅读推广的目的，也能解决馆内的人才压力。比如深圳图书馆、罗湖区图书馆和宝安区图书馆与深圳读书会长期保持业务合作关系，合作内容有主办（承办）活动、联合开展活动、提供创意及服务建议等。购买外部读书会的阅读项目，对于图书馆来说，可以解决人力资源有限的问题；对于外部读书会来说，也是经费的一个来源，可以帮助读书会更好地生存下去，因为现在有部分社会力量建立的读书会是靠热情支撑，其运营成本基本靠成员自己分摊，每场活动所产生的花费很大，与图书馆合作能为其能减轻成本负担。

在问卷调查中，44%的被调查的图书馆馆员选择了自己所属的公共图书馆与其他读书会合作开展活动。因为很多图书馆自身影响力有限、专业能力有限，所以与外部读书会进行合作开展读书会活动，有助于吸引更多读者进馆参与读书会活动，同时加深公众对图书馆的印象，扩大图书馆的影响力。在与×市图书馆馆长谈话中，馆长表示：×市图书馆自身有亲子读书会活动，但缺少专业人员。"所以经常邀请某公益书屋的霏妈担任指导老师。霏妈以志愿者的身份来我们馆的活动中担任老师。"×市图书馆自身没有专业的人员，开展亲子活动时很受限制，与某公益书屋进行合作，但是这其中也有一个问题需要图书馆深入思考，那就是在引入社会力量的同时，仍应加强自身专业能力建设。

第五节　我国图书馆界推动民间读书会发展的未来规划

结合我国图书馆推动民间读书会发展的应然分析和实然调查，本节主要回答未来图书馆界应该如何进一步推动民间读书会的发展。考虑到中国图书馆学会阅读推广委员会（以下简称"阅读推广委员会"）在阅读推广方面的号召力和影响力，因此除了个体图书馆之外，本节还将重点分析学会层面的策略。

一、个体图书馆层面的行动计划

（一）将培育讨论型读书会作为工作重点

前文提到，我国民间读书会发展规模还比较小，因此第一要务是扩大读书会的数量，切实增加读者人数。对于图书馆来说，需要将培育民间读书会作为工作重点，每个图书馆应该根据本馆情况制定《读书会培育计划》，明确规定每年新增读书会的数量以及行动方案。培育的重点是小团体讨论型读书会。笔者认为读书会从本质上是一个集体互动学习型团体，核心是学习，通过交流碰撞达到深化学习的效果，因此需要把培育深度讨论的读书会作为培育重点。

高校图书馆可以和教务处等职能部门相联系，对于学生读书会采取计通识学分的处理方法，或者与学生处沟通，将读书会纳入评优评奖系列，也可以采取资金支持的方法。公共图书馆则需要通过阅读推广人培训带动民间读书会的组织者，培育民间读书会的组织者和领读人，同时应该重点与社区图书室进行密切合作，以社区读书会作为重点抓手。

对于此类读书会，因为专家费用、场地费用都可以忽略，此类读书会对于资金投入的要求并不高，所以资金支持也许并不是最有效的办法。前文提到有读书会反映为了一年5000元的支持，需要做大量烦琐的工作，觉得得不偿失，究其原因主要在于选择了错误的激励方式，资金支持的方式可以适用于在校大学生，但是不适用已经工作的人士。因此对于非学生群体的民间读书会，需要重点设计激励制度。通过研究，笔者认为主要可以从两个方面考虑：一是进行精神奖励，颁发优秀阅读推广人或者优秀领读者证书等，发起人或组织者通过成立读书会，可以获得他人的认同，这种认同感的获得是一种重要的激励方式。二是找到和个人自身利益的结合点。参加运作读书会对个人能力是一个锻炼和提升，能够帮助自己系统学习。除此之外，图书馆还可以考虑与个人发展密切相关的诉求。在访谈中，一个读书会发起人提到，在当地实行的义工积分制中，运作读书会不能算义工积分，尽管此类读书会更多是成员互益，获益最多的是成员自己，但是作为组织者，需要投入非常多的精力，因此可以考虑对组织者的劳动予以积分鼓励。

（二）以项目支持形式引导公益型读书会的发展

我国民间读书会，有一部分是正式注册的组织，此类读书会更多进行公益型阅读推广活动。面向此类读书会，图书馆更多采取的是合作的方式，比如合作开展大型宣传推广活动，大多采用政府购买的方式。在与此类民间读书会合作时，需要注意以下几点：

（1）以支持公益型读书会开展面向弱势群体的阅读服务为主。公益型读书会不应该与营利性读书会在目标人群和活动方式上有太多重合，而是应该重点关注那些营利读书会覆盖不到的人群。图书馆应该对民间读书会进行分类，加大对那些以弱势群体为主要参与人群的读书会的支持力度，引导公益型民间读书会对发展定位的把握。

（2）图书馆在与民间读书会合作的过程中不能忽视自身专业性的建设。在引入社会力量方面，部分图书馆存在认识误区，认为将整个业务或活动包给社会力量，图书馆只需进行效果评估就可以。涉及读书会，很多公共图书馆采取与和绘本馆等机构合作，让绘本馆的人开展给儿童讲故事等活动，但是馆员自己没有能力讲，这就背离了引入社会力量的初衷，引入社会力量是一个补充，图书馆须强化自身专业能力的建设。

（三）加大对民间读书会资源整合的力度

目前我国图书馆开始对民间读书会进行整合，成立了一些联盟，并积累了一些经验，这是非常值得肯定的。未来应该加大对民间读书会整合的力度，可以从以下几个方面着手：

（1）在充分了解每家读书会的基础上，将民间读书会划分为不同的群落，比如公共图书馆可以将读书会划分为面向儿童的读书会群落、面向老年人的读书会群落、面向家长的读书会群落、面向女性的读书会群落等。或者按照主题划分为文学经典作品读书会群落、人文社科经典作品读书会群落等，高校图书馆则可以划分为本科生读书会、研究生读书会等。将同一群落读书会整合到一起，对同一群落读书会的活动进行集中揭示。

（2）根据本地民间读书会的情况，设计不同系列的主题读书活动。在群落划分的基础上，图书馆可以设计不同主题的系列读书会活动，民间读书会就不再是一团散乱的活动。在这个过程中，需要注意，民间读书会比较重视自身的独立性，在不违反国家相关规定的前提下，图书馆需要尊重民间读书会自身发展的特点和诉求，适当引导，不需要强行干预和指导。

（四）加大图书馆对民间读书会服务能力的建设

通过上节分析可以看出，我国图书馆目前对于民间读书会的服务主要停留在提供活动场地这一层面，笔者认为在服务方面，需要从以下几个方面推进：

（1）建立读书会馆藏。调查本地读书会需讨论书籍，最好提前半年进行了解，对需求量比较大的书籍可以建立面向读书会的馆藏，增加副本量，满足读书会成员的讨论书籍的需求。可以参考前文提到的读书会馆藏建设方案制定本馆方案。

（2）提供读书会运营方面的资料支持，将读书会运营的基本事项，包括如何选择讨论书目、讨论守则、如何保持黏性等提供给各读书会，从而提高民间读书会的运作水平，少走弯路。

（3）提供必要的书目推荐和阅读指导。大多数读书会的发起人或核心成员对某一个领域有所理解，能够对应该讨论哪些书有一个基本判断，但是也有的读书会对于应该阅读讨论哪些书并不清晰，因此图书馆需要对读书会进行调查，了解每一个读书会在运作过程中面临的困难，努力帮助他们解决困难。关于书目推荐，需要注意书目推荐的系统性。读书会是一个学习团体，学习需要系统性，因此图书馆在开列面向读书会的书目时应该强调书目的系统性。美国20世纪30年代的做法值得借鉴，当时美国纽约公共图书馆在进行面向学习团体（读书会）的书目推荐时，每个主题按照由易到难的顺序进行推荐，并且会说明各个书之间的逻辑关系。尽管这么做难度很大，对图书馆员提出了比较大的挑战，但并不是"不可能完成的任务"。图书馆必须强化自己的专业能力建设，为读书会提供专业的服务。

（五）建立一个运行良好的读书会

上述四项策略有一个基础，就是图书馆员需要了解读书会，而深入了解读书会的一个最好途径就是运作一个读书会。这里的读书会不是指将图书馆的阅读推广活动打包到读书会这一概念下的读书会，而是指以深入阅读讨论为主的读书会。图书馆员需要清楚此类读书会并不追求会员数量，而是通过深度讨论达到学习目的，如果人数太多反而会影响效果。当然随着人数的增加，可以将会员细分为多个阅读小组，但前提是图书馆应该清楚知晓如何运作一个以深度讨论为主的读书会。每个图书馆都应该有一个馆员运作的读书会，馆员对讨论书目的选择、讨论题目的确定、讨论环节的主持、活动总结等各个方面全程投入，方能深入了解读书会的运作，并在此基础上对其他读书会进行服务、培育、整合和合作。

二、中国图书馆学会阅读推广委员会的行动计划

阅读推广委员会近几年已经在读书会方面做了一些工作，包括组织评选优秀案例和进行相关培训。2014年阅读推广委员会征集"书友会"优秀案例，评选出43个获奖案例。2019年进行第二届案例征集评选，此次案例征集名称改为"读书会"，评选出85个案例。通过案例征集，一方面可以扩大图书馆界对读书会的认知程度，另一方面也可以宣传优秀案例，起到了比较好的效果。除了案例征集，阅读推广委员会在两次的阅读推广人培训中，将"读书会的运营"作为培训内容之一。案例评选和培训都在一定程度上推动了我国图书馆界对民间读书会的关注。笔者曾被邀请作为主讲人分享对读书会的认识，传播图书馆多维角色框架理念。笔者认为阅读推广委员会未来应该着力以下事情。

（一）编制全国民间读书会数据库，每年发布《民间读书会发展报告》

从前面的调查可以看出，很多图书馆并不知晓本地读书会的发展情况（仅有23%的图书馆了解），其他领域和行业更没有相关数据。阅读推广委员会可以充分发挥各图书馆的力量，让各图书馆上报本地民间读书会一览表，此举可以推动各图书馆对本地读书会的了解。厦门市图书馆在这方面进行了尝试，并发布了《厦门市民间读书会发展报告》。中国图书馆学会可以鼓励各地在收集整理本地读书会信息的基础上，撰写本地民间读书会发展报告。阅读推广委员会整合各地信息，形成全国民间读书会的数据库，并发布民间读书会发展报告。

在收集基本信息的基础上，对收集的信息进行呈现。可以借鉴英国的做法，借助Google地图或其他工具，读者在地图上随便点击某个地方，便会显现出该地读书会的情况，包括读书会的数量，每个读书会的主题、活动时间、活动地点、基本联系信息等，帮助读者选择适合自己的读书会。阅读推广委员会可以在收集相关信息的基础上，在阅读推广委员会的官方网站对全国民间读书会的信息进行整合揭示，同时鼓励各地图书馆学会以多种方式揭示本地读书会的信息。

（二）制作民间读书会的短视频，提升民众对民间读书会的了解

前文提到，尽管民众大多听说过读书会，但是不管民众、媒体抑或图书馆人，都存在对民间读书会的误读，包括把读书会看成听书会、认为民间读书会运作需要很多钱等。这些误读会影响民间读书会的健康发展，因此可以考虑制作一个民间读书会的短视频，帮助人们厘清对于民间读书会的认识。

（三）制作面向图书馆的《读书会工作指导手册》

前文提及图书馆在开展读书会相关工作时，存在的一个最大的问题或困难就是缺少有相关经验的图书馆员，因此阅读推广委员会可以编制指导手册，对图书馆开展相关工作提供参考。指导手册中除了明确告诉馆员自身的角色定位外，更为重要的是提供实践的最佳案例，案例写作上需站在馆员角度，以能带给馆员更多借鉴为准。除了写明案例的运作情况，还需写明案例运作过程中遇到的问题以及具体的解决措施等。

本章小结：本章主要从分析我国图书馆发展读书会的历史经验以及国外图书馆发展读书会的经验入手，结合我国民间读书会发展现状，提出了我国图书馆推动民间读书会发展的角色框架，认为我国图书馆应该承担运作者、服务

者、培育者、整合者和合作者的角色。以此框架为基本参照，对我国图书馆发展读书会方面的工作现状进行考察，发现我国的图书馆目前以运作为主，但是在运作中存在缺乏专业馆员、认识不清等问题；服务方面以提供场地的浅层服务为主；培育方面尚未引起大多数图书馆的关注；整合方面，部分图书馆开始将民间读书会纳入到阅读联盟，并且也有图书馆成立了专门面向读书会的联盟，但是整体上需要加大资源整合力度。然后笔者分别从个体图书馆的角度和中国图书馆学会阅读推广委员会的角度提出未来发展计划。笔者认为，个体图书馆需要将培育讨论型读书会作为工作重点；以项目支持形式引导公益型读书会的发展；加大对民间读书会资源整合的力度；加大图书馆对民间读书会服务能力的建设以及建立一个运行良好的读书会。建议阅读推广委员会开展以下工作：收集全国民间读书会的信息，编制数据库，每年发布《民间读书会发展报告》；制作读书会的短视频，提升民众对读书会的了解；制作面向图书馆的《读书会工作指导手册》。

第七章　研究结论与展望

一、主要研究发现

（一）多角度揭示民间读书会的内涵

从成人教育视角、公民社会视角以及阅读推广视角对民间读书会这一概念进行多维揭示。通过成人教育视角的分析，强调读书会的学习功能；通过公民社会视角，提出需要从公益互益的角度认识民间读书会；从阅读推广的构成要素入手，认为读书会可以从阅读意愿、能力、行为三个维度促进阅读推广，从理论上深化了读书会和阅读推广的关系。

（二）系统梳理我国民间读书会发展历史，并与国外发展进行比较，探索我国民间读书会发展特点

通过对民国时期读书会的研究发现，民国时期个体自发组织的读书会比较少，多为各类机构推动组织和发展。民国时期的读书会主要立足教育，培养民众阅读兴趣，提升民众阅读能力。读书会类型多样，参与人群多元。民国时期的读书会管理比较规范，多制定有章程类相关文件，主要活动包括提供阅读书籍的借阅、撰写读书心得并报告等活动。

通过对新中国成立初期读书会的研究发现，新中国成立初期的读书会主要由公共图书馆和文化馆（宫）组织与推动，个人自发的读书会比较少。此时的读书会主要承担政治教育和图书流通的功能，读书小组数量庞大，从参与人群上看，工人和学生是重点人群。

通过对改革开放初期读书会（读书小组）发展情况的分析，发现改革开放初期读书小组的发展得益于全国范围内职工读书活动的普遍开展，读书小组被认为是读书活动最基本的组织形式，在工会系统的推动下，读书小组在全国迅速普及发展。读书小组的阅读呈现从政治性向科学文化转变的特点，读书活动

领导机构注重对读书小组的引导和管理。除了职工读书小组，农民读书小组、老年人读书小组也开始出现，但是数量比较少。

通过对21世纪以来我国民间读书会的考察发现，我国民间读书会自2006年后开始发展，2013年之后民间读书会的数量增长迅速，特别是注册读书会的数量增长迅速。从地区分布看，发达地区数量较多，从一线城市向二三线城市以及县城辐射。发起主体上以个人发起为主，这是不同于以往民间读书会的一个特点。民间读书会类型多样，面向弱势群体的读书会开始出现。民间读书会的行业合作出现端倪。

通过国内外读书会发展历程的比较，发现我国民间读书会目前尽管发展迅速，但是参加读书会尚未成为人们的一种生活方式。我国的民间读书会发展态势区别于其他国家读书会的特征在于我国民间读书会发展的多元化，国外的民间读书会主要是小团体讨论型读书会，而我国的民间读书会，除了讨论型读书会，还有公益型阅读推广组织，另外有读书会属于营利性知识付费产品的前期探索阶段，发展方向是营利型企业。还有民间读书会将业务领域拓展到阅读范围之外，以创业平台、综合公益教育平台作为发展方向，多元化趋势日趋明显。

（三）我国民间读书会的运作情况

目前我国民间读书会的活动内容主要围绕阅读讨论展开，但是存在阅读讨论不深入、阅读材料支撑不够等问题。除了阅读讨论，民间读书会广泛开展了各种阅读活动和拓展活动，包括书目推荐、专家讲座、朗诵会、竞赛会等。多种活动的开展可以激发读者的兴趣，但也存在一个问题，就是消弭了读书会的阅读讨论本质。我国民间读书会的管理上，大多没有章程，管理不规范。关于场地问题，随着社会对阅读的重视，公共阅读空间的丰富，民间读书会发展所需的场地问题已经基本解决；关于资金问题，笔者通过分析发现，资金问题主要存在于开展阅读推广活动的未注册民间读书会；关于人员问题，注册读书会面临的主要问题是专业专职人员的缺失，未注册读书会面临的人员问题主要是创办人或发起人的持续激励问题。上述问题的发现一方面需要民间读书会加强自身建设，另一方面也需要相关政府部门和图书馆的帮助。我国的民间读书会在促进公民阅读素养提升方面发挥了重要作用，同时提升了民众的综合素养；在社会层面，促进了书香社会建设，同时由于其自身特点，在增加社会资本、培育公共性方面发挥了重要作用。

（四）我国民间读书会发展环境分析

通过对政策环境的分析发现，我国政府对民间读书会持鼓励、提倡、帮扶的态度，我国民间读书会发展的政策环境非常有利，但需要在具体措施方面进行充实和完善。结合我国民间读书会发展现状，提出分类发展的思路，对以讨论为主的互益型读书会应该以鼓励读书会组织者和创办者的投入热情为主，从而在一定程度上保证读书会的持续运行；对于公益型读书会，政府应该确定重点支持的类型，包括以服务弱势群体为主的读书会以及能够与营利性读书会有比较明显区别的读书会。我国民间读书会引起了媒体关注，媒体比较关注民间读书会的发展，对民间读书会整体起到了宣传作用，同时也起到了一定的媒体监督作用，但是在媒体报道中有一些报道可能会引起公众对民间读书会的误读。通过对公众的调查发现，大多公众听说过读书会，但是参与意愿并不强，参与过读书会的则更少。

（五）提出我国图书馆推动民间读书会发展的多维角色框架

通过分析我国图书馆发展读书会的历史经验以及国外图书馆发展读书会的经验，结合我国民间读书会发展现状，提出了我国图书馆推动民间读书会发展的多维角色框架，认为我国图书馆应该承担运作者、服务者、培育者、整合者和合作者的角色。

以此框架为基本参照，对我国图书馆发展读书会方面的工作现状进行考察，发现我国的图书馆目前以运作读书会为主，但是在运作中存在缺乏专业馆员、认识不清等问题。服务方面以提供场地的浅层服务为主。培育方面尚未引起大多数图书馆的关注。整合方面，部分图书馆开始将民间读书会纳入到阅读联盟，并且也有图书馆成立了专门面向读书会的联盟，但是整体上需要加大资源整合力度。然后分别从个体图书馆的角度和中国图书馆学会阅读推广委员会的角度提出未来发展计划。个体图书馆需要将培育深度讨论型读书会作为工作重点；以项目支持形式引导公益型读书会的发展；加大对民间读书会资源整合的力度；加大图书馆对民间读书会服务能力的建设以及建立一个运行良好的读书会。阅读推广委员会可以考虑编制全国民间读书会的数据库，发布《民间读书会发展报告》；制作民间读书会的短视频，提升民众对民间读书会的了解；制作面向图书馆的《读书会工作指导手册》，提升图书馆员开展读书会相关工作的专业能力。

二、研究不足与展望

从研究视角上，本书努力从图书馆学、公共管理学、社会学等多个学科角度切入，但是由于研究者在社会学方面的积累底蕴相对欠缺，因此在对公共性、社会资本等方面分析民间读书会功能时略显薄弱。另外，本项研究曾经考虑采用结构功能主义分析民间读书会在我国全民阅读体系中的作用，但是由于此方面积累比较少，因此没有进行这方面的探索。未来学者可以考虑从图书馆学和社会学结合的角度进行分析。

从研究内容上，本书没有对我国民间读书会的阅读讨论进行深入挖掘，民间读书会的阅读讨论如何构成了对文本的重新解读，这是本书没有深入涉及的内容，希望以后有学者可以从读者反馈理论出发，结合话语分析法，对此问题进行探究。

从研究方法上，本书努力采用各种方法收集数据，但是由于民间读书会的数据庞杂，加之未注册民间读书会中很多没有公开到网络，因此样本不一定能完全反映整体的情况。希望以后能有学者进行更大规模的调研。

国内图书馆的阅读推广工作如火如荼，阅读推广的框架已基本确立，未来面临的问题就是阅读推广的深化问题，读书会是图书馆深化阅读推广的重要途径，图书馆学界应该关注读书会，此项研究系笔者抛砖引玉之作，希望能够通过对我国民间读书会的探索性研究，引起更多学者对民间读书会的关注和研究，更好地推动民间读书会的发展。最后，笔者想借本书向那些致力于阅读交流和阅读推广的民间读书会的发起人和组织者致敬。

参考文献

由于参考的论文比较多，加之在正文中已用页下注的形式注明，因此不再一一列举。此处主要列出本书参考的著作。

一、中文著作

1. 杜定友. 新中华图书管理学[M]. 上海：新国民图书社，1932.

2. 杜定友. 图书馆与成人教育[M]. 北京：中华书局，1933.

3. 徐旭. 民众图书馆学[M]. 上海：世界书局，1935.

4. 徐旭. 图书馆与民众教育[M]. 上海：商务印书馆，1941.

5. 蒋复璁. 图书室管理法[M]. 上海：正中书局，1941.

6. 金天游. 图书馆基本工作简本[M]. 增订版. 杭州：浙江省立图书馆，1951.

7. 刘子亚. 图书馆推广工作的展开[M]. 杭州：浙江省立图书馆，1951.

8. 河北大学图书馆学系. 图书馆法规文件汇编[G]. 保定：河北大学图书馆学系，1985.

9. 谢拉. 图书馆学引论[M]. 张沙丽，译. 兰州：兰州大学出版社，1986.

10. 杨威理. 西方图书馆史[M]. 北京：商务印书馆，1988.

11. 阮冈纳赞. 图书馆学五定律[M]. 夏云，等，译. 北京：书目文献出版社，1988.

12. 邱天助. 读书会专业手册[M]. 台北：张老师文化事业股份有限公司，1997.

13. 帕特南. 使民主运转起来[M]. 南昌：江西人民出版社，2001.

14. 贾西津. 第三次改革——中国非营利部门战略研究[M]. 北京：清华大学出版社，2005.

15. 何宗美. 明末清初文人结社研究续编[M]. 北京：中华书局，2006.

16. 李东来. 书香社会[M]. 北京：北京图书馆出版社，2008.

17. 费希尔. 阅读的历史[M]. 北京：商务印书馆，2009.

18. 杨仁忠. 公共领域论[M]. 北京：人民出版社，2009.

19. 艾登·钱伯斯. 打造儿童阅读环境[M]. 北京：五洲传媒出版社，2011.

20. 康晓光. 非营利组织管理[M]. 北京：中国人民大学出版社，2011.

21. 范铁权. 近代中国科学社团研究[M]. 北京：人民出版社，2011.

22. 王名，李勇，黄浩明. 美国非营利组织[M]. 北京：社会科学文献出版社，2012

23. 中国图书馆学会. 图书馆学学科发展报告（2011—2012）[M]. 北京：中国科学技术出版社，2013.

24. 赵俊玲，郭腊梅，杨绍志. 阅读推广：理念·方法·案例[M]. 北京：国家图书馆出版社，2013.

25. 康晓光. 君子社会——政府与社会关系研究[M]. 新加坡：八方文化创作室，2013.

26. 余训培. 民国时期的图书馆与社会阅读[M]. 北京：清华大学出版社，2013.

27. 冯利，章一琪. 中国草根组织的功能与价值[M]. 北京：社会科学文献出版社，2014.

28. 沃尔特·萨克森. 富兰克林传[M]. 孙豫宁，译. 北京：中信出版社，2015.

29. 俞可平. 社群主义[M]. 北京：东方出版社，2015.

30. 于良芝. 图书馆情报学概论[M]. 北京：国家图书馆出版社，2017.

31. 许金晶. 领读中国[M]. 江苏：江苏人民出版社，2017.

32. 韩永进. 中国图书馆史[M]. 北京：国家图书馆出版社，2017.

33. 唐文玉. 社会组织公共性与政府角色[M]. 北京：社会科学文献出版社，2017.

34. 玉苗. 中国草根公益组织运行机制研究[M]. 武汉：武汉大学出版社，2017.

35. 张瑞玲. 民间社团组织发展路径研究[M]. 北京：中国社会科学出版社，2017.

36. 钱军，蔡思明，张思瑶. 书香满园：校园阅读推广[M]. 深圳：海天出版社，2017.

37. 范成伟，明杏芬. 建设法规[M]. 上海：同济大学出版社，2017.

38. 王波，等. 中外图书馆阅读推广活动研究[M]. 北京：海洋出版社，2017.

39. 王力平，沈奕斐，姜至涛. 社会组织的孵化与培育[M]. 上海：上海三联书店，2018.

40. 邱冠华，霍瑞娟，徐益波. 创新与融合：2016年书香城市（区县级）发现活动案例集[G]. 宁波：宁波出版社，2018.

41. 常昕. 阅读者的力量：国内知名读书会访谈录[M]. 北京：人民出版社，2018.

二、英文著作

1. BULTER P. An introduction to library science[M]. Chicago：The University of Chicago Press，1933.

2. FLECNER J M, EDGE S A. A readers' advisory service[M]. New York：American Association for Adult Education，1934.

3. FLECNER J M, HOPKINS B. Readers' advisers at work: a survey of development in the New York public library[M]. New York: American Association for Adult Education, 1941.

4. LEE R E. Continuing education for adults through the American public library, 1833—1964[M]. Chicago: American Library Association, 1966.

5. SNAPE R. Leisure and rise of the public library[M]. London: Library Association Publishing, 1995.

6. SAAL R. The New York Public Library guide to reading groups[M]. New York: Crown Publishers, 1995.

7. JACOBSOHN R. The reading group handbook[M]. New York: Hyperion, 1998.

8. PEARLMAN M. What to read: the essential guide for reading group members and other book lovers[M]. London: Perennial, 1999.

9. SLEZAK E. The book group book: a thoughtful guide to forming and enjoying a stimulating book discussion group[M]. Chicago: Reviews Press, 2000.

10. HARTLEY J. The reading groups book[M]. Oxford: Oxford University, 2001.

11. OSBORNE B. Essential guide to reading groups[M]. Lodon: Bloomsbury, 2002.

12. LONG E. Book clubs: women and the uses of reading in everyday life[M]. Chicago: University of Chicago Press, 2003.

13. WILLIAM C. The reading nation in the romantic period[M]. Cambridge: Cambridge University Press, 2007.

14. SEDO D R. Reading communities from salons to cyberspace [M]. Hampshire: Palgrave Macmillan, 2011.

附录1　民间读书会访谈大纲

读书会创办人（或组织者）访谈大纲

（1）您当时是出于什么样的考虑创办此读书会？

（2）对读书会的定位是什么？创办读书会时是否有比较明确的读者类型？当下参加读书会的人员主要集中在哪一类或者哪几类？

（3）您觉得这个读书会带给自己哪些变化？带给会员哪些变化？

（4）读书会运作中遇到了哪些困难？（或者问：最大的困难是什么？）您是如何解决这一困难的？

（5）您如何选择需要讨论的书籍的，看重书的哪些方面？您觉得有不适合讨论的书吗？

（6）您觉得引导讨论是否需要特别的技巧？每次是找专业或专门人员进行领读讨论，还是会员轮流领读，您觉得有什么区别吗？

（7）您关注过其他读书会吗？与其他读书会有合作吗？是否想过要合作？

（8）您和政府部门联系多吗？您觉得您这个读书会在发展过程中需要政府的扶持和帮助吗？如果需要，在哪些方面需要？

（9）您和图书馆有联系吗？您和图书馆目前有什么合作？或者您觉得图书馆可以帮助您解决什么问题？

（10）您是否想过要商业化运作这个读书会？您是否觉得商业化是读书会可持续发展的一种方式，除了商业化，您觉得还有没有其他路径？您觉得哪些是影响可持续性的重要因素？您对于这个读书会的发展规划或者未来设想有哪些？

读书会会员访谈大纲

（1）您出于什么样的考虑参加读书会？

（2）您参加读书会后觉得在阅读方面有哪些改变？（阅读范围、阅读方法等）还有别的方面的变化吗？

（3）如果您不喜欢读书会上要求读的某一本书，您是否还会参加此讨论？

（4）您是否会推荐你身边的人参加读书会？

（5）您最喜欢读书会的什么？或者读书会哪些方面最吸引你？

附录2 公众对读书会认知与参与情况问卷调查

您好！因研究需要，我们正在进行公众对读书会的认知与参与情况调查。问卷采取匿名方式，不涉及个人隐私，调查结果仅供学术研究，希望您能根据自身情况如实填写。非常感谢您的支持与配合！

——读书会研究课题组

1. 您所在的省份：[单选题]*

　○安徽　　○北京　　○重庆　　○福建　　○甘肃　　○广东　○广西　○贵州

　○海南　　○河北　　○黑龙江　○河南　　○香港　　○湖北　○湖南　○江苏

　○江西　　○吉林　　○辽宁　　○澳门　　○内蒙古　○宁夏　○青海　○山东

　○上海　　○山西　　○陕西　　○四川　　○台湾　　○天津　○新疆　○西藏

　○云南　　○浙江

2. 您居住在：[单选题]*

　○省会城市

　○地级市

　○县城

　○农村

3. 性别 [单选题]*

　○男　　○女

4. 您的年龄：[单选题]*

　○20岁及以下　　○21—30岁　　○31—40岁

　○41—50岁　　　○51—60岁　　○61岁及以上

5. 您的受教育水平：[单选题]*

　○本科以下　○本科　○硕士　○博士

6. 您的工作：[单选题]*

　　○政府人员　　○事业单位人员　　○企业职员　　○学生　　○自由职业者

　　○其他＿＿＿＿＿＿＿＿＿＿＿＿＿＿＿＿＿＿＿＿＿＿＿

7. 您的阅读状况为：[多选题]*

　　□不喜欢阅读

　　□喜欢借助手机等电子产品阅读

　　□喜欢阅读纸质书籍

　　□阅读后很想和别人交流

　　□阅读后不想和别人交流

　　□我不喜欢阅读，但希望自己的孩子喜欢阅读

　　□我喜欢阅读，同样希望自己的孩子喜欢阅读

8. 您是否听说过读书会？[单选题]*

　　○听说过　　○没听说过（请跳至第11题）

9. 您获知读书会的途径是：[单选题]*

　　○报纸（请跳至第11题）

　　○电视（请跳至第11题）

　　○亲朋好友（请跳至第11题）

　　○微信朋友圈、公众号（请跳至第11题）

　　○微博（请跳至第11题）

　　○读书会活动宣传（请跳至第11题）

　　○自身工作相关

10. 您在以下哪一类型的单位工作？[单选题]*

　　○出版社

　　○书店

　　○图书馆

　　○报社

　　○电视台

　　○文化局

　　○宣传部

　　○不属于以上单位＿＿＿＿＿＿＿＿＿＿＿＿＿＿＿＿＿

11. 您周围有没有亲朋好友加入过读书会？［单选题］*

　　○有　　○没有（请跳至第13题）

12. 您朋友参加的读书会属于哪种类型？［多选题］*

　　□收取年费或会员费的读书会

　　□每次参加活动收取一定费用作为场地费的读书会

　　□不收取任何费用的读书会

　　□以听专家讲书为主的读书会

　　□以阅读＋互动交流为主的读书会

　　□线上读书会（线上讨论为主）

　　□线下读书会（线下面对面交流为主）

　　□线上线下结合的读书会

　　□亲子阅读类型的读书会

　　□成人阅读类型的读书会

　　□不清楚

13. 您是否加入过读书会？［单选题］*

　　○以前加入过，现在退出了　　　　　　○加入并坚持到现在（请跳至第15题）

　　○从未加入（请跳至第22题）

14. 您退出读书会的原因：［多选题］*

　　□工作太忙没有时间参加

　　□读书会主题不符合我的阅读兴趣

　　□读书会不能帮助我学习到想要的内容

　　□读书会活动体验差

　　□相比群体阅读，更喜欢自己读书

　　□读书会阅读讨论不够深入

　　□读书会读物选择太专业化

　　□参加读书会费用与收获不成正比，不值得

　　□其他＿＿＿＿＿＿＿＿＿＿＿＿＿＿＿＿＿＿＿

15. 您加入的（加入过的）读书会类型为：［多选题］*

　　□收取年费或会员费的读书会

　　□每次参加活动收取一定费用作为场地费的读书会

□不收取任何费用的读书会

□以听专家讲书为主的读书会

□以阅读＋互动交流为主的读书会

□线上读书会（线上讨论为主）

□线下读书会（线下面对面交流为主）

□线上线下结合的读书会

□亲子阅读类型的读书会

□成人阅读类型的读书会

16.您加入的（加入过的）读书会，活动类型有哪些？［多选题］*

□讲座

□领读分享讨论型活动

□无领读分享讨论型活动

□阅读分享＋游学、观影等活动

□其他_____

17.您认为读书会的举办频率多少为宜？［单选题］*

○一周一次　　○两周一次　　○三周一次　　○一月一次　　○两月一次

18.您认为参加读书会的人数多少比较合理？［单选题］*

○10—20人　　○21—50人　　○50人以上

19.您加入读书会的收获有:［多选题］*

□获得推荐书目

□了解新书

□进行深入阅读

□进行小规模的研究与探究

□培养阅读兴趣

□享受集体阅读氛围

□与他人交流，收获不一样的想法与体验

□结识志同道合的朋友

□提高自我修养，拓展阅读与感知能力

□使我精神愉悦，提升自信

□其他_____

20.您认为自己加入的读书会还有哪些改进的地方？［多选题］*

    □活动场地不固定

    □活动频次太少

    □活动频次太多

    □活动形式单一

    □活动新意创新不足

    □读物选择有待改进

    □其他 _____

21.您对读书会功能的认知为［矩阵量表题］*

	完全不同意	比较不同意	不确定	比较同意	完全同意
读书会帮助我拓宽了阅读领域和视野	○	○	○	○	○
读书会帮助我进行深入阅读	○	○	○	○	○
读书会帮助我养成了良好的阅读习惯	○	○	○	○	○
读书会帮助我培养了阅读兴趣	○	○	○	○	○
读书会帮助我拓宽了朋友圈	○	○	○	○	○
读书会可以提高我的社交能力	○	○	○	○	○
读书会可以提高我的学习能力	○	○	○	○	○
读书会可以提高我的表达能力	○	○	○	○	○
读书会可以提高我的组织能力	○	○	○	○	○
读书会的开展提高了学校、图书馆、书店等机构的知名度	○	○	○	○	○
读书会可以服务社区，促进社区和谐	○	○	○	○	○
读书会可以促进全民阅读和书香社会构建	○	○	○	○	○

    *请您填写完本题后结束作答。

22. 如果您身边有读书会，您想加入吗？［单选题］*

　　○想　　○不想（请跳至第25题）

23. 如果您想加入一个读书会，您会考虑以下哪些因素？［多选题］*

　　□加入读书会的费用

　　□读书会的阅读书目

　　□读书会的活动形式

　　□读书会的活动地点

　　□读书会的参与群体

　　□读书会对内容的讨论程度

　　□其他_____

24. 您想加入的读书会类型为：［多选题］*

　　□收取年费或会员费的读书会**填写完该题，请跳至第26题。

　　□每次参加活动收取一定费用作为场地费的读书会**填写完该，请跳至第26题。

　　□不收取任何费用的读书会**填写完该题，请跳至第26题。

　　□以听专家讲座为主的读书会**填写完该题，请跳至第26题。

　　□以阅读+互动交流为主的读书会**填写完该题，请跳至第26题。

　　□线上读书会（以线上讨论为主）**填写完该题，请跳至第26题。

　　□线下读书会（以线下面对面交流为主）**填写完该题，请跳至第26题。

　　□线下线上结合的读书会**填写完该题，请跳至第26题。

　　□亲子阅读类型的读书会**填写完该题，请跳至第26题。

　　□成人阅读类型的读书会**填写完该题，请跳至第26题。

25. 如果您不想加入读书会，理由是：［多选题］*

　　□工作太忙，没有时间

　　□读书会不能帮助自己

　　□读书会阅读书目不符合自己的阅读兴趣

　　□相比群体阅读，更喜欢自己读书

　　□加入读书会费用太高

　　□其他_____

26. 您对读书会功能的认知为：[矩阵量表题]*

	完全 不同意	比较 不同意	不确定	比较 同意	完全 同意
读书会可能会帮助我拓宽阅读领域和视野	○	○	○	○	○
读书会可能会帮助我进行深入阅读	○	○	○	○	○
读书会可能会帮助我养成良好的阅读习惯	○	○	○	○	○
读书会可能会帮助我培养阅读兴趣	○	○	○	○	○
读书会可能会帮助我拓宽朋友圈	○	○	○	○	○
读书会可能会提高我的社交能力	○	○	○	○	○
读书会可能会提高我的学习能力	○	○	○	○	○
读书会可能会提高我的表达能力	○	○	○	○	○
读书会可能会提高我的组织能力	○	○	○	○	○
读书会的开展可能会提高学校、图书馆、书店等机构的知名度	○	○	○	○	○
读书会可能会服务社区，促进社区和谐	○	○	○	○	○
读书会可能会促进全民阅读和书香社会构建	○	○	○	○	○

附录3　图书馆读书会相关工作的调查问卷

尊敬的先生/女士：

　　您好！欢迎您参与此次问卷调查。本次调研主要针对图书馆工作人员，旨在了解图书馆读书会相关工作。本问卷中的"读书会"指的是以阅读交流为主体的团体或组织，并不是偶发的读书交流活动。本问卷采取匿名方式，不涉及个人隐私，调查结果仅供学术研究，希望您能根据自身情况如实填写。非常感谢您的支持与配合！祝您工作顺心，生活幸福！

——读书会研究课题组

1. 您所在的省份为＿＿＿＿＿＿＿

2. 贵馆为以下哪种类型图书馆？（单选题）

　　○省级（副省级）公共图书馆　　○地市级公共图书馆　　○县级公共图书馆

　　○高校图书馆　　　　　　　　　○学校图书馆　　　　　○其他类型图书馆

3. 贵馆所服务的区域内读书会大约有多少个？（单选题）

　　○1—5个　　　　○5—10个　　　○10—20个

　　○20个以上　　　○不清楚

4. 关于读书会发展，贵馆目前做了哪些工作？（多选题）

　　○馆员运营读书会

　　○与其他读书会合作

　　○为其他读书会提供服务

　　○动员各类型组织或个人建立读书会

　　○发动社团、学生建立读书会

　　○动员读者、社会组织建立读书会

　　○无

　　○其他

5. 贵馆的读书会是什么时候建立的？（单选题）

  ○ 2010 年及以前　　　　○ 2011—2014 年

  ○ 2015—2017 年　　　　○ 2018 年

6. 贵馆读书会的类型为？（单选题）

  ○成人读书会　　　　○儿童读书会　　　　○其他

7. 贵馆的读书会共有多少会员？（单选题）

  ○ 1—10 个　　　　○ 10—20 个　　　　○ 20—50 个　　　　○ 50 以上

8. 贵馆读书会多久举办一次活动？（单选题）

  ○一周一次　　　　○一周两次　　　　○两周一次　　　　○三周一次

  ○一个月一次　　　　○两个月一次　　　　○其他

9. 贵馆读书会的主要活动内容有（多选题）

  ○阅读讨论

  ○开展朗读会或诵读会

  ○开展文化讲座或学术报告

  ○策划组织主题书展

  ○编辑会刊

  ○其他

10. 读书会会员加入的条件有（多选题）

  ○需喜爱读书　　　　○规定的年龄内

  ○无要求　　　　○其他

11. 加入读书会的会员义务有（多选题）

  ○没有要求，自愿参加活动　　　　○按期读完一本书

  ○定期需参加一次活动　　　　○定期需交一份读书心得

  ○其他

12. 在运营读书会的过程中，遇到过哪些困难或问题？（多选题）

  ○缺乏有相关经验的馆员　　　　○参与者少　○公众对读书会不了解

  ○商业运营知识服务业竞争压力大　○其他

13. 与其他读书会进行合作的过程中，贵馆都做了哪些工作或提供哪些服务？

  （多选题）

  ○提供文献资源，提供活动场地

○对读书会成员进行培训

○提供人员辅助

○其他

14. 贵馆目前有自己建立、运营读书会的规划吗？（单选题）

○有　　　　○没有

15. 贵馆目前没有这方面规划的原因为（多选题）

○成本有限　　　　　　○人员有限　　　○缺乏相关工作经验的馆员

○没有这方面的想法　　○其他

16. 下面哪些说法符合贵馆情况（多选题）

○图书馆目前没有关于读书会方面的工作

○图书馆近期有建立读书会的规划

○图书馆自己运行读书会

○图书馆比较了解本区域读书会发展情况

○图书馆和本地的读书会形成了良好的合作关系

○图书馆在努力培育读书会

○图书馆已经成为各读书会交流的平台

○图书馆想开展这方面工作，但无从着手

17. 贵馆关于读书会发展，有没有进一步的规划？（单选题）

○有　　　　○没有

18. 贵馆关于读书会发展规划主要有（多选题）

○整合读书会力量，联盟化发展读书会

○推动本地读书会的发展，数量达到一定规模

○对读书会带领人进行培训

○加强与社会组织之间的联系

○其他

○不清楚

附录4 对图书馆工作人员的访谈大纲

1. 贵馆的读书会是怎么建立的呢，是图书馆发起的吗？

2. 读书会都有哪些活动呢？在活动中，咱们图书馆承担的是什么角色？

3. 您觉得在读书会发展过程中，咱们还能做哪些努力帮助读书会更好地发展？

4. 您觉得读书会所举行的一系列活动，对咱们图书馆的阅读推广有什么样的帮助？

5. 您所在的市有其他读书会吗？您了解贵馆所服务区域内有多少读书会吗？（您能大概说一下咱们学校内有多少个阅读社团吗？）

6. 您觉得图书馆自身能够为外部读书会提供什么？

7. 据您所知，图书馆是否了解过这些民间读书会的需求？

8. 双方合作的话，会对图书馆有所助益么？

9. 外部读书会所举行的一些阅读推广活动，会与咱们图书馆举行的活动有冲突吗，您对此有什么样的看法呢？

10. 您觉得在开展读书会工作中遇到的最大问题是什么？

后 记

笔者自2013年开始关注民间读书会，2014年获批国家社科基金项目"我国民间读书会研究"（14BTQ014），本书是课题研究成果之一。近些年民间读书会蓬勃发展，本书希望能对民间读书会进行探索性研究，回望总结民间读书会的发展脉络，尽可能客观反映民间读书会的发展现状，对相关部门开展阅读推广工作提出建议。

回首课题研究历程，有豪情万丈之时，也有纠结不定之时。豪情的底气主要来自于全民阅读氛围的日益浓厚，纠结主要来自于快速变化的环境以及个人的困惑，在研究过程中笔者一直不停地问自己"我是不是把简单问题复杂化了？我是不是存在强行理论之嫌"等。解决困惑的原则就是此项课题需要为图书馆领域服务，此项课题生于图书馆学，长于图书馆学，也必须服务于图书馆学。作为应用学科，图书馆学更需将科研写在大地上，此项研究的目的是希望能帮助学界和业界了解民间读书会，从而更好地开展相关工作。随着笔者对研究导向的认识逐渐清晰，研究计划和行文也进行了微调，笔者努力避免此项研究成为"自说自话的学术术语游戏"，希望此项研究能够对图书馆同行以及其他阅读推广人士了解民间读书会有一些切实的帮助。

在研究过程中，笔者注意及时将研究成果进行传播，自2014年起，在中国图书馆学会年会、阅读推广人培训班、天津市图书馆录制的网络公开课、大学生阅读推广高峰论坛等多种场合做过关于读书会的报告，应该起到了一定的现实指导作用。但是每次报告均只能围绕某一个方面展开，希望本书的出版能带给读者更多的信息和思考。作为一项探索性研究成果，本项研究在高度和深度方面均留有遗憾，特别是在融合图书馆学和其他学科方面力有不逮。走笔至此，真诚希望有学者能够切实深入融合图书馆学和其他学科，对民间读书会进行更深入的研究。

在本书成稿过程中，笔者认识了很多可敬的民间读书会的组织者，他们热心提供研究所需的各类信息。目耕缘读书会是我访谈的第一家读书会，会长董峰先生送我到车站最后一分钟还在畅谈读书会的设想。一起悦读俱乐部的石恢先生是读联会创始人之一，多年来一直致力于打造读书会交流合作平台，对我国读书会发展情况非常了解，石恢先生提供了大量有价值的信息，并真诚分享他的观点和想法。还有威海相聚星期三读书沙龙的创始人王肖杰先生，我有几个学生先后访谈王先生，王先生不厌其烦地接受学生的访谈，每次访谈所提供的信息均非常翔实深入，很希望能有机会当面拜谢王先生。还有博畅阅读的林凯先生、银龄书院的薛晓萍女士、新月读书会的新月姐姐等，他们为课题组提供了很多原始素材，在此我向各位民间读书会的组织者、创办者致以真诚的感谢和敬意。本书在行文过程中如有疏漏不当之处，也恳请各读书会的同仁批评指正。

中国图书馆学会阅读推广委员会的图书馆与社会阅读专业委员会提供了"书友会"案例评审资料，特别感谢冯玲主任提供的帮助。感谢热心填写问卷和接受访谈的图书馆员。期待各类图书馆在读书会相关工作方面有更好的发展。

感谢我可爱的学生们，鲍玉静、徐慧泽、郑雅丹、周恩妮、吕晓蔓、巩媛媛、范如霞、王超、李蕊、仝愔、涂倩倩等。他们承担了大量的资料收集工作，还时不时受到我的批评，感谢学生们的辛苦和包容。

感谢本书的编辑，国家图书馆出版社的邓咏秋女士。邓老师在编辑过程中提出了很多中肯的修改意见，使本书稿能够日趋完善。感谢邓老师的认真和专业。

最后，请允许我向致力于阅读推广的各界人士致敬！期待读书会遍地开花！

赵俊玲

2019 年 12 月于保定